U. Wridten

Christina Budde

Mitten ins Herz – Storytelling im Coaching

Die Kraft von Storytelling für Coaching und Beratung nutzen

managerSeminare Verlags GmbH – Edition Training aktuell

Christina Budde
Mitten ins Herz – Storytelling im Coaching
Die Kraft von Storytelling für Coaching und Beratung nutzen

Endenicher Str. 41, D-53115 Bonn
Tel: 0228-977910, Fax: 0228-9779199
info@managerseminare.de
www.managerseminare.de/shop

Printed in Germany

ISBN: 978-3-95891-001-0

Herausgeber der Edition Training aktuell:
Ralf Muskatewitz, Jürgen Graf, Nicole Bußmann

Lektorat: Vera Sleeking
Coverfoto: ©Nongnuch Leelaphasuk, Fotolia
Druck: Kösel GmbH und Co. KG, Krugzell

Inhalt

Liebe Leserin, lieber Leser

Als ich ein Kind war, erzählte mir mein kleiner ostwestfälischer Opa mit der runden Brille oft Geschichten. Wir kuschelten uns auf das Sofa, ich knabberte vergnügt an von ihm mitgebrachtem Süßen und er breitete mit seiner großen Fantasie aus, was ihm in den Sinn kam: Geschichten von schüchternen Schweinchen, die ihre Angst überwinden und gegen den Bauern aufbegehren, der sie schlecht behandelt; von mutigen Hühnern, die auf Wanderschaft gehen, weil ihnen ihr Stall zu eng geworden ist oder von sehnsüchtigen Kaninchen, die in ihrem verhassten Stallkollegen am Ende doch den guten Freund finden, nach dem sie so lange gesucht hatten.

Mein Opa erfand die Geschichten immer so, dass etwas Lustiges dabei war und etwas Lehrreiches. Das Lustige gefiel mir besser, aber beim Lehrreichen ließ mir seine Erzählung immer die Freiheit, selbst zu entscheiden, ob ich es annahm oder nicht. Geschichten machten mein Leben als Kind bunt und lebendig.

So könnte ich Ihnen, liebe Leserin und lieber Leser, leicht rührselig erzählen, weshalb ich schon als Kind Geschichten geliebt habe. Es steckt vieles von dem darin, was die Kraft von Geschichten für Menschen allgemein und auch in Coaching und Beratung ausmacht: als Coach und Berater können Sie so wie mein Opa Geschichten auswählen und erzählen, die dem Klienten Lösungen aufzeigen, ohne sie ihm aufzuzwingen. Ich könnte Ihnen meine Geschichte mit den Geschichten aber auch in einer anderen Variante erzählen. Etwa so:

Als Kind war ich schrecklich viel allein, weil meine Eltern arbeiteten, meine Schwester schon aus dem Haus war und es kaum Nachbarskinder gab. In den Geschichten, die mir mein Opa ab und an erzählte, fand ich zumindest virtuell Gefährten, die mich meine Einsamkeit weniger spüren ließen. Sie waren der Strohhalm, an den ich mich klammerte, um meiner kleinen isolierten Welt wenigstens für kurze Momente zu entkommen. Es blieb mir quasi gar nichts anderes übrig, als in die Geschichtenwelt einzutauchen. Fast ein Zwang, den ich mir nicht selbst aussuchen konnte.

Hierin steckt die zweite Variante, die das Storytelling in Coaching und Beratung bietet: Je nachdem, wie ich eine Geschichte erzähle, prägt sich mein Blick auf die Dinge. Es kann ein hilfreicher und ein weniger hilfreicher Blick sein. Gemeinsam mit dem Klienten können Sie an der Art und Weise arbeiten, wie er die kleinen und großen Geschichten über seine Arbeit und sein Leben erzählt. Sie können ihn unterstützen, aus einer neuen, erweiternden Perspektive zu erzählen und damit mehr Möglichkeiten des Denkens, Fühlens und Verhaltens zu erzeugen.

Meine Geschichte mit den Geschichten erzähle ich gern als Liebesgeschichte. Sie haben mich mein Leben lang begleitet, ob in Büchern, in Filmen, in der Fotografie, in meinem Beruf, in den Begegnungen mit Menschen. Heute weiß ich, dass es nicht nur mir so geht: Alle Menschen lieben Geschichten. Schon unsere jagenden und sammelnden Vorfahren haben sich Geschichten erzählt, wenn sie am prasselnden Feuer zusammensaßen. Heute tun wir das vielleicht bei einer leckeren Tasse Kaffee.

Das Geschichtenerzählen ist nicht nur unterhaltsam, sondern es vermittelt auch Botschaften und Weisheiten, Hinweise für erwünschtes und unerwünschtes Verhalten, Möglichkeiten, sich mit dem Helden oder der Heldin zu verbinden und auf diese Weise Ideen für Lösungen zu finden.

Geschichten sprechen Herz und Hirn an. Sie sind wie eine Tür zu den Gefühlen und zum bildhaften Denken und sie schaffen Zusammenhänge, an die sich das Gehirn besser als an reine Fakten erinnern kann. „Was den Menschen umtreibt, sind nicht Zahlen und Fakten, sondern Gefühle, Geschichten und vor allem andere Menschen", sagt der Hirnforscher Manfred Spitzer (M. Spitzer, 2004). Geschichten machen möglich, dass Lernen und Veränderung stattfinden können. Deshalb sind sie auch so gut für Beratung und Training geeignet.

Die Erkenntnisse der Neurowissenschaften sind möglicherweise der Grund dafür, dass seit einiger Zeit auch Coachs und Berater das „Storytelling" für die Arbeit mit ihren Kunden entdeckt haben. Werbung, PR, Wissensmanagement und Unternehmensberatung nutzen die Methode schon länger, weil sie um ihre Kraft und Wirkung wissen. Denn Geschichten treffen „mitten ins Herz".

Die Struktur des Buches

Wenn der Einsatz von Geschichten im Coaching für Sie gänzlich neu ist und Sie sich erst einen Eindruck vom Erfolg der Methode des Storytellings machen wollen, empfehle ich Ihnen, zunächst ein paar Seiten weiterzublättern und einen Blick in das sechste Kapitel zu werfen. Dort finden Sie Fallbeispiele aus der Praxis, die eindrucksvoll demonstrieren, dass Storytelling der entscheidende Wendepunkt in einem Coaching sein kann.

Sind Sie zum Entschluss gekommen, dass Storytelling ein wichtiges Instrument in Ihrem Methodenkoffer werden kann, dann ermöglicht Ihnen dieses Handbuch, die Methode von der Pike auf zu lernen. Ihr Startpunkt ist das erste Kapitel, in dem Sie kurzgefasst erfahren, **was Storytelling ist** und **warum es wirkt**.

Im zweiten Kapitel werden die **Voraussetzungen** des Storytellings dargelegt. Für wen und für welche Anlässe eignet sich Storytelling? Hier stehen Ihnen auch alle Informationen zu den Formen des Storytellings zur Verfügung. Es wird der Einsatz von „Mini-Geschichten" in Form von **Metaphern** und **Vergleichen** erläutert und das **Grundmuster längerer Geschichten**, die Heldenreise, vorgestellt.

Wie und mit welchen Mitteln ein Berater im Coaching kreativ mit Storytelling arbeitet, vermittelt Kapitel drei. Sie lernen, wie Sie selber **ein guter Geschichtenerzähler werden** und wie Sie **mit den Geschichten des Klienten arbeiten** können.

Weil die verwendete **Sprache** dabei eine entscheidende Rolle spielt, nimmt das vierte Kapitel sie in den Fokus. Dieses Kapitel gibt Ihnen Tipps, wie Sie sensibler für Sprache in Geschichten werden können und welche Möglichkeiten es gibt, um mit ihrer Hilfe Ressourcen freizulegen und Lösungen zu entwickeln. Sie erfahren, wie Sie am besten Ihre **Sprache konkretisieren** und wann es von Vorteil ist **„kunstvoll vage"** zu formulieren.

Das folgende fünfte Kapitel stellt Ihnen eine umfassende **Sammlung an Tools** zur Verfügung. Die hier dargestellten Methoden unterstützen Sie darin, mit und an den Metaphern und Geschichten des Klienten zu arbeiten oder Geschichten zu erfinden und weiterzuentwickeln.

Im sechsten Kapitel zeigen **Fallbeispiele aus der Praxis** wie die Umsetzung im Coaching gelingt. Sie werden erzählt von verschiedenen Coachs und Beratern.

Schließlich erhalten Sie mit dem siebten Kapitel die Grundlage für einen eigenen **Geschichtenfundus.** Hier sind Storys zusammengestellt, die sich gut für den Einsatz im Coaching eignen. Die Geschichten sind nach Anlässen sortiert und Sie finden mögliche Reflexionsfragen ergänzt.

Wenn Sie sich über ein konkretes Detail informieren möchten, unterstützen Sie zusätzlich zum Inhaltsverzeichnis des Buches die Schnellfinder zu Beginn jedes Kapitels. Sie führen für jedes Kapitel die Unterkapitel und Seitenzahlen auf. Sie können zur **Suche** zudem auch das Stichwortverzeichnis hinten im Buch zu Rate ziehen.

Eines noch, bevor es losgeht: In diesem Buch ist beispielsweise von „dem Klienten" oder „dem Coach" die Rede. Das maskuline Nomen oder Pronomen wird verwendet, um den Lesefluss nicht zu stören, gemeint sind aber selbstverständlich alle Geschlechter.

I. Kapitel

Was ist Storytelling?

Schnellfinder

Die zwei Einsatzmöglichkeiten des Storytellings im Coaching

Storys, also Geschichten, sind nicht nur lange und ausführliche Erzählungen, die mit „Es war einmal" beginnen, sondern auch „Geschichtchen" und Sprachbilder. Mögliche Formen sind:

Formen

- Metaphern, also Sprachbilder (*„Ich tappe im Dunkeln", „Er sprudelt vor Ideen", „Sie schäumt vor Wut", „Er hat ihn übers Ohr gehauen"*),
- Vergleiche (*„Als Führungskraft fühle ich mich manchmal wie ein Fisch im Haifischbecken", „Meine Chefin ist wie ein Elefant im Porzellanladen"*),
- Mini-Geschichten (*„Zu unserem Team kann man nur sagen: Denn sie wissen nicht, was sie tun"*) oder
- längere Geschichten mit Anfang, Hauptteil und Schluss (ja, jetzt müssen Sie zurück zum Vorwort: *„Als ich ein Kind war …"*).

Alter Wein in neuen Schläuchen, denken Sie? Das stimmt zum Teil, denn Metaphern und Geschichten gehören seit jeher zur Sprache und Kommunikation wie der Baum zum Wald oder der Clown zum Zirkus. Jeder Mensch nutzt sie, sicher auch Sie selbst. Wir veranschaulichen damit Gefühle und komplexere Zusammenhänge, die sich nicht leicht mit einem einzelnen Begriff auf den Punkt bringen lassen, zum Beispiel: *„Meine Schulerfahrung war ein einziger Horrorfilm."*

Vielleicht setzen Sie Sprachbilder oder auch längere Geschichten schon bewusst in Ihren Beratungsprozessen mit Einzelklienten ein? Viele Kollegen erzählen oder lesen beispielsweise Geschichten zum Abschluss einer Coaching-Stunde vor. Damit erschließen sie aber erst einen kleinen Teil der Möglichkeiten, den gezieltes Storytelling im Beratungsprozess eröffnet.

Storytelling ist einerseits die Kunst, Sprachbilder und Geschichten in Coaching und Beratung zu erzählen. Andererseits ist es die Kunst, kreativ mit den von den Klienten erzählten Geschichten und Metaphern zu arbeiten und mit ihm gemeinsam nach Sichtweisen auf das Erlebte zu suchen, die für ihn nützlich sind und Lösungen für ungeklärte Fragen und Probleme bieten. Im Storytelling mit Einzelklienten stehen uns also **zwei Wege** offen:

Wir können Geschichten als Modelle einsetzen

Modelle: Geschichten von anderen, übertragbaren Themen

Milton Erickson, der große Hypnotherapeut, diskutierte mit seinen Klienten über ganz andere Dinge als die von ihnen benannten Probleme. Mit einem Ehepaar, das wegen Sexproblemen gekommen war, redete er ausführlich über die Gestaltung eines romantischen Abendessens. Er sprach zum Beispiel darüber, wie wichtig eine schöne Vorspeise sei, die jedem schmecken sollte. Diese indirekte Vorgehensweise erlaubte es dem Paar, über das für sie mit Scham und Tabus belegte Thema nachzudenken und neue Verhaltensweisen für sich in Betracht zu ziehen.

Geschichten von anderen, übertragbaren Themen oder von anderen Menschen – ob es die eigenen Erlebnisse des Beraters und Coachs sind oder auch Märchen, Gleichnisse, Anekdoten – können als Modelle dienen. Modelle, aus denen man eigene Schlüsse ziehen kann, um auf gute Ideen und Lösungen zu kommen. Sie stellen Themen in anderen Zusammenhängen dar und bieten die Möglichkeit, sich mit den handelnden Personen zu identifizieren. Um zu wirken, müssen sie „anschlussfähig" sein und auf das Anliegen und die Situation des Kunden passen.

Was gute Geschichten ausmacht und wie Sie diese Geschichten finden oder selbst erfinden können, und wie Sie dann darüber hinaus auch zu einem guten Geschichtenerzähler werden, das ist ein Schwerpunkt des Buches, er wird in den einzelnen Kapiteln immer wieder aufgegriffen. Der zweite Schwerpunkt liegt in der Arbeit mit den Geschichten des Klienten.

Wir können mit den Geschichten arbeiten, die uns die Klienten erzählen

Wie erzählt jemand ein Erlebnis, zum Beispiel aus dem Büro? Welche Perspektive nimmt er ein, was dominiert in seiner Erzählung, wie erzählt er und was lässt er in seiner Erzählung vielleicht auch weg?

Version 1: „Das lief von Anfang an schief. Schon beim Einstellungsgespräch hat mir der Geschäftsführer verschwiegen, wie zerstritten das Team ist. Ich bin ins offene Messer gelaufen und hatte keine Möglichkeit, mich darauf vorzubereiten."

Version 2: „Beim Einstellungsgespräch war vielleicht noch nicht allen so klar, wie zerstritten das Team ist. Aber es ist ja manchmal gut, Menschen unvoreingenommen zu begegnen."

So, wie wir die Welt betrachten, erzählen wir über sie

So, wie wir Menschen die Welt betrachten, so erzählen wir auch über sie. Das Glas kann halb leer oder es kann halb voll sein: Jede Geschichte kann deshalb auch andersherum erzählt werden. Denn was ist schon Realität? Was ist wirklich passiert? Objektive Erinnerung, die die Realität abbildet, gibt es nicht. Was wir wahrnehmen, ist stets selektiv und hat mit unserem persönlichen Blickwinkel zu tun, der geprägt ist von den Erfahrungen und der Umwelt, in der wir leben. Was wir an Erinnerung abspeichern, ist es ebenso.

Narrationen: verschiedene Möglichkeiten, über Erlebtes zu erzählen

Unsere Geschichten sind deshalb nur „Narrationen", sagen die Systemiker, also verschiedene Möglichkeiten, über Erlebtes zu erzählen. Diese Sichtweise erweitert Optionen – ein wesentliches Ziel in Coaching und Beratung. Als Berater können wir den Klienten unterstützen, seine Geschichten hilfreicher zu erzählen. „Es ist nie zu spät, eine glückliche Kindheit zu haben", bringt es der Psychiater und Psychotherapeut Ben Furman auf den Punkt. Das bedeutet nicht, die rosarote Brille aufzusetzen, um Ereignisse schönzureden, sondern es bedeutet, das Blickfeld zu erweitern, um neue Perspektiven einnehmen zu können. So können neue bzw. anders erzählte Geschichten im Dialog zwischen Coach und Klient entstehen.

Dieses Buch vermittelt Ihnen das Handwerkszeug, um mit diesen Möglichkeiten des Storytellings im Einzelcoaching arbeiten zu können. Der Fokus liegt dabei auf dem Systemischen Ansatz, für den „Narrationen", also die Art und Weise, wie jemand Geschichten erzählt, eine wichtige Rolle spielen. Aber auch andere Ansätze wie das Neuro-Linguistische Programmieren kommen zu Wort.

Sie werden feststellen, dass die Methode des Storytellings eine gute Ergänzung in Ihrem auch noch mit anderen Werkzeugen gut gepackten Werkzeugkoffer sein kann. Storytelling steht nicht in Konkurrenz zu anderen Instrumenten, sondern bereichert Sie und Ihre Klienten.

Weshalb Geschichten in Coaching und Beratung Kraft entwickeln können

Der Klient wird zum „Autor" seines Lebens

Geschichten sind unterhaltsam und wecken die Aufmerksamkeit, sie erlauben dem Klienten, selbst auf Lösungen zu kommen und sie machen ihn mit der Möglichkeit, seine Geschichten auch anders zu erzählen, zum „Autor" und damit zum selbstständigen Gestalter seines Lebens. Sie werden schnell entdecken, dass Storytelling eine Methode mit großer Kraft ist, denn Geschichten:

- gehen tief, weil sie Gefühle direkt ansprechen,
- lösen Bilder aus, deren Botschaften wirken können, weil sie besser erinnert werden,
- vermitteln Informationen, ohne direktiv zu sein,
- schaffen Distanz, um aus der eigenen Erfahrungswelt herauszutreten,
- helfen, Komplexität zu reduzieren und das Wesentliche zu erkennen,
- geben Raum für neue Ideen und Lösungen,
- helfen dem Klienten, Selbstwirksamkeit zu erleben, weil er zum Gestalter seiner eigenen Erzählungen und Geschichten werden kann,
- machen es leicht, sich mit den Protagonisten in den Geschichten zu verbinden und darüber Fähigkeiten anzusprechen, die verschüttet oder vergessen wurden,
- helfen zu erkennen, dass auch andere Menschen Probleme haben,
- wecken Aufmerksamkeit und Interesse,
- sind lebendig und lockern die Beratung auf.

Geschichten schaffen Wahlmöglichkeiten

Mit einem Satz: Die Arbeit mit Geschichten bereichert und schafft Wahlmöglichkeiten für den Klienten – ein wesentliches Ziel von Beratung und Coaching. Wieder die Wahl zu haben zwischen verschiedenen Sichtweisen und Handlungsmöglichkeiten gibt Hoffnung und Energie und hilft, Ressourcen zu entfalten. So können Klienten Herausforderungen besser bewältigen, ganz gleich, ob es sich um eine schwere

Entscheidung oder eine neue Führungsaufgabe handelt, ob um einen Teamkonflikt oder die Suche nach Lebenszielen.

Storytelling – ein Herausstellungsmerkmal für den Coach

Nicht zuletzt verhilft die Arbeit mit Geschichten Ihnen als Coach und Berater zu einem Profil, das Sie besonders macht. Ein Herausstellungsmerkmal ist ein wichtiges Marketing-Argument, das auf dem überfüllten Markt nicht zu verachten ist. Falls Sie Klienten und Auftraggebern erklären möchten, wie Geschichten wirken, finden Sie hier drei Ansätze, weshalb Geschichten in Coaching und Beratung funktionieren.

Geschichten sprechen Herz und Hirn an: Erkenntnisse der Gehirn- und Lernforschung

Kognition und Emotion wirken zusammen

Am besten wirken Coaching und Beratung, wenn **Gefühl und Verstand** angesprochen werden. Will der Kunde beispielsweise eine Entscheidung für den nächsten beruflichen Schritt fällen, dann ist es ist gut, wenn er sich rationale Argumente überlegt, was dafür oder dagegen spricht, Plus- und Minuslisten anfertigt etc. Aber das allein reicht oft nicht aus, um herauszubekommen, was man will. Es wird erst möglich, sich zu entscheiden, wenn Gefühl und Unterbewusstsein ins Spiel kommen, wenn Kognition und Emotion zusammenwirken können. Geschichten und Metaphern stimulieren Hirnareale, die die bildlich-intuitive und die sinnlich-emotionale Ebene ansprechen (H. Lindemann, 2014).

Ressourcen des Unterbewussten nutzen

Das Unterbewusstsein hat außerdem **reichere Suchmöglichkeiten nach Lösungen** als das rein rationale Denken, denn 95 Prozent aller wahrgenommenen Informationen werden unbewusst verarbeitet. Sie lagern sich im emotionalen Erfahrungsgedächtnis ab. Geschichten erlauben den Zugang zu Vergessenem und Verdrängtem, und damit auch besonders zu den Stärken und Ressourcen.

Emotional relevante Information bleibt länger im Gedächtnis

Geschichten und ihre Botschaften werden **besser erinnert**, weil sie die Emotionen direkt ansprechen. Der Neurobiologe Gerald Hüther schreibt dazu: „Maßgeblich dafür, ob ein Sinneseindruck bewusst wahrgenommen wird, ist nicht der Umstand, wie ‚wahr' er tatsächlich ist, sondern wie wichtig er (...) eingeschätzt wird." (G. Hüther, 2010). Das limbische System, das für Gefühle zuständig ist, bewertet alle hereinkommenden Informationen danach, ob sie emotional besetzt sind, ganz gleich ob positiv oder negativ. Wahrnehmung und Gedächtnis arbeiten selektiv: Wir merken uns, was emotional relevant ist. Das Nichtrelevante bleibt im Kurzzeitgedächtnis und verschwindet schnell wieder.

„Kuckucks-erinnerungen"

Sicher ist, dass nichts sicher ist. Auch das nicht. (Joachim Ringelnatz): Was wir wahrnehmen und später erinnern, muss also nicht wahr und so passiert sein. Untersuchungen zeigen, dass „Kuckucks-erinnerungen" nicht ungewöhnlich sind: Menschen erinnern sich an Dinge, die sie nicht persönlich erlebt haben. Sie setzen Erinnerungen beispielsweise so zusammen, dass Anteile von zeitlich und örtlich weit auseinanderliegenden Ereignissen zu einem einzigen Geschehnis zusammengefügt werden. Zum Beispiel erinnert sich ein Mann daran, als Kind über einen Zaun gesprungen und dann in eine nahe Telefonzelle gegangen zu sein. Nachforschungen ergaben aber, dass sich Zaun und Telefonzelle in zwei verschiedenen Bundesländern befanden, in denen er als Kind gewohnt hatte (J. Efran, 1992).

Alles kann auch anders erzählt werden: Der narrative Ansatz

Der Ursprung: Narrative Therapie

Die Arbeit mit Geschichten in der Beratung kommt ursprünglich aus dem therapeutischen Kontext, vor allem aus einer Variante der Systemischen Familientherapie, der Narrativen Therapie, die Ende der 80er-Jahre entstanden ist. Besonders der Lehrtherapeut Arist von Schlippe hat den narrativen Ansatz für die Systemische Beratung weiterentwickelt. Aber auch andere therapeutische Formen haben sich mit Geschichten beschäftigt, u.a. die Gestalttherapie und die Positive Psychotherapie. NLP, das Neuro-Linguistische Programmieren, arbeitet viel mit Metaphern.

Menschen organisieren alle Informationen über ihr Leben, egal ob privat oder beruflich, in Geschichten, die sie sich selbst und anderen erzählen. Dabei wählen sie naturgemäß aus der Fülle dessen, was sie erleben, aus: Was ist erzählenswert und was nicht? Was sie wie interpretieren und welche blinden Flecken es möglicherweise als Folge der Auswahl gibt, das ist sehr individuell. Alle Erfahrungen, Sichtweisen und Emotionen werden zu kompakten Geschichten zusammengefügt, die wir uns und anderen erzählen. Ein Beispiel: Weshalb sind Sie Coach und Berater geworden und was ist Ihre Geschichte dazu? Wie würde ein anderer die Geschichte wahrnehmen und erzählen?

In dem sehr sehenswerten Film „Das Salz der Erde" von Wim Wenders über den Fotografen Sebastião Salgado, sagt dieser sinngemäß: „Nimm eine Landschaft und lass sie von 20 Fotografen fotografieren. Und du erhältst 20 ganz verschiedene Fotos." Genauso ist es mit den Geschichten, die Menschen über ihr Leben erzählen.

Erzählte Geschichten wirken auf das Erleben zurück

Im Laufe der Erzählung „werden Menschen zu den Geschichten", die sie erzählen, denn sie wiederholen die Erzählungen meist auf die immer gleiche Art und Weise, bis sie glauben, dass es sich genau so auch abgespielt haben muss. Die erzählten Geschichten wirken wiederum auf das Erleben zurück. Betrachten wir beispielsweise die Zusammenarbeit mit unseren Kollegen als „Schlachtfeld" oder als „Spielwiese"? Je nach Blickwinkel hat das Auswirkungen darauf, wie wir uns fühlen und wie wir uns verhalten. Unsere Erzählung kann einen „Tunnelblick" zur Folge haben, der uns beeinflusst und der die wahrgenommenen Handlungsmöglichkeiten einschränkt, oder sie kann uns alle Optionen und Freiheiten lassen, sich frei zu verhalten.

Michael White, der verstorbene „Erfinder" des narrativen Ansatzes, betonte deshalb die befreiende Wirkung seiner Idee, alle Geschichten auch anders erzählen zu können. Denn demnach sind Probleme nicht das Ergebnis charakterlicher Eigenschaften, sondern das Ergebnis einer bestimmten Erzählpraxis. White und sein Kollege David Epston fragten deshalb nicht so sehr nach den Ursachen von Problemen, sondern ermutigten mit Methoden wie „Reframing", „Externalisierung" und „Dekonstruktion" ihre Klienten zu neuen Lebens- und Lösungserzählungen (M. White, D. Epston, 2006). Mehr über den narrativen Ansatz erfahren Sie ab S. 76. Das Vorgehen bei Reframing (S. 88, S. 140), Externalisierung (S. 84, S. 127) und Dekonstruktion (S. 84, S. 127) wird auf den angegebenen Seiten vorgestellt.

Mit der Möglichkeit, zu Autoren ihrer Lebensgeschichten zu werden, werden die Menschen zu Gestaltern ihres Lebens: Sie handeln aktiv und erleben Selbstwirksamkeit – eine wichtige Voraussetzung für psychische Stabilität und Gesundheit.

Für unsere Geschichten sind wir nicht allein verantwortlich: Der Sozialkonstruktivismus

Unsere Wahrnehmung, die Erfahrungen, die wir machen und die Geschichten, die wir darüber erzählen, sind nicht nur das Produkt unser individuellen Persönlichkeit, sondern sie hängen auch von den Regeln und Werten der Familie ab, aus der wir kommen, von der Unternehmenskultur, in der wir arbeiten, von der Gesellschaft, in der wir leben. Geschichten sind deshalb auch „kollektive Ideenwelten".

Geschichten öffnen Möglichkeitsräume

Beispielsweise lernen wir von klein auf die Welt über die Geschichten unserer Eltern kennen. Was vermitteln sie uns? Gehört unsere Familie zum Beispiel seit jeher zu den „kleinen Leuten", die immer fleißig placken, aber nie groß werden können, weil ausgesprochen oder unausgesprochen die Regel gilt „Schuster, bleib bei deinen Leisten"? Oder haben wir das Gegenteil gelernt und schon qua Herkunft und ohne darüber nachzudenken, stehen uns alle Türen offen? Diese Geschichten öffnen oder schließen „Möglichkeitsräume" für die Nachgeborenen.

Mehr Transparenz des Miteinanders

Die erzählten Geschichten zeigen auch, ob und wie Menschen miteinander klarkommen. Wenn man Mitglieder eines Teams danach befragt, erzählen sie dann ähnliche Geschichten über ihre Zusammenarbeit oder ganz unterschiedliche? Wer bestimmt, welche Geschichten erzählt werden? Konflikte und Probleme sind nach dem sozialkonstruktivistischen Ansatz vor allem kommunikative Angelegenheiten.

Mehr Einblick in die Unternehmenskultur

Und wie hängen die Geschichten mit der Kultur des Unternehmens zusammen? Würden die Geschichten unter anderen Bedingungen genauso erzählt werden oder gäbe es hier völlig andere Sichtweisen? Der Kontext und der soziale Raum, in dem sich der Einzelne und das Team bewegen, spielen eine wichtige Rolle in Coaching und Beratung. Sie bestimmen das Suchen und Finden von Lösungen für Konflikte und Probleme mit. Auch dieser Ansatz gibt uns in Beratung und Coaching Freiraum, denn er erlaubt, über den Tellerrand zu blicken. Wäre beispielsweise ein Problem auch in einem anderen Systemrahmen, etwa in einer anderen Organisationskultur, ein Problem?

Auf einen Blick: Gute Gründe für das Storytelling in Coaching und Beratung

- Unser Gehirn liebt Geschichten.
- Jede Geschichte kann auch anders erzählt werden.
- Geschichten zeigen, wie und ob die Kommunikation zwischen Menschen funktioniert und geben Hinweise auf Lösungen.

II. Kapitel

Was gutes Storytelling ausmacht – die Kernelemente

Schnellfinder

Regeln guten Storytellings

Für wen und bei welchen Anlässen eignet sich Storytelling und was sind die wesentlichen Elemente? Antworten auf diese Fragen finden Sie in diesem Kapitel.

Alle Menschen lieben und erzählen Geschichten, aber nicht alle Menschen lieben und erzählen alle Geschichten. Einem Konzernvorstand können Sie nicht unbedingt aus heiterem Himmel eine Geschichte aus Tausendundeiner Nacht erzählen und einem Arbeitslosen hilft es nicht zwangsläufig weiter, wenn Sie sein Leben mit dem von Prinz William vergleichen. Und wenn Ihnen eine Geschichte aus dem Leben des Klienten wichtig erscheint, muss das für ihn selbst noch lange nicht so sein.

Wie auch immer Sie Storytelling einsetzen – ob Sie mit und an den eigenen Geschichten und Metaphern der Klienten arbeiten, ob Sie zusammen mit ihnen neue und hilfreichere Geschichten entwickeln oder ob Sie Geschichten als Modelle nutzen: Sie können *mit jedem Klienten* mit Storytelling arbeiten, wenn Sie darauf achten, dass die Geschichten zum Klienten, zur Situation und auch zu Ihnen passen bzw. dass sie für ihn wichtig sind.

Geschichten als Modelle

Was Geschichten erreichen können

Wie finden Sie heraus, welche Geschichten Sie erzählen können? Beachten Sie folgende Kriterien:

Gute Geschichten

- schaffen eine **emotionale Verbindung:** *„Als sie die Stelle bekam, riefen ihre Eltern sie sofort an und gratulierten ihr. Niemals hätten* *sie gedacht, dass ihre Tochter nach all den Schwierigkeiten den Aufstieg schaffen würde.*" Wenn man diese Geschichte hört, fühlt man sofort mit. Denn Gefühle wie Stolz oder Sorge um die Kinder sind universell. Wir können uns leicht damit verbinden. Suchen Sie nach Anknüpfungspunkten und bauen Sie inhaltliche Brücken, damit sich der Klient mit der Botschaft verbinden kann.

- sind **einfach** und knüpfen an **bekannte Muster und universelle Themen** an: Beate Uhse brach in den 1950er-Jahren von einem kleinen Dorf in Norddeutschland auf, um gegen alle Widerstände die Tabus der damaligen Gesellschaft zu brechen. Sie wurde zur erfolgreichen Unternehmerin und erhielt später das Bundesverdienstkreuz.

  Das ist zum Beispiel eine typische Heldengeschichte. Eine Heldengeschichte ist ein klassisches Erzählmuster. Die mutige Heldin zieht hinaus in die Welt, um ein Abenteuer zu bestehen. Sie überwindet alle Hindernisse, die sich ihr in den Weg stellen und kehrt gestärkt und möglicherweise sogar mit einem Schatz zurück. Das klassische Muster der „Heldenreise" wird auf S. 36 ff. und auf S. 217 ff. ausführlich erläutert.

- haben, wie gerade schon erwähnt: **Helden**. Helden sind nicht unbedingt Helden im klassischen Sinne wie Antigone oder Odysseus, sondern Protagonisten, also Handelnde, die sich verändern und dazulernen können. Mit ihnen verbinden wir uns leicht, wenn die Distanz zwischen ihnen und uns nicht allzu groß ist: Mit Prinz William oder der Queen ist es eben schwieriger als mit jemandem, der ähnlich lebt wie der Klient. Helden bzw. Handelnde können trotzdem auch Prominente und Stars wie die schillernde Madonna oder Filmgestalten wie der schlaue, aber etwas verrückte Dr. House sein. Was wir in Anteilen an ihnen bewundern, das haben wir möglicherweise als Potenzial schon in uns. Das hilft, Stärken und Ressourcen zu entdecken.

- schaffen im besten Fall **Aha-Erlebnisse**, weil sie bewegen. Wenn etwa ein Judosportler mit nur einem Arm trotz seines Handicaps Judomeister wird, dann könnte das Aha-Erlebnis sein: Trotz aller Hindernisse sind unmöglich erscheinende Dinge erreichbar.

- sprechen **Potenziale und Fähigkeiten** an: Ross Perot gründete seine Firma mit 1.000 geliehenen Dollar. In den ersten Jahren kassierte er 77 Ablehnungen von Unternehmen, bevor er endlich seinen ersten Auftrag erhielt. Was er dafür bekam: 4 Millionen Dollar. Der Grundstein für seine Firma EDS, die er später für 2,4 Milliarden Dollar verkaufte (Quelle: *www.gutegeschichten.com*).

- sind **für den Klienten relevant.** Er soll sich in ihnen wiedererkennen können. Als ich neulich einem Klienten, der keinen Abschluss hat, erzählte, dass Bill Gates es ohne Zeugnis vom Garagentüftler zum reichsten Mann der Welt geschafft hat, rümpfte dieser zunächst die Nase. Ich musste feststellen, dass der Abstand zu seiner Situation zu groß war (Etwas später jedoch meinte er: *„Stimmt".*)

- haben **klare Botschaften**, auch wenn diese indirekt enthalten sind: Ein Paar trennt sich nach vielen gemeinsamen Jahren. *„Immer hat er mir beim Frühstück die obere Brötchenhälfte gegeben. Dabei mag ich viel lieber die untere. Ich dachte: Wenn er mich liebt, dann merkt er es von selbst."*

  Um herauszufinden, ob die Botschaft klar genug ist, fragen Sie sich, wozu Sie die Geschichte erzählen. Es ist im Coaching manchmal gut, den Klienten zu irritieren, aber komplett verwirren sollen Sie ihn nicht.

- geben **Antworten, ohne Vorgaben** zu machen. Es kann gut sein, dass Ihr Klient aus der Brötchengeschichte eine andere Botschaft holt, als Sie beabsichtigt haben. Das macht nichts. Es zählt, was hilft. In der Beratung würde man diese Geschichte erzählen, ohne die Botschaft direkt zu benennen. Es geht ja nicht darum, Tipps zu geben, sondern den Klienten zu unterstützen, die für ihn passende Lösung zu finden.

- **komprimieren die Inhalte** auf das Notwendige. *„Es war einmal ...",* kann ein Einstieg sein. Aber wenn Sie nicht bei Adam und Eva ansetzen, können Sie die Geschichte so verdichten, dass sie spannend ist: *„Ich habe einmal eine Frau getroffen, die erst nach einem schlimmen Burnout, der ihre Gesundheit und ihre Familie gefährdete, merkte, was ihr im Leben wirklich wichtig ist."*

- sollten trotzdem von Zeit zu Zeit auch die **Sinne ansprechen**, damit sie der Klient nachvollziehen kann: Was hören, sehen, riechen, fühlen die Personen in den Geschichten? Wenn man jemanden mit einer kleinen Geschichte erreichen möchte, ist es gut, ihn in die

Geschichte hineinzuziehen, damit er sie nicht nur im Kopf, sondern auch mit dem Herzen und dem Körper miterleben kann. *„Draußen war es brüllend heiß, die Luft flirrte, die Klimaanlage war kaputt, wir waren alle kurz vorm Kollaps – da kam auch noch unsere Chefin kurz vor Dienstschluss an und wollte, dass wir den Projektbericht zu Ende schreiben."*

- sind **weder moralisierend noch belehrend**: Wenn Sie Ihrem Klienten sagen: *„So können Sie aber die Geschichte nicht erzählen! Das ist doch kein guter Blick auf Ihr Erlebnis!"*, dann schwingen Sie sich zum Richter über Gut und Böse auf. Lassen Sie ihm die Freiheit, selbst zu entscheiden.

- können ruhig auch **persönliche Geschichten vom Coach** sein: *„Als ich meine erste Stelle als Führungskraft hatte..."* Diese Geschichten sollten jedoch immer eine Funktion im Coaching haben. Auch hier: Weshalb erzählen Sie das? Allzu viele persönliche Geschichten des Coachs und Beraters könnte der Klient als Beziehungsangebot verstehen.

- müssen auch **zu Ihnen als Berater passen**: Sie können zum Beispiel keine Geschichten aus der Bibel erzählen, wenn Sie damit nichts anfangen können.

- **verzichten auf Klischees** bzw. verbrauchte Bilder. „Die Spitze des Eisbergs" zum Beispiel ist eigentlich ein treffendes Bild, aber auch eines, das so häufig gebraucht wird, dass es sich abgenutzt hat.

- **vermeiden schiefe Bilder:** *„Ein neues Team zu bilden, ist wie ein Schmuckstück entwerfen."* Schmuckstücke sind in der Regel schön, aber nicht nützlich.

Geschichten, die der Klient erzählt

Als Coach den Wert einer erzählten Episode erkennen

Woran merken Sie, wenn sich eine vom Klienten erzählte Episode dafür eignet, mit ihr zu arbeiten?

- In erster Linie, wenn sie der Klient so erzählt, dass sie seine Möglichkeiten und Sichtweisen auf ein Thema **einschränkt** und er dies als Problem empfindet.

- Wenn die Erzählung **andere mögliche Sichtweisen außer Acht** lässt.

- Wenn die Metaphern und Geschichten **für das Anliegen des Klienten wichtig** sind. Eine Klientin erzählt mir beispielsweise, dass sie bestimmte Glaubenssätze verinnerlicht hat, wie u.a.: *„Als Frau muss man immer ganz viel arbeiten und darf sich nicht ausruhen."* Als ich nach der dazugehörigen Geschichte aus ihrer Biografie frage, um damit zu arbeiten, wird schnell deutlich, dass sie zwar den Glaubenssatz wahrnimmt, er sie aber momentan nicht stört oder belastet. Es ginge also an ihrem Anliegen vorbei, trotzdem die Geschichte anders erzählen zu wollen.

Worauf es dagegen beim Storytelling *nicht* ankommt

- Auf literarische Brillanz. Beim Storytelling in Coaching und Beratung müssen Sie keine Fähigkeiten haben oder ausbilden, die aus Ihnen einen zweiten John Irving oder eine zweite Alice Munro machen. Es gilt: Inhalt vor Stil.

- Dass Sie die besseren Geschichten haben. Ihre Haltung sollte niemals besserwisserisch sein, sondern immer wertschätzend und offen für die Geschichten, die der Klient mitbringt. Das können ganz kleine einfache Geschichten sein. Mit der Zeit entwickeln Sie mit Sicherheit ein gutes Gespür dafür.

Tipp: Universelle Themen für Geschichten, die Gefühle ansprechen

- Sich entwickeln und reifen
- Hindernisse überwinden und dazulernen
- Dazugehören und ausgeschlossen sein
- Verändern und bewahren
- Ankommen und gehen
- Aufsteigen und fallen
- Lieben und hassen
- Gut und Böse
- Stark sein und schwach sein
- Hoffen und enttäuscht sein
- Gewinnen und verlieren

Auf einen Blick: Geeignete Geschichten als Modelle

- Geschichten, die zum Klienten, zur Situation und zu Ihnen als Berater passen
- Haltung des Beraters: wertschätzend und empathisch
- Fehl am Platz: moralisieren und belehren
- Die Geschichten und Metaphern des Klienten aufgreifen und ernst nehmen
- Botschaft indirekt, aber eindeutig
- Elemente suchen, mit denen sich der Klient emotional verbinden kann
- Vereinfachen und auf das Wesentliche reduzieren
- Mit allen Sinnen erzählen
- Potenziale und Fähigkeiten sollten enthalten sein
- Aha-Erlebnisse möglich machen

Metaphern und Vergleiche als Mini-Geschichten

Die Sprachbilder

Sich „wie auf der Anklagebank" fühlen, ein „Fels in der Brandung" sein, „in der Falle sitzen", „zu neuen Ufern aufbrechen": Jedes dieser Sprachbilder birgt eine stark verkürzte Mini-Geschichte in sich. Als Rudimente von Geschichten helfen sie Klienten und Beratern, komplexe Gefühle und Erlebnisse bildlich auf den Punkt zu bringen und sie damit besser zu veranschaulichen, als es viele einzelne Wörter vermögen.

Eine Klientin berichtet von einer Projektpräsentation, die sie als „Feuertaufe" bezeichnet. Das Bild des Feuers verdeutlicht, wie stark sie die Präsentation herausfordert. Das Bild der Taufe vermittelt den Eintritt in einen neuen Abschnitt und dass sie danach weitergekommen sein wird.

Diese Mini-Geschichten haben keine Einleitung und keinen Schluss, sondern bestehen aus einem verkürzten Vergleich, einem Wort oder einer zusammengesetzten Redewendung.

Situative Vergleiche: „Wie"

Vergleiche stellen den Zusammenhang zwischen einer Situation, einem Zustand oder einem Gefühl mit etwas anderem durch Worte her, meist mit dem Begriff „Wie". *„Mein Leben ist zurzeit wie eine Achterbahn.", „Nach dem Assessment-Center fühle ich mich wie durch die Mangel gedreht.", „Unsere Teamkommunikation ist wie ein Sturm, der niemals aufhört.", „In seinem Vorgehen gleicht er einer Dampfwalze."*

Bildhafte Vergleiche

Metaphern sind verkürzte bildhafte Vergleiche, die ohne einen Begriff, der den Zusammenhang erklärt, eingesetzt werden. Das heißt, das Wörtchen „Wie" wird weggelassen. Auch sie übertragen die Bedeutung von einem bildhaften Begriff von einem Bereich in einen anderen: Die Formulierung „Der Kopf des Teams" beispielsweise spricht für sich, der Leser muss sich die Beziehung nicht erst erschließen. Wer keinen „Schnee von gestern" möchte und für seinen „Methodenkoffer" nicht

„die Nadel im Heuhaufen suchen" will, wird feststellen, dass er mithilfe von Storytelling direkt „den Nagel auf den Kopf treffen" kann.

Metaphern begegnen uns in verschiedenen Formen:

- In nur einem Wort: *„Mein Kollege ist ein Trampeltier.", „Das ist der Arnold Schwarzenegger der Beratungsbranche."*
- In zusammengesetzten Begriffen, die zu festen Redewendungen geworden sind: *„Das ist für ihn ein rotes Tuch.", „Vertrieb und Logistik trennt ein eiserner Vorhang."*
- In Sprichwörtern: *„Der frühe Vogel fängt den Wurm.", „Was Hänschen nicht lernt, lernt Hans nimmermehr."*

Metaphern als Schlüssel des Fühlens und Denkens

Metaphern sind ein fester Bestandteil nicht nur der Sprache, sondern auch des Fühlens und Denkens. Wir übersetzen Erlebnisse nicht erst in Sprache und dann in Bilder, sondern denken und fühlen gleich in Bildern. Diese werden somit meist intuitiv und unbewusst gebildet. Welche Metaphern ein Mensch wählt, geschieht dabei nicht zufällig, sondern gehorcht u.a. den Inhalten, die unbewusst gespeichert werden. Diese wiederum sind abhängig von dem System, in dem ein Mensch aufwächst und lebt. Wenn „Zeit Geld ist", dann ist Zeit ein sehr wertvolles Gut in diesem System. Das dahinter stehende metaphorische Konzept ist von System zu System bzw. von Kultur zu Kultur verschieden. Für die Linguisten George Lakoff und Mark Johnson ist die Metapher sogar das zentrale Sinnesorgan für die soziale und kognitive Welt. Sie finden: „Metaphern sind der grundsätzliche Schlüssel zum Verstehen" (G. Lakoff, M. Johnson, 2011).

Übung: Metaphern finden

- Notieren Sie alle Metaphern, die Ihnen spontan einfallen.
- Achten Sie in allen Gesprächen, die Sie heute führen, auf Metaphern.

Ziel ist es, sensibel für die Vielfalt in der Alltagssprache zu werden.

Weshalb wirken Metaphern und Vergleiche?

Metaphern und Vergleiche erzeugen Bilder, die besser vorstellbar sind und die auch besser erinnert werden als abstrakte Begriffe. Deshalb wirken sie auch stärker und länger als rein sprachliche Begriffe.

Wenn ein Klient die Zielvorstellung formuliert „In meiner neuen Funktion will ich mich wohlfühlen", wirkt das beispielsweise weniger stark als der Satz „In meiner neuen Funktion will ich mich wie ein Fisch im Wasser fühlen", weil das darin enthaltene Bild besser erinnert wird und es gleichzeitig positive Emotionen direkt anspricht. Das Bild vom Fischlein, das ganz in seinem Element ist, löst Wohlgefühl aus.

Somatische Marker

Somatische Marker, also Reaktionen des Körpers, treten auf und das angenehme Körpergefühl wird als positive Erinnerung verankert. Dieses verankerte Gefühl macht es wahrscheinlicher, dem Ziel näherzukommen: nämlich sich bei der nächsten Stelle wirklich wohlzufühlen.

Tipp: Das Zürcher Ressourcenmodell

Lesen Sie mehr dazu im „Zürcher Ressourcenmodell" von Maja Storch. Das Zürcher Ressourcenmodell ist ein Ansatz, um das Selbstmanagement von Menschen zu stärken. Es nimmt die Stärken des Einzelnen in den Blick und erschließt persönliche Ressourcen, u.a. mithilfe von Bildern und Mottozielen. (M. Storch, 2010)

Erweiterung möglicher Perspektiven

Doch nicht nur das: Weil Metaphern und Vergleiche meistens mehrere Bedeutungen enthalten, können mit ihnen leicht Perspektiven erweitert sowie mehr und andere Blickwinkel eingenommen werden: In welchen Wassern fühlt sich der Fisch besonders wohl? Um welchen Fisch handelt es sich überhaupt: einen Hai, einen Aal, einen Stichling? Wer und was kann das Wohlbefinden des Fischleins noch steigern? Und wer oder was könnte ihm gefährlich werden und es – happs – verspeisen?

Auch neurobiologisch lässt sich begründen, dass Metaphern eine Perspektiverweiterung darstellen: Wörter, die Sprachbilder enthalten, sprechen andere Hirnareale an als Wörter, die abstrakte Begriffe oder Fakten enthalten (H. Lindemann, 2014).

Wozu kann man Metaphern und Vergleiche in Beratung und Coaching nutzen?

Metaphern und Vergleiche lassen sich auf verschiedene Weisen nutzen:

- Sie machen die Beratungsgespräche **bunter und lebendiger**. Eine bildreiche Sprache spricht die Sinne an und macht den Klienten wach. Und auch den Coach.

- Sie helfen, **differenzierte (Gefühls-)Zustände vereinfacht** auszudrücken. *„Ich fühle mich deprimiert, mein Selbstwertgefühl ist angeschlagen"*, könnte man anschaulicher so ausdrücken: *„Ich fühle mich so klein, dass ich unter dem Teppich langgehen könnte."*

- Sie helfen Beratern, herauszufinden, **wie ein Klient „tickt"**, d.h., in welchem Wahrnehmungskanal er sich bevorzugt bewegt. Denn jede Information, die ein Mensch wahrnimmt, wird in einem der fünf Wahrnehmungskanäle abgespeichert: Was wir erleben, das sehen, hören, fühlen, riechen, schmecken wir.

Obwohl wir ständig alle Kanäle benutzen, gibt es meist einen Wahrnehmungskanal, in dem wir uns besonders zu Hause fühlen. NLP, das Neuro-Linguistische Programmieren, spricht in diesem Zusammenhang von visuellen, auditiven oder kinästhetischen Wahrnehmungstypen, also von Seh-, Hör- und Fühltypen.

Der visuelle Typ: über den Tellerrand gucken, Licht am Horizont sehen, den Adlerblick einnehmen, etwas sticht ins Auge, etwas in einem anderen Licht sehen, unter die Lupe nehmen, die rosarote Brille aufhaben, alles im Blick haben, in Sicht kommen …

Der auditive Typ: die Nachtigall trapsen hören, das klingelt in meinen Ohren, das ist eine schreiende Ungerechtigkeit, ein Machtwort sprechen, da spricht mich Folgendes an, das ist ein Ohrenschmaus für mich, mit Ach und Krach …

Der kinästhetische Typ: auf vielen Hochzeiten tanzen, das fühlt sich bleischwer an, ich bekomme das schlecht in den Griff, er hat mir das Herz gebrochen, es liegt ihr im Blut, sie hat viel Fingerspitzengefühl, in Reichweite kommen …

Wie erinnern Sie beispielsweise Ihre letzte Beratungsstunde? Sehen Sie in erster Linie ein Bild, hören Sie gesagte Sätze oder haben Sie ein Gefühl dazu? Unser Lieblingswahrnehmungskanal findet sich auch in der Sprache wieder, die wir sprechen, und damit auch in den Metaphern und Vergleichen, die wir verwenden.

Rapport herstellen

- **Um Klienten besser zu erreichen**, Verständnis und Rapport herzustellen. Einen visuellen Menschen erreichen wir besonders gut über visuelle Begriffe, einen auditiven über auditive Begriffe und einen kinästhetischen über solche, die aus dem Gefühlsbereich stammen. Durch den bewussten Einsatz „sinnlicher" Sprache, die der des Gegenübers ähnelt, können wir schnell eine gemeinsame Wellenlänge schaffen. Darüber hinausgehende Empfehlungen, wie Sie den Klienten anhand von sprachlichen Mitteln besser erreichen können, lesen Sie ab S. 96 ff.

Tipp: Den Wahrnehmungstypen erkennen

Achten Sie darauf, welche Sprache Ihr Klient spricht: Nutzt er visuelle, auditive oder kinästhetische Begriffe, Metaphern und Vergleiche?

Aussagen aufgreifen

- Um mit den **darin enthaltenen Bildwelten und Aussagen weiterzuarbeiten**, Perspektivwechsel zu ermöglichen und Lösungen zu erarbeiten. Beispielsweise äußert ein Klient: *„Frau K. dreht ihr Fähnchen immer nur nach dem Wind."* Der Berater greift auf: *„Wozu verhilft ihr das Fähnchen? Was hilft es dem Wind? Könnte das Fähnchen auch unter einem anderen Wind wehen?"*

Tipp: Mit Aussagen weiterarbeiten

Achten Sie darauf, in welchen Metaphern und Vergleichen sich Kernaussagen über das Anliegen Ihres Klienten finden.

Wie kann man Metaphern und Vergleiche in der Beratung anwenden?

Lösungen indirekt in Sprachbildern vermitteln

Ein Suchprozess nach Botschaften wird in Gang gesetzt

Metaphern können Trancezustände auslösen, sagen die NLPler. Das heißt nicht, dass der Klient in einen schlafähnlichen Zustand oder womöglich sogar in Ekstase gerät. Trance bedeutet, dass sich die Aufmerksamkeit des Zuhörers nach innen richtet, wenn er eine Metapher hört, die mit seinem Thema zu tun haben könnte. Er beginnt nach Möglichkeiten zu suchen, die Bedeutung und Aussage der Metapher auf das eigene Anliegen zu übertragen. Auf diese Weise wirken Metaphern, die Berater und Coachs einsetzen, indirekt und lassen dem Klienten die Freiheit, selbst auf die Lösung zu kommen. Botschaften sind verschlüsselt und es bleibt dem Klienten überlassen, wie er sie interpretiert und ob er sich mit ihnen verbindet. So können Metaphern wie ein Katalysator wirken, der die Lösung von innen nach außen befördert. Sie können, aber sie müssen es nicht.

Was halten Sie von folgendem Bild: „Für mich ist eine Führungskraft wie ein Dirigent." – Diese Metapher vom Dirigenten könnte ein Berater einsetzen, wenn sich ein Klient fragt, welche Aufgaben in seine Verantwortung als Führungskraft fallen. In der Metapher des Dirigenten stecken verschiedene mögliche Assoziationen. Welche Botschaft, welche Lösung der Klient aus der Metapher zieht, ist ihm überlassen. Die Botschaft kann lauten: Die Führungskraft muss nicht jedes Instrument selbst gut spielen können, also kein Experte für (...) sein. Sie hat die Verantwortung für das Orchester, also das Ganze. Oder: Spielt ein Trompeter schlecht, dann klingt das gesamte Orchester nicht gut.
(Nach M. Nöllke, 2002)

An die Metaphern der Klienten anknüpfen, um Veränderungsprozesse anzuregen

„Ich bin doch immer wieder eine blöde Eselin. Das hat sich auch in diesem Fall gezeigt", sagt die Klientin. Sie beschimpft sich selbst, schlimmer noch, sie schreibt mit dem „immer wieder" fest, dass das Blödsein ein Bestandteil ihrer Persönlichkeit ist. Die Metapher von der Eselin eignet sich wie viele andere Problemmetaphern gut dafür, Veränderungsprozesse im Denken und Verhalten anzuregen. Der Coach hat hier zwei Möglichkeiten: Er kann mit gleichläufigen oder gegenläufigen Sprachbildern arbeiten.

Gleich- und gegenläufige Sprachbilder

Gleichläufig bedeutet, mit der Metapher weiterzuarbeiten, beispielsweise zu fragen, welche Gefühle die Klientin mit dem Bild der Eselin verbindet. Das könnte je nach Anliegen so aussehen:

- *„Wofür steht das Bild der Eselin in Ihrer persönlichen Erfahrung?"*
- *Angenommen, Ihr Verhalten wäre wie das einer Eselin gewesen: Welche guten Seiten haben Esel Ihrer Meinung nach?"* (Esel sind z.B. durchsetzungsstark und eigenwillig.)
- *„Wenn Ihr Verhalten das einer Eselin war: Welche Botschaft hätte es vielleicht noch für Sie?"*
- *„Wirklich immer wieder? Gibt es auch Ausnahmen von Ihrem Verhalten als puscheliges Grauohr?"*
- *„Wie hat es die Eselin geschafft, dass Sie sie nachahmen?"*
- *„Welches Bild würde Ihre Kollegin von Ihnen beschreiben?"*
- *„Auf welcher Weide würde die Eselin sich denn wohler fühlen?"*

Gegenläufig bedeutet, mit einem Gegensatz zur verwendeten Metapher zu arbeiten. Beispielsweise so:

- *„Welches Tier wären Sie denn lieber?"*
- *„Was ist das Gegenteil eines Esels?"*
- *„Wofür steht dieses Tier?"*

Der Coach kann auf diese Weise andere Möglichkeiten der Interpretation der Metapher anbieten und damit das übliche Muster der Klientin irritieren, ihr Verhalten zu beschreiben.

Interpretationsvarianten anbieten

Gezielt nach Metaphern und Vergleichen fragen

Coachs können die Klienten auch gezielt nach Metaphern fragen und das bildhafte Denken anregen. Beispiele für offene Fragen:

„Wie ist Ihr Bild von sich als junge Führungskraft unter lauter älteren Mitarbeitern?"

- *„Wie sieht Ihr Wunschbild aus?"*
- *„Was denken Sie, welches Bild haben Ihre Mitarbeiter von Ihnen?"*
- *„Welche Metapher würde Herr X in einem Gespräch mit Frau Y über Sie benutzen?"*

Bilder und Metaphern können auch vorgegeben werden:

- *„Angenommen, Ihr Team wäre eine Fußballmannschaft: Wer hätte welche Rolle?"*

Übung: Von der Problem- zur Lösungsmetapher

Der Klient sagt: *„Unser Team ist wie ein Schiffsmannschaft, in der jeder zugleich Matrose und Kapitän ist, sodass das Schiff niemals in den geplanten Hafen einlaufen wird."*

Entwerfen Sie gleichläufige und gegenläufige Fragen zur dieser Metapher.

Worauf sollte man als Berater und Coach bei der Arbeit mit Metaphern und Vergleichen achten?

Werden Sie sensibel für die Sprache

Sprache wimmelt nur so von Vergleichen und nicht jedes Sprachbild, das der Klient unwillkürlich benutzt, ist für sein Anliegen wesentlich. Doch wer mit den Metaphern und Vergleichen der Klienten arbeiten möchte, entwickelt schnell ein gutes Gespür dafür, welche Begriffe Schlüsselbegriffe sind. Insofern ist es zunächst einmal Aufgabe des Coachs und Beraters, sensibel für Sprache zu werden. Metaphern und Vergleiche wollen entdeckt werden – um dann mit guter Intuition behandelt und ggf. nicht beachtet oder weiter verwandt zu werden.

Metaphern müssen passen

Für den Einsatz von Metaphern vonseiten des Coachs und Beraters wiederum gilt: Metaphern und Vergleiche müssen passen – zum Klienten, zur Situation und zum Anliegen. Man kann sich das Storytelling mit Metaphern nur begrenzt vornehmen, so wie man sich in der prozessorientierten Beratung den Einsatz bestimmter Methoden grundsätzlich nur begrenzt vornehmen kann. Wenn man flexibel und passgenau auf das Anliegen des Klienten reagieren will, klärt man am besten zu Beginn jeder Beratungsstunde neu, was das jeweilige aktuelle Anliegen ist. Dann erst kann der Koffer voller Methoden geöffnet werden, aus dem man das passende Instrument flexibel auswählt. Und eines davon kann dann das Storytelling mit Metaphern sein.

Wie und wo findet man Metaphern?

Wenn man darauf achtet, liegen Metaphern geradezu auf der Straße, denn die Alltagssprache bringt immer wieder neue hervor. Wir benutzen sie oft unbewusst. Wenn Sie dieses Buch beiseitelegen, werden

Ihnen garantiert mehr Metaphern auffallen als vorher. Sie können sich aber auch aus den vielen Metaphernsammlungen bedienen, die es mittlerweile gibt, beispielsweise: „Die Metaphern-Schatzkiste“ von Holger Lindemann und Christiane Rosenbohm (mit DVD) oder „Anekdoten, Geschichten, Metaphern für Führungskräfte“ von Matthias Nöllke.

Tipp: Metaphern sammeln

Schreiben Sie alle Metaphern und Vergleiche, die Sie für geeignet halten, in ein Notizbuch, das Sie bei sich tragen.

Auf einen Blick: Schritte zum guten Metaphern-Finder und Berater/Coach

- In welchem Wahrnehmungskanal ist der Klient am besten erreichbar (sehen, hören, fühlen) ?
- Welche Metaphern passen zum Klienten, zu seinem Anliegen, zur Situation?
- Welche Metaphern passen zum Coach und Berater?
- Welche Metaphern und Vergleiche sind wesentlich für das Anliegen des Klienten?
- Wie können Sie Ihr Repertoire an guten Metaphern erweitern?

Die Heldenreise als Grundmuster des Erzählens längerer Geschichten

Das erstaunliche Leben des Walter Mitty

Ein Filmbeispiel für eine Heldenreise: Walter Mitty

Walter Mitty ist ein unauffälliger Mitarbeiter im Fotoarchiv eines großen Printmagazins. Jeden Tag kümmert er sich im fensterlosen Keller des Magazins sorgfältig um die dort lagernden Fotonegative. Still schmachtet er eine hübsche Kollegin an, traut sich aber nicht, sie anzusprechen. Nur in seinen Tagträumen küsst er sie leidenschaftlich, ist ein ganzer Kerl, rettet Kinder und Hunde aus brennenden Häusern, kämpft gegen Schurken und steigt auf die höchsten Berge.

So könnte es weitergehen. Niemand würde Walter bemerken. Bis eines Tages für das Cover der letzten Printausgabe des Magazins ein besonderes Foto fehlt, das Sean, ein Star-Fotograf, Walter überlassen hatte.

Walter muss das Negativ des Fotos finden. Das geht nur über den in der Welt herumreisenden Fotografen. Also steht er vor der Entscheidung: Nimmt er die Dinge in die Hand und zieht los oder lässt er alles so weiterlaufen wie bisher? Walter wählt das Unbekannte und macht sich auf die Suche nach dem Foto. Nach waghalsigen realen Abenteuern, für die er unter anderem aus einem Helikopter in die eiskalte See springt, gegen einen Hai kämpft und einem Vulkanausbruch entkommt, kehrt Walter heim. Er ist der Held und braucht nun keine Träume mehr.

Was hat diese Heldenreise mit dem Thema Storytelling in Coaching und Beratung zu tun?

Die Geschichte von Walter Mitty stammt aus einem Hollywood-Film, der 2014 in den Kinos lief. Was das mit Beratung und Coaching zu tun hat, fragen Sie sich? Nun, die Story liefert uns ein typisches Beispiel für die Grundstruktur vieler Geschichten. Nicht nur Hollywood-Filme, sondern auch uralte Mythen, Sagen oder religiöse Erzählungen haben eine Gemeinsamkeit, wie der Mythenforscher Joseph Campbell („Der

Heros in tausend Gestalten", 1999) herausfand: Sie beruhen auf dem Muster der Heldenreise.

Die Heldenreise liefert eine Struktur, mithilfe derer
- Coachs und Berater selbst passende Geschichten erfinden können, die auf das Anliegen der Klienten passen.
- Klienten die eigenen Geschichten um- oder neu erzählen können.

Wichtige Elemente der Heldenreise

Das Muster der Heldenreise

Die Heldenreise gibt es in verschiedenen Varianten. Joseph Campbell benennt zwölf Stationen, Holger Lindemann zehn Stationen, wie Sie in seiner Erläuterung zu den Fallbeispielen (auf S. 217 ff.) lesen können. Ich persönlich arbeite lieber mit weniger Stationen.

Die Heldenreise braucht, wie der Name schon sagt, einen **Helden** und eine **Reise**. Das sind schon einmal zwei der Grundelemente. Helden sind aber nicht zwangsläufig großartig und mutig wie Robin Hood oder Jeanne d'Arc. Helden sind ganz einfach die Protagonisten der Geschichte, die sich auf den Weg bzw. die Reise machen zu neuen Ländern und neuen Welten. Dabei kann es sich um innere und äußere Reisen handeln. Wichtig ist der **Aufbruch**, weg vom Üblichen und Gewohnten hin zum Neuen. Bei einer Heldenreise erlebt der Held immer einen **Wandel**, äußerlich oder auch innerlich. Oft wird der Wandel durch einen **Konflikt** ausgelöst, aus dem der Held eine Lektion lernt. Die Reise selbst ist die Metapher für eine Transformation oder **Entwicklung**, entweder physisch, psychisch oder intellektuell.

Der Held findet **Unterstützung** bei Mentoren und Verbündeten und wird durch Gegenspieler und **Verhinderer** blockiert. Eine Person muss dabei nicht durchgängig Held, Mentor oder Gegenspieler sein, sondern kann auch mehrere Anteile haben. Oder die Anteile können in Gestalt von Gegenständen, Orten oder Personen auftauchen. Ein Gegenspieler beispielsweise kann Anteile des Helden repräsentieren, seine „Schattenseite" sozusagen. Ein Mentor kann auch die innere Stimme repräsentieren, die den Weg weist.

Weitere mögliche **Figuren**, die in der Heldenreise vorkommen können, aber nicht müssen, sind:

- **Magier/in:** ein magischer Helfer, der mit einem Zaubertrank oder -spruch behilflich ist. Es kann sich auch um eine Fee handeln, die drei Wünsche erfüllt oder die die Wunderfrage stellt: *„Angenommen, es gäbe Wunder. Und dass es Wunder gibt, kommt ja immer wieder vor. Eine Fee stünde an Ihrem Bett und gewährte Ihnen einen Herzenswunsch. Sie würden einschlafen und träumen und wenn Sie aufwachten, dann hat sich der Wunsch erfüllt. Wer würde es als Erstes merken? Was wäre dann anders?"*

- **Weise/r:** ein weiser Mensch, der einen guten Rat parat hat: *„Meine Erfahrung aus 30 Jahren Konzern sagt mir …"*

- **Schwellenhüter/in:** jemand, der die Tore oder Übergänge zu neuen Stationen bewacht und möglicherweise sogar den Zutritt verwehrt: *„Wir können leider nur Führungskräfte einstellen, die mit 22 schon fünf Jahre im Ausland waren, 13 Sprachen sprechen und mindestens drei Jahre Führungserfahrung haben."*

- **Herold/in:** jemand, der Nachrichten überbringt: *„Ich hab gehört, dass Abteilung x und Abteilung y zusammengelegt werden …"*

Eine Erläuterung zum Entwerfen der Rollen finden Sie auf S. 228 ff.

Stationen der Heldenreise

Acht bis zwölf Stationen bilden den roten Faden

Wie jede Reise hat auch die Heldenreise verschiedene Stationen. Schaut man in die Literatur dazu, zum Beispiel in Christopher Voglers „Die Odyssee des Drehbuchschreibers", dann findet man in Anlehnung an Joseph Campbell bis zu zwölf Stationen. Finden Sie selbst heraus, was für Ihr Coaching passend ist. Für mich reicht eine Zusammenfassung von bis zu acht Stationen völlig aus. Sie bilden den roten Faden der Heldenreise und damit das Gerüst, an dem man sich beim Erzählen oder Umerzählen von Geschichten orientieren kann. Nicht alle Stationen müssen hintereinander erzählt werden, man kann auch hin und her springen. Und je nachdem, wann der Klient in die Beratung kommt, hat er sich bereits allein auf die Reise gemacht und ist schon unterwegs. Dann beginnt die Geschichte mittendrin.

1. Station: Die Ausgangssituation, die gewohnte Umgebung

Beispiel Walter Mitty: Der zurückhaltende Mittvierziger Walter arbeitet im Fotoarchiv eines bekannten Printmagazins. Jeden Tag sieht man ihn pünktlich und korrekt gekleidet mit einer Aktenmappe unter dem Arm in den tageslichtlosen Keller des Magazins gehen. Er himmelt seine Kollegin Cheryl an, traut sich aber nicht, sie um ein Date zu bitten. Das Einzige, was Walter aufrecht hält, sind seine Tagträume, in denen er Kinder und Hunde rettet, sich wilde Verfolgungsjagden mit widerlichen Schurken liefert und überhaupt schon alles ist, was er sich im wahren Leben wünscht: tatkräftig, männlich, mutig.

2. Station: Ruf des Abenteuers, eine neue Aufgabe kündigt sich an

In unserem Beispiel wird das Printmagazin eingestellt, viele Kollegen von Walter werden ihre Arbeit verlieren, jedoch soll noch eine letzte Ausgabe erscheinen. Als aufmerksamkeitsstarken Aufmacher für das Cover der letzten Ausgabe hat man ein geheimnisvolles Foto des Starfotografen Sean ausgesucht. Sean hatte es Walter als gewissenhaftem Archivar zu treuen Händen überlassen. Doch als Walter es dem neuen Verlagschef präsentieren soll, ist das Negativ verschwunden.

3. Station: Aufbruch ins Unbekannte: Ja oder nein?

Der Protagonist muss sich nun entscheiden: Folgt er dem Ruf des Abenteuers oder rührt er sich nicht? Setzt er sich den Gefahren aus oder bleibt er in der Welt, die er kennt und die zumindest eines bietet: ein wenig Sicherheit, wenn auch kein wirkliches Glück. Walter stellt das gesamte Archiv auf den Kopf, um das Negativ zu finden. Erst allmählich kommt ihm der Gedanke, dass er Sean finden muss, um ihn zum Verbleib des Fotos zu befragen. Doch Sean hat kein Handy und bewegt sich von einem abgelegenen und gefährlichen Winkel der Erde zum anderen, um gute Fotos zu schießen. Walter entscheidet, dass er das Abenteuer eingehen muss.

4. Station: Ein Mentor taucht auf

Ein Mentor ist jemand, der an den Helden glaubt. Er oder sie unterstützt ihn bei seiner Reise, die ja auch Gefahren birgt. Im Filmbeispiel ist Sean der allercoolste und beste Fotograf, geradezu legendär. Er ist dem unauffälligen Walter zugetan und hat ihm bei seinem letzten Besuch sogar eine Brieftasche und eben jenes geheimnisvolle Foto geschenkt. Allein das reicht aus, um Walter Kraft und Mut zu geben.

5. Station: Der Held besteht Gefahren und Prüfungen

Der Held macht sich auf den Weg. Doch es läuft nicht glatt, das wäre ja auch zu schön. Überall lauern Stolpersteine und Hindernisse, die der Held überwinden muss. Möglicherweise findet er Verbündete und Helfer, die ihm zur Seite stehen. Es kann jedoch auch Gegenspieler geben, die ihm das Leben schwer machen. Beispiel: Walter sucht Sean und fliegt dafür um die halbe Welt. Er muss mit einem betrunkenen Hubschrauberpiloten fliegen, in die eiskalte Nordsee springen, mit einem Hai kämpfen, einem Vulkanausbruch entkommen ... Doch immer wieder findet er freundliche Helfer, die ihn unterstützen, seinem Ziel näher zu kommen, zum Beispiel jemanden, der ihn vor dem Vulkanausbruch warnt. Gegenspieler von Walter ist u.a. der fiese neue Verlagschef, der treue Mitarbeiter entlässt, auch Cheryl. Cheryl erfährt von Walters Suche und steht ihm aus der Ferne bei.

6. Station: Der Wendepunkt: Die größte Herausforderung

Der Höhepunkt der Geschichte ist gleichzeitig ein Wendepunkt. Hier entscheidet sich, ob der Held ein wirklicher Held wird, also einer, der lernfähig ist, der sich entwickeln kann und der für seine eigenen Interessen einsteht und kämpft. Unser Walter reist durch den Jemen und begegnet gefährlichen Warlords. Der Mandarinenkuchen seiner Mutter hilft ihm, die wilden Männer zu besänftigen und schließlich Sean zu treffen.

7. Station: Der Held findet den Schatz

Der Held hat sich aufgemacht, dem Ruf des Abenteuers zu folgen und eine Aufgabe zu lösen. Als Belohnung winkt ein Schatz. Das muss kein materieller sein, sondern kann auch eine Erkenntnis oder ein anderer Gewinn sein. Sean verrät im Film Walter, dass er das Negativ die ganze Zeit bei sich gehabt hat, denn es war in der Brieftasche, die er Walter geschenkt hat. Bedauerlicherweise hat Walter die Brieftasche aus lauter Wut weggeworfen. Aber das ist eine andere Geschichte, die ein anderes Mal erzählt wird ...

8. Station: Die Rückkehr zum Alltag

Nachdem der Held die größte Herausforderung gemeistert hat, macht er sich auf den Weg zurück. Durch all die Gefahren, denen er entkommen ist und mit all dem, was er auf der Reise gelernt hat, ist er nicht mehr derselbe wie vorher. Wenn er in seine alte Welt zurückkehrt, wird sie nicht mehr die alte Welt sein, denn er selbst ist nicht mehr der alte. Welche Konsequenzen die Reise für den Helden und seine Umwelt hat, welchen Gewinn er mitnimmt, das beschreibt die letzte Station der Heldenreise. Walter kehrt also mit dem Foto in den Verlag zurück, selbstbewusst und gestärkt. Das Cover erscheint – mit Walter auf dem Titel. Während der abenteuerlichen Reise sind sich Walter und Cheryl näher gekommen. Happy End!

Übung: Entwerfen Sie eine Geschichte nach dem Muster der Heldenreise

Das Thema ist beliebig. Beispielsweise: Ein Klient bewältigt den Verlust des Arbeitsplatzes.

1. Station: Ausgangssituation
2. Station: Ruf des Abenteuers/Herausforderung
3. Station: Aufbruch ins Unbekannte
4. Station: Ein Mentor taucht auf
5. Station: Der Held meistert Gefahren und Prüfungen
6. Station: Der Wendepunkt
7. Station: Der Held findet den Schatz
8. Station: Der Held kehrt in seinen Alltag zurück.

Beispiel für eine Heldenreise für Führungskräfte in zwei Sätzen: Max Grundig bastelte an einem Radio, versprach Kohle im Winter und genug Brot. Und sie kamen zu ihm und arbeiteten mit ihm. *(brandeins, 04/2003)*

Wie arbeitet man mit der Heldenreise in Coaching und Beratung?

Die Heldenreise als Modell

Eine Muster, das auf das Anliegen des Klienten übertragen werden kann

Das Muster der Heldenreise unterstützt Berater und Coachs, eigene Geschichten zu erfinden, die dem Klienten helfen, auf Lösungen für sein Anliegen zu kommen. In diesem Fall erzählt man eine bekannte oder eine selbst erfundene Geschichte, auf die das Anliegen des Klienten übertragen werden kann. Auf metaphorische Art und Weise werden

Held: der Klient, ein Team oder eine Organisation

Herausforderungen und mögliche Lösungen indirekt beschrieben. Der Held kann dabei der Klient, ein Team oder eine ganze Organisation sein. Auch ein erfundener Mensch kann als Identifikationsfigur und Vorbild dienen. Wenn der Klient an den Helden der Geschichte andocken kann, also Ähnlichkeiten findet, dann dient der Held als Vorbild, der den Klienten daran erinnert, welche eigenen Stärken und Ressourcen er in sich trägt, auf die er zur Bewältigung seiner Fragen zurückgreifen kann.

Der Coach erzählt der Klientin von dem Film „Grüne Tomaten". Die beiden Heldinnen des Films, die viele gemeine Herausforderungen bestehen müssen, brüllen in besonders heiklen Situationen „Towanda!" und ballen die Faust. Die Kundin wird angeregt, ein Wort zu finden, dass sie an ihre Kraft erinnert und es sich zu sagen, wenn es heikel wird.

Die Heldenreise als Drehbuch für ein Vorhaben/eine Veränderung

Der Berater und Coach kann den Klienten auch darin unterstützen, ein Drehbuch für eine eigene Heldenreise zu entwerfen, z.B. wenn er eine berufliche Weiterentwicklung anstrebt, mit Problemen im Team klarkommen muss oder Leben und Arbeiten besser unter einen Hut bringen möchte. Dieses Drehbuch kann im Verlauf des Beratungsprozesses immer wieder angepasst werden (H. Lindemann, 2014). Die Heldenreise als „Drehbuch" hat verschiedene Vorteile: Probleme können aus der Distanz betrachtet werden und damit dissoziiert erlebt werden.

Selbstwirksamkeit

Der Klient erlebt, dass das Skript für das Drehbuch verändert werden kann und dass er selbst es ist, der es gestaltet. Das erhöht den Glauben an die Fähigkeit, Situationen gestalten zu können, mit einem Wort: Selbstwirksamkeit. Der Berater kann den Prozess durch Fragen unterstützen.

1. Station – Ausgangssituation: *„Wer oder was gehört dazu? Wo spielt die Handlung?"* Zum Beispiel: *„Im Land der Kooperation oder im Land des Wettbewerbs?"* (S. Hammel, 2009) *„Was ist das Problem?"*

2. Station – Ruf des Abenteuers/Herausforderung: *„Wer oder was ruft? Wer hört die Stimme noch? Wer würde als Erster merken, wenn Sie der Stimme folgen? Wer hat daran kein Interesse?"*

3. Station – Aufbruch ins Unbekannte: Bewahren oder verändern? *„Was soll bleiben? Was nehmen Sie mit? Was sind innere und äußere Aufträge? Was sind Ihre Befürchtungen? Was erwarten Sie im besten Fall?“*

4. Station – Ein Mentor taucht auf: *„Was hilft Ihnen dabei, sich für schwierige Situationen zu wappnen? Wer oder was unterstützt und fördert Sie: Menschen, eigene Stärken und Ressourcen, ‚magische‘ Hilfsmittel?“*

5. Station – Der Held meistert Gefahren und Prüfungen: *„Was sind erste kleine Schritte auf dem Weg? Was sind Stolpersteine und wie könnten Sie sie bewältigen? Wer oder was kann Ihnen helfen, die Hindernisse zu überwinden?“*

6. Station – Der Wendepunkt: *„Angenommen, es gäbe eine sehr große Herausforderung, welche wäre das? Was hat Ihnen in Krisen schon früher geholfen? Was würde Ihr Mann/XY sagen, wie Sie schwierige Situationen meistern?“*

7. Station – Der Held findet den Schatz: *„Was ist der Gewinn? Was wird Sie reicher machen?“*

8. Station – Rückkehr in den Alltag: *„Wie wird sich Ihre Veränderung auf Ihre Umwelt auswirken? Wer fürchtet sich am meisten davor, wer würde sich am meisten freuen? Wie lebt es sich für Sie mit dem Wandel? Was ist die Aufgabe danach?“*

Die Entwicklung der Rollen und der Stationen einer Heldenreise finden Sie noch einmal anschaulich im sechsten Kapitel dargelegt, in dem auch verschiedene Storytelling-Beispiele aus der Coaching-Praxis geschildert werden (S. 217 ff.).

Auf einen Blick: Heldenreise

- Die Heldenreise ist ein Grundmuster für Geschichten.
- „Reise" steht dabei für Transformation und Wandlung.
- Sie eignet sich als roter Faden für Lösungsgeschichten, die Berater und Coachs erzählen können.
- Sie eignet sich auch für Klienten, die damit ihre Geschichten neu- oder umerzählen können oder ein Drehbuch für Lösungen entwickeln wollen.
- Die Geschichten können in 8–12 Stationen erzählt werden.
- Es kann sich um innere und äußere Reisen handeln.
- Mögliche Figuren sind: Held, Gegenspieler, Mentor, Verbündeter, Magier, Weiser, Schwellenhüter, Herold und andere.
- Auch Probleme oder Anliegen können Figuren sein.
- Vorteil der Heldenreise: Probleme werden externalisiert und damit dissoziiert erlebt, also nicht als unverrückbarer Anteil der eigenen Persönlichkeit.

III. Kapitel

Mit Geschichten im Coaching kreativ arbeiten

Schnellfinder

Wie Coachs und Berater zu guten Geschichtenerzählern werden

In diesem ersten Teil von Kapitel 3 geht es darum, wie Sie Geschichten, Anekdoten, Vergleiche und Metaphern als Modelle innerhalb der Beratungsarbeit einsetzen können. Modell bedeutet: Sie erzählen eine Geschichte, die mit dem Thema des Klienten zu tun hat und aus der er seine eigenen Schlüsse ziehen kann. Er lernt damit quasi am Modell.

Wenn Sie bisher gedacht haben: „Och, nö, Geschichten sind ganz schön, aber ich kann nun mal nicht gut erzählen", dann werfen Sie diese Meinung schnell über Bord. Zum Geschichtenerzähler muss man nicht geboren sein, sondern man kann es lernen. Übung macht den Meister, auch hier. Folgen Sie diesen drei Stufen zur Geschichtenerzähl-Meisterschaft:

1. Stufe: Beginnen können Sie damit, dass Sie Geschichten vorlesen, z.B. aus Geschichtensammlungen. Legen Sie sich ein thematisch geordnetes Repertoire an kurzen und etwas längeren Geschichten an und greifen Sie darauf zurück, wenn Sie es für passend halten. Mehr dazu in diesem Kapitel unter „Wie und wo findet man Geschichten" auf S. 61 ff. Außerdem bietet Ihnen dieses Buch im Abschlusskapitel ein beispielhaftes Repertoire an Geschichten.

2. Stufe: Im Anschluss erzählen Sie Geschichten frei aus dem Gedächtnis nach. Wir erzählen einander ohnehin den ganzen Tag Geschichten. Was unterscheidet den guten vom weniger guten Erzähler? Achten Sie in Ihrem Alltag darauf, auch bei sich selbst. Wann gelingt es Ihnen oder anderen, die Zuhörer zu fesseln und wann nicht? Lesen Sie dazu S. 74 f.

3. Stufe: Schließlich geht es um das eigene Erfinden von Geschichten, so, dass sie für den jeweiligen Klienten passen. Wie Sie das ohne große Mühen und mit viel Freude an der Sache schaffen, zeigt Ihnen der Abschnitt „Wie erfindet man selbst eine Geschichte" auf S. 67 ff.

Wie wirken Geschichten als Modelle?

Geschichten werden erzählt, seit es Menschen gibt. Man braucht nicht mal Sprache dazu, denn auch Bilder erzählen Geschichten. Früher, als es noch keine Beratung und keine Therapie gab, waren sie ein Teil der „Volkspsychologie", erklärt der Psychotherapeut und Begründer der Positiven Psychotherapie, Nossrat Peseschkian. Schon in den klassischen Geschichten aus Tausendundeiner Nacht erzählt die Rahmenhandlung, wie ein offensichtlich psychisch erkrankter Herrscher mithilfe von Geschichten geheilt wird (was kann es anderes sein, das ihn bewegt, jeden Tag eine andere Frau zu heiraten und sie am nächsten Tag köpfen zu lassen).

Die mutige Scheherazade verfolgt einen riskanten Plan: um das grausame Treiben des Königs zu beenden, stellt sie sich ihm selbst als Ehefrau zur Verfügung. Jede Nacht erzählt sie dem unerbittlichen Herrscher eine neue spannende Geschichte. Doch sie erzählt sie nie zu Ende, sondern bricht bei Anbruch des Morgengrauens ab. Neugierig auf das Ende der Geschichte lässt der König sie am Leben. Tausendundeine Nacht geht das so – am Ende ist der König geheilt und schenkt ihr das Leben.

Unendlich viele Interpretationsmöglichkeiten stecken allein in dieser kurzen Story, zum Beispiel: Es kommt immer auf den Blickwinkel an, denn um zum Ziel zu kommen, muss man nur kreativ genug sein; Mut wird immer belohnt – Durchhaltevermögen zahlt sich aus; Auch ein noch so kranker Mensch kann sich verändern; Jeder kann lernen, mit Autoritäten nicht unterwürfig umzugehen ...

Geschichten sind wie ein Spiegel

Geschichten, die ein Berater oder Coach erzählt, funktionieren als Modell für heilsame Botschaften oder neue Lösungen, weil sie eine „Spiegel-Funktion" haben. Der Zuhörer kann sich und seine Themen in der Geschichte beobachten wie mit einem Spiegel. Er kann sich mit den Handelnden in der Geschichte identifizieren oder, genau im Gegenteil, deren Handeln ablehnen. Losgelöst von der unmittelbaren persönlichen Erfahrungswelt helfen Geschichten, mit Distanz auf die eigenen Themen zu schauen.

Besonders bei schwierigen, für den Klienten unangenehmen Themen können Geschichten wie ein „Schutzfilter" wirken. Themen und mögliche Lösungen werden indirekt angesprochen. Der Klient steht nicht im Mittelpunkt, sondern es geht um den Protagonisten in einer Geschichte. Das macht eine Distanzierung vom eigenen Thema leichter und eröffnet Perspektiven.

Ein Schutzfilter

Geschichten bringen neue Ideen

Die Geschichte, die der Coach erzählt, vermittelt dem Klienten neue Informationen und Botschaften und erweitert im Idealfall damit seine Möglichkeiten. Sie kann als Positiv- oder Negativmodell funktionieren: Entweder identifiziert sich der Klient mit dem Helden/Protagonisten und den Aussagen der Geschichte oder er lehnt sie ab. Neue Perspektiven werden auch erzeugt, indem der Coach Gegenpositionen zum Helden einnimmt. Dadurch irritiert er und bewirkt, dass der Klient neue Informationen aufnimmt.

Neue Perspektiven

Beispielsweise erzählt ein Coach einer Führungskraft, die Veränderungsprozesse im Unternehmen einleiten will, folgende Geschichte: „Diagoras war bei einem Philosophen zum Essen eingeladen. Dieser bat ihn, auf den Kochtopf aufzupassen, der auf dem Herd stand und in dem Linsen vor sich hin köchelten. Das Herdfeuer wurde immer schwächer. Diagoras wollte Holz nachlegen, fand jedoch kein Brennholz. So nahm er kurzerhand eine Herkulesstatue aus Holz, schlug sie in Stücke und fachte damit das Feuer neu an."
(*M. Nöllke, 2002*)

Im anschließenden Gespräch kann der Coach fragen: „Wie beurteilen Sie, was Diagoras getan hat? Er hat doch nur beste Absichten gehabt – oder was meinen Sie?", oder: „Was denken Sie, hat der Philosoph dazu gesagt, dass man seine verehrte Statue zu Brennholz verarbeitete?"

Geschichten machen keine Vorgaben

Der Klient kann völlig frei entscheiden, was er mit der Geschichte anfängt und welche Botschaften er heraushört. Denn Geschichten lassen oft mehrere Interpretationsmöglichkeiten zu. Botschaften sollten implizit, nicht explizit enthalten sein. Dann lassen sie die Freiheit, so zu interpretieren, wie es dem Klienten nützlich erscheint. Sie können ihn

Geschichten bieten Interpretationsspielräume

auf neue Ideen oder einen anderen Blickwinkel bringen, aber sie zwingen ihn nicht dazu. Alles geschieht freiwillig.

Geschichten erlauben „Probehandeln"

„Was wäre wenn ...?"

Würde ich mich trauen, wie Scheherazade einen despotischen Herrscher (z.B. meinen Vorstand) mit List hinzuhalten, bis er „weichgekocht" ist? Wenn der Zuhörer der Geschichte aus Tausendundeiner Nacht lauscht, dann spielt er gleichzeitig in Gedanken durch, ob und wie er selbst handeln würde. Die Geschichte erlaubt ihm, Handeln „auf dem Trockenen" auszuprobieren ohne es gleich in die Wirklichkeit umzusetzen.

Geschichten wirken lange nach

Bilder wirken in der Zeit zwischen zwei Coachingstunden

Weil die Bilder, die Geschichten erzeugen, besser erinnert werden als Sachinformationen, können die Botschaften der erzählten Geschichten nach dem Coaching weiterwirken. Oft ist es gerade die Zeit zwischen zwei Beratungsstunden, in der am meisten beim Klienten passiert.

Übung: Selbstreflexion

- Welche Geschichten hat man Ihnen über das Coach- und Beraterleben erzählt, bevor Sie den Beruf gewählt haben?
- Wer hat die Geschichten erzählt?
- Wem haben Sie geglaubt und wem nicht?
- Was hat Sie bestärkt, was vielleicht auch abgeschreckt?
- Welche Geschichten erzählen Sie heute anderen über Ihren Beruf?

Was müssen gute Geschichten mitbringen?

Kriterien zur Auswahl der passenden Geschichte

Es gibt unendlich viele gute Geschichten und zum Glück nicht die eine, die beste, die einzig passende (man wäre ständig damit beschäftigt, sie zu suchen). Wichtig ist: Die Geschichte muss zum Anliegen des Klienten, zur Situation und zum Berater passen. Und es gibt immer mehrere Geschichten, die gut passen. Achten Sie bei der Auswahl der Geschichten auf folgende Punkte:

Gute Geschichten dürfen kurz oder etwas länger sein, aber auf keinen Fall zu lang

Klienten, die sich fragen, ob ihre Fähigkeiten für einen bestimmten Beruf ausreichen, erzähle ich gern von der „10.000-Stunden-Regel".

Talentforscher um den Psychologen K. Anders Ericsson haben in den 1990er-Jahren in einer Studie an der Hochschule der Künste Berlin nachgewiesen, dass Elitemusiker nur eines von ihren Mitstudierenden unterschied: Sie hatten besonders viel geübt. Schon mit 20 Jahren hatten die „Stars" 10.000 Stunden geübt, die guten Musiker 8.000 Stunden und die zukünftigen Musiklehrer nur 4.000 Stunden. Die Forscher stießen nirgends auf Naturtalente, die ohne Fleiß und einzig mit Begabung an die Spitze gekommen waren.

Verzichten Sie auf Überflüssiges

Diese Geschichte ist nicht besonders lang und ich verzichte auf jedes Wort, das ich für überflüssig halte. Die Klienten verstehen die Botschaft sofort. Würde ich bei Adam und Eva anfangen, also erzählen, wie Herr Ericsson auf die Idee zu der Studie kam, welche Schwierigkeiten sich bei der Durchführung ergaben und wie er dann genau das Setting der Studie zu welchem Zweck wählte und so weiter und so fort, dann würde sich mein Klient wahrscheinlich fragen, weshalb ich das alles erzähle.

Tipp: Wozu sage ich das?

Braucht der Klient die Aussage, um die Geschichte zu verstehen? Das ist die Kernfrage, wenn es darum geht, das Wesentliche einer Geschichte auf den Punkt zu bringen.

Gute Geschichten müssen passen und übertragbar sein

Gute Geschichten zeichnen sich dadurch aus, dass sie zum Anliegen und Thema des Klienten passen. Er muss ihnen eine persönliche Bedeutung geben können. Was ist das Anliegen des Klienten in dieser Coaching-Stunde in einem Wort oder Satz? Danach wählen Sie die Geschichte aus. Ein Beispiel: Der Klient hat Zweifel, ob er eine Kooperation mit jemandem eingehen soll.

Eine mögliche Geschichte dazu: „Ein Schneider und ein Kohlehändler waren gute Freunde: Sie verstanden sich bestens. Da lud der Kohlehändler den Schneider ein, mit ihm in einem Haus zu wohnen. Der Schneider bedankte sich herzlich für das Angebot, doch er lehnte es ab: ‚Wenn ich fein säuberlich ein Kleidungsstück gemacht hätte, dann würdest du ankommen und es beschmutzen.'"

Die persönliche Bedeutung

Es kommt nicht darauf an, ob jemand ein Schneider oder ein Kohlehändler ist. Das Thema, das in der Geschichte steckt, ist universell gültig. Deshalb kann der Zuhörer der Geschichte eine persönliche Bedeutung geben. Im guten Fall hat er sogar so etwas wie ein Aha-Erlebnis: Es geht ihm ein Licht auf. So können Sie mit folgenden Fragen weitermachen: *„Ist es bei Ihnen und Ihrem potenziellen Kooperationspartner wie in der Geschichte oder ist es anders? Wie ist es genau? Passen Ihre Interessen zusammen? Was könnten Sie tun, damit Ihre Kooperation gelingt?"*

Tipp: Entwickeln Sie ein Gespür dafür, für wen und für welche Anliegen sich eine Geschichte eignet

Achten Sie auf:

- Kernthemen, erkennbar an Schlüsselwörtern, die der Klient benutzt, z.B. „Neues wagen", „sich verändern", „unzufrieden sein"
- aktuelles Anliegen des Klienten, das er selbst formuliert: z.B. „mehr Work-Life-Balance", „eine Lücke füllen", „sich etwas zutrauen" etc.
- Typus des Klienten: Ist es ein Gast, ein Klagender oder ein Kunde? Ist es ein sachlich-rational auftretender Mensch oder ein stärker emotionaler? Welche Werte vertritt er, welche Interessen hat er, aus welchem beruflichen und privaten Umfeld kommt er?

Gute Geschichten erzählen von der Möglichkeit, dass sich etwas verwandeln oder verändern kann

Veränderung ist machbar

Coaching und Beratung haben die Aufgabe, „Möglichkeitsräume" für den Ratsuchenden zu eröffnen. Mit mehr Informationen und mehr Handlungsmöglichkeiten kann er entscheiden, ob alles so bleiben soll wie es ist, oder ob eine Veränderung im Leben, im Verhalten oder in der Haltung notwendig ist. Gute Geschichten erzählen deshalb davon, dass Veränderung machbar ist. Es sind nicht immer Erfolgsgeschichten, sondern sie erzählen vom Auf und Ab des Lebens, so, wie es eben auch im richtigen Leben ist. Und sie lassen die Freiheit, selbst zu entscheiden, welcher Weg der richtige ist: der stabile oder der, der verändert.

Die Weisheit des Universums: „Vor langer Zeit überlegten die Götter, dass es sehr schlecht wäre, wenn die Menschen die Weisheit des Universums finden würden, bevor sie tatsächlich reif genug dafür wären. Also entschieden sie, die Weisheit des Universums an einem Ort zu verstecken. Dort sollten sie die Menschen erst finden, wenn sie reif genug sein würden.

Einer der Götter schlug vor, die Weisheit auf dem höchsten Berg der Erde zu verstecken. Aber die Götter erkannten schnell, dass der Mensch bald auf alle Berge würde klettern können und dass die Weisheit dort nicht sicher genug versteckt wäre. Ein anderer schlug vor, die Weisheit an der tiefsten Stelle im Meer zu versenken. Aber auch dort sahen die Götter voraus, dass die Menschen die Weisheit zu früh finden würden.

Dann äußerte der weiseste aller Götter seinen Vorschlag: ‚Ich weiß, was zu tun ist. Lasst uns die Weisheit des Universums im Menschen selbst verstecken. Er wird dort erst dann danach suchen, wenn er reif genug ist, denn er muss dazu den Weg in sein Inneres gehen.' Die anderen Götter begeisterte dieser Vorschlag und so versteckten sie die Weisheit des Universums im Menschen selbst."
(*Quelle: Nach www.zeitzuleben.de*)

Gute Geschichten berühren

Mitten ins Herz

Geschichten berühren das Herz. Sie spiegeln Sehnsüchte und Wünsche wider und verknüpfen sie mit Lösungsmöglichkeiten. Alles, was berührt, bleibt besser im Gedächtnis. Ein Beispiel für eine solche berührende Geschichte, die in Erinnerung bleibt, ist die Geschichte vom

Jungen, der Gott kennenlernen will. Die Geschichte eignet sich zum Beispiel für das Thema „Manchmal ist es anders als gedacht".

Es war einmal ein kleiner Junge, der Gott kennenlernen wollte. Er ahnte, dass es ein weiter Weg werden würde, deswegen packte er Schokoriegel und einen Sechserpack Limonade in sein Köfferchen. Dann brach er auf. Nachdem er drei Häuserblocks weit gelaufen war, traf er auf eine alte Frau. Sie saß auf einer Parkbank und sah den Tauben zu. Der Junge setzte sich neben sie.

Gerade wollte er einen Schluck Limonade trinken, als ihm auffiel, wie hungrig die Frau aussah, und so bot er ihr einen Schokoriegel an. Sie nahm ihn erfreut entgegen und lächelte ihn an. Ihr Lächeln war so entzückend, dass der Junge es noch mal sehen wollte, und so bot er ihr auch eine Limonade an. Wieder lächelte sie ihn an. Wie sehr sich der Junge freute! Sie saßen den ganzen Tag nebeneinander und aßen und lächelten, ohne dass einer von ihnen auch nur ein Wort sprach. Als es dunkel wurde, fühlte der Junge, wie müde er war und er stand auf, um zu gehen. Doch nach ein paar Schritten kehrte er wieder um, rannte zu der alten Frau zurück und umarmte sie. Da schenkte sie ihm ihr allerschönstes Lächeln.

Als der Junge nach Hause kam, wunderte sich seine Mutter, warum er so glücklich aussah und sie fragte: „Was hast du heute gemacht, dass du so glücklich aussiehst?" Er antwortete: „Ich habe mit Gott zu Mittag gegessen." Und fuhr fort: „Weißt du was? Sie hat das schönste Lächeln, das ich je gesehen habe."

Mittlerweile war auch die alte Frau nach Hause gekommen. Auch sie war überglücklich. Ihr Sohn wunderte sich über ihren zufriedenen Gesichtsausdruck und wollte wissen: „Mutter, was hast du heute gemacht, dass du so strahlst?" Sie antwortete: „Ich saß im Park und habe mit Gott Schokoriegel gegessen." Und bevor ihr Sohn etwas erwidern konnte, ergänzte sie: „Weißt du was? Er ist viel jünger, als ich dachte."
(*Nach J. A. Manhan: An Afternoon in the Park, auf www.kigem.com, Stand 9.2.2015.*)

Gute Geschichten gefallen dem Coach

Welche Geschichten passsen zu Ihnen?

Die Geschichten aus dem Orient, die Nossrat Peseschkian in seinem Buch „Der Kaufmann und der Papagei" erzählt, sind wunderschön, aber ich persönlich finde selten Verwendung dafür. Ich erzähle lieber Geschichten, die möglicherweise nicht ganz so poetisch sind, aber die für die Anliegen meiner Klienten und auch für mich besser passen. Wenn ich Zugang zu einer Geschichte finde, kann ich sie auch gut erzählen. Andernfalls nicht.

Tipp: Gute Geschichten

Suchen Sie nach Geschichten, die Ihnen persönlich gut gefallen. Welche sind Ihnen in Erinnerung geblieben?

Wann erzählt man Geschichten?

Als Sokrates durch die Straßen von Athen ging, kam ein Mann aufgeregt auf ihn zugestürmt. „Sokrates, ich muss dir etwas über deinen Freund erzählen, er... – Warte einmal", unterbrach ihn Sokrates. „Bevor du weitererzählst – hast du das, was du mir erzählen möchtest, durch die drei Siebe gesiebt?" – „Welche drei Siebe?" fragte der Mann überrascht. „Lass es uns ausprobieren", schlug Sokrates vor. „Das erste Sieb ist das Sieb der Wahrheit. Bist du dir sicher, dass das, was du mir erzählen möchtest, wahr ist?" – „Nein, ich habe gehört, wie es jemand erzählt hat", antwortete der Mann. „Aha. Aber dann ist es doch sicher durch das zweite Sieb gegangen, das Sieb des Guten? Ist es etwas Gutes, das du über meinen Freund erzählen möchtest?" Zögernd antwortete der Mann: „Nein, das nicht. Im Gegenteil ..." – „Hm", sagte Sokrates, „jetzt bleibt uns nur noch das dritte Sieb. Ist es notwendig, dass du mir erzählst, was dich so aufregt?" – „Nein, nicht wirklich notwendig", antwortete der Mann.

„Nun", sagte Sokrates lächelnd, „wenn die Geschichte, die du mir erzählen willst, nicht wahr ist, nicht gut ist und nicht notwendig ist, dann vergiss sie besser und belaste mich nicht damit!"
(*Quelle: Nach www.sinnige-geschichten.de, Stand 04.04.2014*)

Muss eine Geschichte auch im Coaching-Kontext **wahr, gut und notwendig** sein? Wenn wahr heißt, dass sie so auch passiert sein könnte; wenn gut heißt, dass sie hilfreich ist; und wenn notwendig heißt, dass sie im richtigen Moment eingesetzt wird – ja. Wann für eine Geschichte der richtige Moment ist, das lässt sich allerdings nicht pauschal sagen. Auch andere Coachings- und Beratungsinstrumente würden Sie nicht pauschal bei jedem Anliegen einsetzen. Oder arbeiten Sie in jeder Stunde mit dem Auftragskarussell oder dem Six-Step-Reframing?

Es ist gut, Geschichten für den Fall der Fälle, für den Einsatz im richtigen Moment parat zu haben. Entweder auf Karteikarten oder im Kopf. Am besten auch beides, dann ist das Repertoire größer, auf das Sie setzen können.

Gezielt und sparsam einsetzen

Setzen Sie sie gezielt und sparsam ein. Besonders eignen sich:
- der Anfang einer Beratungs- und Coaching-Stunde,
- das Ende einer Stunde,
- ein Moment, in dem der Prozess stockt.

Aber auch andere Momente, in denen Sie etwas veranschaulichen möchten oder in denen Sie neue Informationen erzeugen möchten, sind gute Momente für Geschichten.

Geschichten zum Anfang einer Beratungs- und Coachingstunde

Auf leichte Weise ins Gespräch kommen

Auch hier kommt es auf das Anliegen und die Situation an. Es passt nicht zu jedem Anliegen, mit einer Geschichte zu beginnen. Aber bei bestimmten Anliegen passen Geschichten, die Sie zu Beginn erzählen, gut. Der Vorteil: Sie eröffnen die Möglichkeit, auf leichte Weise ins Gespräch zu kommen. Geschichten veranschaulichen und erweitern Blickwinkel.

Dr. Bernd Schmid beschreibt ein Beispiel für den Einsatz einer Geschichte zu Beginn eines Coachings. Er spricht von einer „Abhol"- und einer „Ergänzungsgeschichte". (auf: *www.systemische-professionalität*).

Eine Klientin berichtet, dass sie sich nicht traut, anderen gegenüber Kompetenzen für sich in Anspruch zu nehmen, wenn sie sich nicht völlig sicher ist, dass sie gut ankommen. Sie zeigt daher nur Gesichertes vor und schottet sich gegen weitergehende Offenheit ab. Der Coach erzählt ihr die folgende Geschichte.

Abhol-Geschichte: „In einem Wald lebte ein Zwerg in der Nachbarschaft anderer Zwerge. Er lud diese nur selten in seine Höhle ein und stellte sicher, dass sie nur den Vorraum, den er mit allerlei Vorzeigbarem ausgestattet hatte, zu sehen bekamen. Er wurde aber nie das Gefühl los, dass sich alle irgendwie langweilten."

Ergänzungs-Geschichte: „Eines Tages hatte er vergessen, dass er die anderen Zwerge eingeladen hatte. Diese kamen in seiner Abwesenheit zu seiner Höhle und fanden sie offen. Auf der Suche nach ihm stöberten sie in allen Räumen und bedienten sich schließlich selbst mit Speisen und Getränken. Als der Zwerg aus dem Wald zurückkehrte, hörte er Klänge fröhlicher Geselligkeit aus seiner Höhle. Er erschrak und bereitete sich auf die immer befürchtete Beschämung vor. Doch das Gegenteil trat ein: Die Freunde waren begeistert, welche interessanten Dinge sie im hinteren Teil der Höhle kennengelernt hatten. Ja, sie waren fast ein bisschen vorwurfsvoll, dass er sie bislang von den interessantesten Teilen seines Hauses ferngehalten hatten. Nun waren sie sehr inspiriert und wollten gerne bald wiederkommen."

Geschichten zum Ende einer Beratungs- und Coaching-Stunde

Geschichten, die nachwirken

Geschichten, die Sie zum Ende einer Beratungsstunde erzählen, haben den Vorteil, dass der Klient sie quasi mit auf den Weg nach Hause nimmt. „Und meine Worte begleiten Sie überall hin", hat Milton Erickson gesagt. Nicht nur die Worte wirken nach, sondern auch die Bilder der Geschichte bleiben im Gedächtnis. Sie können weiter wirken und dem Klienten zu neuen Ideen und Lösungen verhelfen. Welche Geschichte zu welchem Anliegen passt, ist sehr individuell: Es hängt vom Anliegen, vom Klienten, von der Situation und von den Vorlieben des Coachs und Beraters ab.

Hier ein Beispiel für eine Geschichte zum Ende einer Stunde. Thema der Stunde war „am Ball bleiben", „querdenken", „auch ungewohnte Lösungen in Betracht ziehen".

Der Flugzeugkonstrukteur Burt Rutan entwickelte 1984 mit einem Team von Ingenieuren die „Voyager", ein Experimental-Flugzeug. Als erstes Flugzeug sollte es die Erde in einem Rutsch umrunden ohne aufzutanken. Viele Experten hatten großen Zweifel an dem Projekt. So ein Flugzeug, erklärten sie, könne es gar nicht geben. Als das Entwicklungsteam zusammenkam, erklärte Rutan den Ingenieuren: „Vertrauen in Unsinn ist verlangt."

Oder zum Thema „Die Lösung findet sich ohne Grübeln":
Der Herr der gelben Erde wandelte jenseits der Grenzen der Welt. Da kam er auf einen sehr hohen Berg und erblickte den Kreislauf der Wiederkehr. In diesem Moment verlor er seine Zauberperle.

Er sandte Erkenntnis aus, sie zu suchen, aber er bekam sie nicht wieder.
Er sandte Scharfblick aus, sie zu suchen, aber er bekam sie nicht wieder.
Er sandte Denken aus, sie zu suchen, aber er bekam sie nicht wieder.
Da sandte er Selbstvergessenheit aus. Selbstvergessen fand er die Perle.
(*Beide Geschichten aus: M. Nöllke, 2002*)

Geschichten für einen Moment, in dem der Beratungsprozess stockt

Die Situation auflockern

Das Reden über schwierige Themen oder Probleme führt manchmal zu einem Stocken im Prozess, einem „Stuck State", einem festgefahrenen Zustand, wie die NLPler sagen. Der Klient und manchmal auch sein Berater hängen fest, sie haben sich verbissen und alle noch so schönen lösungsorientierten, Perspektiven erweiternden zirkulären Fragen helfen nicht mehr weiter. Dann kann eine kleine Geschichte helfen, die Blockade zu überwinden.

Geschichten bringen Leichtigkeit und lockern die Situation auf. Dadurch entsteht Distanz zum persönlichen Problem – kreative Denkprozesse und die Suche nach Lösungen können wieder in Gang kommen.

Tipp: Den Start finden

Führen Sie die Geschichte ganz einfach ein mit den Worten:
„Da fällt mir folgende Geschichte ein ..."

Eine Geschichte, die Sie in einem stockenden Moment erzählen können zum Thema „Nicht gleich aufgeben":

Auf einem Hof stand ein Eimer. Zwei vorbeikommende Frösche wurden neugierig und fragten sich, was da wohl drin sei. Also sprangen sie mit einem großen Satz hinein. Es stellte sich heraus, dass das keine so gute Idee gewesen war, denn der Eimer war halb gefüllt mit Milch. Da schwammen die Frösche nun in der Milch, konnten aber nicht mehr aus dem Eimer springen, da die Wände zu hoch und zu glatt waren.

Der Tod war ihnen sicher. Der eine der beiden Frösche verzweifelte. „Wir müssen sterben", klagte er „hier kommen wir nicht mehr heraus!" Er hörte mit dem Schwimmen auf, da alles ja doch keinen Sinn mehr hatte. Der Frosch ertrank in der Milch.

Der andere Frosch aber sagte sich: „Ich gebe zu, die Sache sieht nicht gut aus. Aber ich gebe nicht auf. Ich bin ein guter Schwimmer! Ich schwimme, so lange ich kann." Und so stieß er kräftig mit seinen Hinterbeinen und schwamm im Eimer herum. Immer weiter. Er schwamm und schwamm und schwamm. Wenn er müde wurde, munterte er sich selbst immer wieder auf. Tapfer schwamm er immer länger.

Und irgendwann spürte er an seinen Füßen eine feste Masse. Ja tatsächlich – da war keine flüssige Milch mehr unter ihm. Durch das Treten hatte er die Milch zu Butter geschlagen! Nun konnte er aus dem Eimer in die Freiheit springen.
(*Nach Aesop, unter www.zeitzuleben.de*)

Sie könnten diese Geschichte erzählen und dann folgende Fragen stellen: *„Sie schildern die Situation als schwierig – Sie sind sozusagen einer der Frösche im Milchtopf – doch Sie haben angefangen zu schwimmen, indem Sie in die Beratung gekommen sind und schon dies und dies und das getan haben. Wie denken Sie, ist der Frosch auf die Idee gekommen zu treten? Wie hat er sich immer wieder aufgemuntert? Woher nahm er so viel Tapferkeit? Was machte er in Momenten, in denen ihn der Mut verließ? Was machen wir beide jetzt?"*

Burnout-Prävention für Coachs

Das Arbeiten mit Geschichten sei auch für Therapeuten (und Berater und Coachs) hilfreich, schreibt Stefan Hammel in seinem Buch „Handbuch des therapeutischen Erzählens". Es stelle eine wirksame Burnout-Prävention dar, weil es besonders empathischen Menschen dazu verhelfe, sich von der Identifikation mit Klienten-Gefühlen wie Ohnmacht, Angst, Wut etc. zu distanzieren.

Wie arbeitet man mit den erzählten Geschichten?

Wenn Sie Geschichten im Coaching, in der Beratung, erzählen, dann haben Sie unterschiedliche Möglichkeiten, anschließend damit zu arbeiten.

Sie erzählen die Geschichte und lassen sie stehen, ohne näher darauf einzugehen

Besonders am Ende einer Stunde gibt eine erzählte Geschichte dem Klienten Bilder und Botschaften mit auf den Weg, die er mitnehmen kann, ohne darüber zu sprechen. Im Vertrauen darauf, dass die Bilder und Botschaften weiterwirken und unbewusst oder bewusst Lösungen erzeugen, kann der Berater eine Geschichte erzählen und den Klienten dann verabschieden.

Es gibt kein „Richtig" oder „Falsch"

Und selbst wenn die Geschichte nicht auf die beabsichtigte Weise wirkt: Es kommt darauf an, dass sie hilfreich für den Klienten ist. Ein „Richtig" oder „Falsch" gibt es nicht.

Sie bitten den Klienten, zur Geschichte zu assoziieren

Das freie Assoziieren ist eine sehr offene Methode, mit der Geschichte weiterzuarbeiten. Sie fragen: Was fällt Ihnen zu der Geschichte ein? Mit den Assoziationen können Sie den Prozess weitergestalten.

Sie stellen dem Klienten gezielte Fragen

Systemische Fragen

In diesem Fall ist die Geschichte der Aufhänger. Sie können das gesamte Spektrum an Fragen stellen, die Ihnen als Coach und Berater zur Verfügung stehen. Wenn Sie mit dem systemischen Ansatz arbeiten, könnten Sie fragen:

- *„Wie erlebt XY (der Held/die Heldin) Ihrer Meinung nach die Situation?*
- *Was würde XY (die Mutter, der/die Chef/in, der/die Partner/in) sagen, wozu das Verhalten der Heldin/des Helden gut ist?*
- *Wer in der Geschichte hat das Problem als Erste/r bemerkt?*
- *Wen belastet es am meisten?*
- *Wer hätte am meisten davon, dass es nicht gelöst wird?*
- *Wer hätte ein Interesse daran, dass es gelöst wird?*
- *Angenommen, die Rollenverteilung in der Geschichte wäre eine andere ...?*
- *In welchen Situationen hätte der Held/die Heldin sich anders verhalten?*
- *Was würden Sie dem Helden/der Heldin raten?*
- *Was könnte der Held/die Heldin Überraschendes tun?*
- *Was denken Sie, würden die Kollegen/Kolleginnen des Helden/der Heldin sagen?*
- *Wie wird der Held/die Heldin die Sache in einigen Jahren sehen und erzählen?"*
- usw.

Wie und wo findet man Geschichten?

So viele Wassertropfen das Meer hat, so viele Geschichten gibt es auf dieser Welt. Ist Ihre Wahrnehmung erst einmal sensibilisiert, werden sie Ihnen überall begegnen. Die Aufgabe ist eher, aus dem Meer der Geschichten die guten und passenden herauszufiltern.

Suchen und sammeln Sie überall. Bevorzugt dort, wo und in welchem Informationskanal Sie sich persönlich wohlfühlen, denn die Geschichten, die Sie erzählen, sollen auch zu Ihnen passen.

Klassische Geschichten

Religiöse oder spirituelle Werke

Die Bibel ist eine der ältesten Geschichtensammlungen und enthält, ebenso wie der Koran oder andere religiöse und spirituelle Werke, eine Vielzahl von Geschichten, die auf unsere Welt heute übertragbar sind. Viele Menschen wissen nicht, dass David und Goliath, Samson und Delilah aus der Bibel stammen und dass die Metaphern vom „Buch mit den sieben Siegeln", vom „verlorenen Schaf" und vom „barmherzigen Samariter" geflügelte Worte geworden sind, die in der Bibel ihren Ursprung haben.

Eine Beispielgeschichte, die sich etwa für das Thema gerechte Entscheidungen von Führungskräften eignet, ist das Urteil des Königs Salomo.

Zwei Dirnen traten vor den König. Die eine sagte: „Bitte, Herr, ich und diese Frau wohnen im gleichen Haus, und ich habe dort in ihrem Beisein geboren. Am dritten Tag nach meiner Niederkunft gebar auch diese Frau. Wir waren beisammen; kein Fremder war bei uns im Haus, nur wir beide waren dort. Nun starb der Sohn dieser Frau während der Nacht; denn sie hatte ihn im Schlaf erdrückt. Sie stand mitten in der Nacht auf, nahm mir mein Kind weg, während ich schlief, und legte es an ihre Seite. Ihr totes Kind aber legte sie an meine Seite. Als ich am Morgen aufstand, um mein Kind zu stillen, war es tot. Als ich es aber am Morgen genau ansah, war es nicht mein Kind, das ich geboren hatte." Da rief die andere Frau: „Nein, mein Kind lebt, und dein Kind ist tot." Doch die erste entgegnete: „Nein, dein Kind ist tot, und mein Kind lebt." Man brachte es vor den König. So stritten sie vor dem König.

Da begann der König: „Diese sagt: ‚Mein Kind lebt, und dein Kind ist tot!' und jene sagt: ‚Nein, dein Kind ist tot, und mein Kind lebt.'" Und der König fuhr fort: „Holt mir ein Schwert!" Nun entschied er: „Schneidet das lebende Kind entzwei, und gebt eine Hälfte der einen und eine Hälfte der anderen!"

Doch nun bat die Mutter des lebenden Kindes den König – es regte sich nämlich in ihr die mütterliche Liebe zu ihrem Kind: „Bitte, Herr, gebt ihr das lebende Kind, und tötet es nicht!" Doch die andere rief: „Es soll weder mir noch dir gehören. Zerteilt es!" Da befahl der König: „Gebt jener das lebende Kind, und tötet es nicht; denn sie ist seine Mutter."

Weitere Quellen für klassische Geschichten sind:

- Tausendundeine Nacht
- Grimms Märchen
- Griechische Götter- und Heldensagen

Film und Fernsehen

Stichwort „Heldenreise"

Ob Komödie oder Drama, ob Western oder Heimatfilm: Filme sind reichhaltige Quellen für gute Geschichten, die Sie im Coaching einsetzen können. Filme folgen oft dem Grundmuster „Heldenreise" (lesen Sie dazu die Seiten 36 ff. und 217 ff.). Sie erzählen von Wandel und Verwandlung, von Aufstieg und Fall, von Einsichten und Aussichten. Es ist noch nicht einmal so, dass der Klient den Film kennen muss: Sie können den Film auch so erzählen, dass es einfach eine Geschichte ist, in der er sich wie im Leben sieht.

Der Film „Up in the Air" etwa ist ein gutes Beispiel für Themen wie Work-Life-Balance, Kommunikation, mit Veränderungen umgehen etc.

Ryan Bingham ist erfolgreich, verdient viel Geld, sieht gut aus (im Film ist es George Clooney). Er betritt sein Appartement im Grunde nur, um seine Anzüge auszutauschen. Denn Ryan ist beinahe immer auf Reisen. Sein Arbeitgeber schickt ihn zu Firmen, die nicht den Mut haben, ihre Angestellten selbst zu entlassen. Ryan hat damit kein Problem. Freundlich-routiniert spricht er die Kündigungen aus. Die Dramen, die diese Mitteilungen möglicherweise bei den Gekündigten auslösen, interessieren ihn nicht. Genauso wenig wie Beziehungen zu anderen Menschen oder zu seiner Familie. Nur mit seiner Zufallsbekanntschaft Alex, die er auf einer seiner Reisen kennengelernt hat, verbindet ihn eine unverbindliche Beziehung. Sie treffen sich von Zeit zu Zeit zu wunderbar aufregenden Abenden, wenn sich ihr beider Flugplan überschneidet.

Eines Tages sollen die Kosten gesenkt und Kündigungsgespräche nicht mehr vor Ort, sondern per Videokonferenz geführt werden. Ryans Leben droht damit aus den Fugen zu geraten. Er soll von seiner Heimatstadt aus agieren und nicht mehr reisen! Doch es kommt noch schlimmer: Als sich eine der von seiner neuen Kollegin Gekündigten von einer Brücke stürzt, ändert sich Ryans Sicht auf die Dinge. Er denkt darüber nach, was wichtig ist im Leben und kommt auf: Alex. Auf die Liebe und auf Beziehungen zu Menschen, zu seiner Familie.

Mitten in einer Rede verlässt er das Rednerpult und fliegt spontan zu ihr. Doch als er unangemeldet an ihre Tür klopft, öffnet ein kleiner Junge. Alex ist verheiratet und hat eine eigene Familie. Ryan ist für sie nichts als eine kleine berauschende Flucht aus dem Alltag. Ryan steht da, allein. Und er wird doch nie mehr in sein altes Leben zurückkehren können.

Wenn Film Ihr Medium ist, dann achten Sie auf die Gesamtstory oder einzelne Episoden aus aktuellen Filmen oder Film-Klassikern wie Star Wars, Pretty Woman, Herr der Ringe, Inception, 007 etc. Auch Fernsehserien eignen sich. Coach- und Beraterkollegen, die z.B. in die Supervision kommen, können Sie von Paul, dem Therapeuten aus der amerikanischen Serie „Intreatment“ erzählen. Er durchlebt dort so ziemlich alles, was man als Coach auch durchlebt, u.a. beispielsweise das Gefühl, versagt zu haben. Und Serien wie „Lindenstraße“ oder „Mad Men“ eignen sich ebenfalls, weil sie von allen Dingen des Lebens erzählen, die auch im Coaching eine Rolle spielen. Viele Filme im Überblick finden Sie im „Lexikon des Internationalen Films“.

Bücher

Bewegende Plots finden sich in jeder Gattung

Hier können Sie ebenfalls den „Plot“, also die Grundhandlung des Buches erzählen oder einzelne Episoden, die Sie für geeignet halten. Von „Macbeth“ von William Shakespeare (Aufstieg des königlichen Heerführers Macbeth zum König von Schottland, seinen Wandel zum Tyrannen und seinen Fall) bis hin zu „Tschick“ von Wolfgang Herrndorf (Freundschaft über alle Vorurteile und Grenzen hinweg), von George Orwells „Animal Farm“ (Tiere erheben sich gegen die menschlichen Ausbeuter und errichten schließlich eine Gewaltherrschaft, die schlimmer als die frühere ist) bis hin zu Nick Hornbys „A long way down“ (die vier Protagonisten begegnen sich beim Selbstmordversuch in der Silvesternacht auf dem Dach eines Londoner Hochhauses und geben sich das Versprechen, ihren Suizid bis zum Valentinstag aufzuschieben und sich umeinander zu kümmern. Neben Selbstmord thematisiert der Roman Einsamkeit, Depressionen und Gruppendynamik): In fast jedem Buch findet sich eines der Grundthemen wieder, die Menschen bewegen.

Zeitungen/Zeitschriften

Geschichten, die das Leben schreibt

Achten Sie beim Lesen von Zeitungen und Magazinen auf interessante Geschichten. Wochenzeitungen wie die „ZEIT“, Magazine wie „Spiegel“ oder „Stern“ und auch jede lokale Tageszeitung erzählen Geschichten von Menschen. Ein Wirtschaftsmagazin, das fast ausschließlich mit dem Storytelling-Ansatz arbeitet, ist brand eins.

In der ZEIT vom 20. Februar 2014 erscheint im Wirtschaftsteil ein Porträt des Bertelsmann-Chefs Thomas Rabe. Er erzählt dort, dass er an diesem Morgen in einem Sportstudio in London vor der Arbeit 7,2 Kilometer gerudert und rund 10 Kilometer Rad gefahren sei. Das habe zwölf Punkte ergeben – in der Woche müssten es 100 sein, damit sein Gesundheitsziel erreicht werde.

Sie können eine Geschichte wie diese erzählen und sie zum Anlass nehmen, um den Klienten zu fragen: *„Und wie sieht es mit Ihrem Gesundheitsziel aus?"*, oder *„Und wie viel Punkte haben Sie bis jetzt erreicht, um Ihrem Ziel näherzukommen?"*. Es gibt unendlich viele Geschichten, die Sie als Aufhänger erzählen können, um damit weiterzuarbeiten oder um sie einfach für sich stehen zu lassen.

Internet

Im Internet finden sich verschiedene Geschichtensammlungen aus denen Sie sich die Rosinen herauspicken können. Hilfreich sind beispielsweise: *www.zeitzuleben.de* und *www.sinnige-geschichten.de.*

Selbst erlebte Geschichten

Selbst erlebtes erzählen

Sie können auch Geschichten aus Ihrem eigenen Leben erzählen, entweder von sich oder von Menschen, die Sie kennen, zum Beispiel aus dem Bekanntenkreis und auch von anderen Klienten. Immer anonymisiert, nicht zu viele, nicht zu lange und nicht zu persönliche, denn Sie wollen ja nicht selbst im Mittelpunkt des Coachings stehen und Ihrem Klienten auch kein Beziehungsangebot machen. Je nach Situation und Anliegen eignen sich eigene Geschichten jedoch gut, um damit Botschaften zu transportieren, zum Finden von Lösungen zu animieren oder auch einfach nur, um Mut zu machen.

Eine solche persönliche Mutmacher-Geschichte ist für mich folgende:

Ein guter Freund erkrankte mit Anfang 40 an einem aggressiven Krebs. Er war sehr mitgenommen, wurde operiert, verlor durch die Chemotherapie alle Haare, wäre fast gestorben. Doch sein Überlebenswille und seine Hoffnung verließen ihn nie.

Schon kurz nach der Behandlung fing er wieder an, Rad zu fahren. Erst waren es nur drei oder fünf Kilometer, die er völlig entkräftet zurücklegte. Doch sein Durchhaltevermögen und sein starker Wille halfen ihm, sich trotz seiner schweren Erkrankung immer weiter zu steigern. Heute fährt er Strecken bis zu 250 Kilometer am Tag und gilt als geheilt.

Tipp: Nicht vergessen

Nehmen Sie immer eine kleine Kladde mit, in der Sie Geschichten aufschreiben, die Sie interessant und bewegend finden. Man muss nicht immer gleich wissen, wozu sie gut sind. Sortieren können Sie später noch.

Nach Themen sortieren

Damit Sie im Meer der Geschichten nicht den Überblick verlieren und im falschen Hafen anlanden oder womöglich sogar untergehen, können Sie Ihre gesammelten Geschichten und Metaphern thematisch sortieren. Auf diese Weise haben Sie alle Geschichten zur Hand, wenn Sie sie brauchen. Zwei Wege sind dafür empfehlenswert:

Sie sortieren nach universellen Themen

Die meisten Geschichten lassen sich auf wenige universelle Themen zurückführen. Das sind zum Beispiel:

- Leben und Tod
- Ankunft und Abschied
- Liebe und Hass
- Gut und Böse
- Geborgenheit und Furcht
- Wahrheit und Lüge
- Stärke und Schwäche
- Treue und Betrug
- Weisheit und Dummheit
- Hoffnung und Verzweiflung

Sie sortieren nach Coaching-Anlässen

Passen Sie die folgende Liste Ihrem persönlichen Coach- und Berater-Profil an. Mit welchen Anliegen kommen die Klienten überwiegend zu Ihnen?

- Führungsthemen, z.B. neue Führungsaufgaben
- Karriere und berufliche Entwicklung
- Kommunikation und Kooperation

- Konflikte mit Kollegen/Vorgesetzten
- Rollen- und Wertekonflikte
- Entscheidung
- Selbstwert
- Klares Profil
- Gesundheit
- Work-Life-Balance
- Burnout (-Prophylaxe)
- Ziele erreichen
- Ziele nicht erreichen
- Teamarbeit
- Diffuse Unzufriedenheit
- Veränderung
- Neuorientierung

Wie erfindet man selbst eine Geschichte?

Hier ist Ihre Kreativität gefragt

Eine Geschichte in Coaching und Beratung muss nicht wirklich passiert sein. Märchen oder Sagen sind auch fiktiv und haben uns dennoch viel zu sagen. Sie können also Geschichten auch selbst erfinden. Beachten Sie dabei unbedingt die beraterischen Grundsätze, damit Sie sich nicht in der Geschichte verlieren:

- Auftragsorientierung: Worum geht es, was ist der Auftrag?
- Lösungsorientierung: Chancen und Möglichkeiten statt Probleme?
- Ressourcenorientierung: Ist die Geschichte zu diesem Zeitpunkt hilfreich?

Als Kind haben Sie wahrscheinlich wie die meisten Kinder ständig Geschichten erfunden. Erinnern Sie sich? Was waren Ihre Lieblingsgeschichten, in welchen Welten haben Sie sich gern bewegt? Wahrscheinlich sind Sie abgetaucht in die schönen und aufregenden Geschichten, die Sie erfunden und nachgespielt haben.

Übung: Was waren die Lieblingshelden Ihrer Kindheit?

Leider glauben viele Menschen im Erwachsenenalter, dass sie keine Geschichten mehr erfinden können, weil sie nicht kreativ sind. Doch! Sie können es, ganz bestimmt. Als Coach und Berater haben Sie die Chance, wieder Zugang zu Ihrer alten Fähigkeit aus der Kindheit zu finden. Sie können erfinderisch sein, Ideen spinnen. Gut, allzu abgedreht sollte es nicht sein, denn es geht natürlich in erster Linie um den Klienten und nicht darum, dass Sie Spaß am Geschichtenerfinden haben sollen. Allerdings – ein wenig Spaß dürfen Sie ruhig haben. Das schadet weder der Geschichte, die Sie dem Klienten erzählen, noch Ihnen, dem die Arbeit Freude machen darf.

Geschichten zu erfinden, ist ein kreativer Prozess, der ein Gefühl von Zufriedenheit erzeugen kann, das ist jedenfalls meine Erfahrung. Probieren Sie es aus. Und das geht so.

Geschichtenerfinden in acht Schritten

Erteilen Sie sich die innere Erlaubnis

1. Schritt: Erlauben Sie sich zunächst, kreativ zu sein. Die innere Erlaubnis ist oft der erste Schritt zum Tun. Denn wer denkt: „Das kann ich sowieso nicht", der gibt dem inneren Kritiker zu viel Raum. Und der ist der größte Feind der Fantasie. Machen Sie also Ihrer Fantasie Mut, sich zu zeigen. Denn wer Geschichten erfinden will, der muss sich auf eine andere Ebene als die rein kognitive einlassen. Früher hätte man gesagt: Er muss die rechte Gehirnhälfte aktivieren, die für Bilder und Kreativität zuständig ist (heute weiß man, dass die Zuordnung nicht so einfach ist, auch die linke Gehirnhälfte ist beteiligt).

Bringen Sie das Anliegen auf den Punkt

2. Schritt: Bringen Sie das Anliegen/Thema auf den Punkt, um das es dem Klienten aktuell geht. Beispiel: In der Firma des Klienten werden zwei Abteilungen zusammengelegt. Der Klient hat in der anderen Abteilung einen starken Konkurrenten und muss sich in diesem Veränderungsprozess einen neuen Platz erobern. Das Anliegen ist also: Ein guter Platz in der neuen Abteilung.

3. Schritt: Stellen Sie sich das Anliegen in einem Bild vor und zwar möglichst in einem anderen Zusammenhang als in dem ursprünglichen. Welches Bild taucht auf? Welche Analogien können Sie bilden? Überlegen Sie, wo sich Menschen, Tiere, Pflanzen etc. ähnlich verhalten.

Im Straßenverkehr, in der Bahn, im Wald, in dem zwei eng beieinander stehende junge Bäume um den engen Platz im Licht rangeln, bei Hunden und Katzen, die um das Revier kämpfen ...

4. Schritt: Wählen Sie eine Inhaltsebene, die sich eignet. Was könnte in der Geschichte passieren? Was ist die Rahmenhandlung? Wo könnte sie sich ereignen?

Die Rahmenhandlung festlegen

Auf einer sehr engen Straße mitten in der Stadt begegnen sich zwei Autos, ein BMW und ein Mercedes, beide ungefähr gleich groß. Keiner will zurückweichen, keiner sich die Blöße geben, der Schwächere zu sein. Drumherum staut sich der Verkehr, keiner kommt mehr durch. Derweil regnet es Bindfäden auf Fußgänger und Radfahrer.

5. Schritt: Casten Sie die Personen und geben Sie ihnen Eigenschaften. Welche Potenziale und Ressourcen haben die Handelnden? Überprüfen Sie, ob sich Ihr Klient in den dargestellten Personen, Beziehungen, Ereignissen, Schwierigkeiten etc. wiederfinden kann.

Die teilnehmenden Personen entwickeln

Die Protagonisten können die Fahrer der Autos sein oder die Autos selbst. Daneben gibt es ja noch die anderen Verkehrsteilnehmer: einen Kurier-Radfahrer, einen Taxifahrer, einen Busfahrer etc. Später taucht eine Frau im Rollstuhl auf, die die Straße überqueren möchte.

Der Fahrer des BMW brüllt aus dem Auto, droht, versucht, den Mercedes-Fahrer einzuschüchtern. Dieser ist Mr. Cool persönlich, zeigt nur ein überlegenes Lächeln und lässt sich nicht beeindrucken. Der Taxifahrer hält zum BMW-Fahrer, der Busfahrer bildet eine Koalition mit dem Mercedes. Radfahrer und Frau im Rollstuhl, inzwischen pudelnass, stehen auf keiner Seite, sondern sind in erster Linie daran interessiert, die Straße schnell kreuzen zu können.

6. Schritt: Überlegen Sie die Kernaussage. Die Kernaussage fokussiert das Thema, ohne eine Botschaft vorzuschreiben. Eine Geschichte kann auch mehrere Aussagen haben, es sollten allerdings nicht zu viele sein.

Die Kernaussage treffen

Beispielsweise kann die Kernaussage in diesem Fall sein: „Wenn zwei um ihren Platz rangeln, sollten sie nicht das Geschehen um sich herum vergessen."

Wende- und Höhepunkte planen

7. Schritt: Planen Sie Höhen und Tiefen und Wendepunkte ein. Schon Aristoteles wusste, dass nur Geschichten mit Höhen und Tiefen begeistern. Eine Geschichte braucht also unbedingt einen Wendepunkt, an dem Veränderung möglich ist. Der Wendepunkt ist oft auch der Höhepunkt der Geschichte.

Plötzlich kommt ein kleiner Junge mit einem Dreirad aus einer Einfahrt gesaust. Er rutscht auf der regennassen Straße quasi vor die Hauben der großen Autos. Damit kommt Bewegung in die Szene. Doch wer steigt als Erster aus? Oder bleiben beide stur in ihrem Auto sitzen?

Der laute BMW-Fahrer springt aus seinem Auto und hilft dem weinenden Jungen auf. Er nimmt ihn in den Arm und tröstet ihn. Nachdem er ihn der Mutter übergeben hat, steigt er in sein Auto und setzt zurück – unter dem Beifall der pitschepatsche nassen Straßenpassanten. Der coole Mercedes-Fahrer lächelt zufrieden – die Straße ist frei für ihn. Siegessicher setzt er seinen Weg fort.

Metaphorische Lösungen finden

8. Schritt: Überlegen Sie metaphorische Lösungen für Fragestellungen und Konflikte. Metaphorische Lösungen beinhalten keine Ratschläge, sondern entwerfen Möglichkeiten. Damit lassen sie dem zuhörenden Klienten die Freiheit, selbst auf die Idee für eine persönliche Lösung zu kommen.

Im Falle der Verkehrsgeschichte kann sich der Klient mit dem nachgebenden BMW-Fahrer wie mit dem durchsetzungsstarken Mercedes-Fahrer identifizieren.

Wie auch immer Sie Ihre Geschichte für den Klienten erfinden, bedenken Sie, dass sie möglichst einfach sein sollte. Bauen Sie dem Klienten eine Brücke, die er leicht betreten kann. Stellen Sie die Verbindung für ihn her. Der Zuhörer sucht nach bekannten Mustern und Ähnlichkeiten mit seinem Leben und gibt dem Gehörten individuellen Sinn. Das geht wirklich nur, wenn die Geschichte ganz einfach zu verstehen ist.

Die Kreativität aktivieren mit Clustering

Clustering ist eine Kreativmethode, mit der Sie das assoziative Denken trainieren können (vgl. S. 158). Man erzeugt ein Bild, indem man ein Kernwort in die Mitte des Blattes schreibt und von dort ausgehend alle Begriffe aufzeichnet, die einem dazu einfallen:

Abb.: Clustering

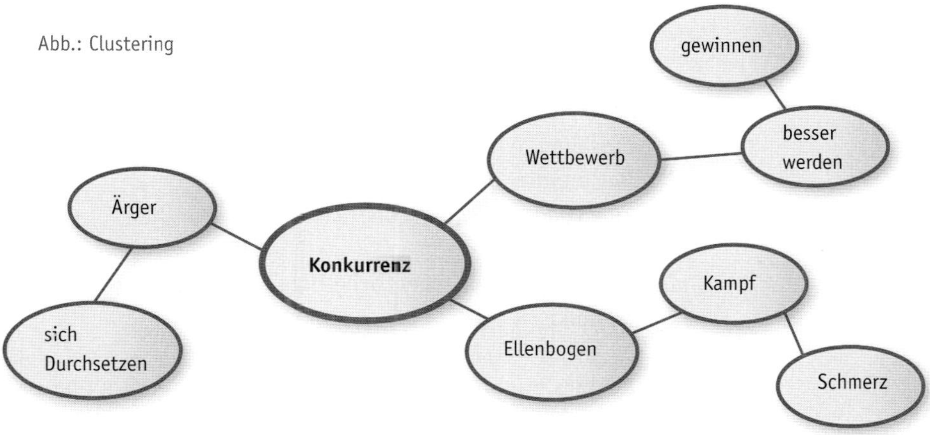

Beispiel: Konkurrenz – Ellenbogen – handeln – Ärger – Sich durchsetzen – stur sein – gebetsmühlenartig wiederholen ...

Immer dann, wenn eine Gedankenkette abreißt, beginnt man mit einer neuen. Wichtig: Keine Zensur! Schreiben Sie alle Begriffe auf, die Ihnen einfallen, auch wenn sie absurd erscheinen.

Übung: Cluster erstellen

Erstellen Sie ein Cluster zum Thema „Im Problem feststecken".

Weitere Tipps für das Erfinden von Geschichten

- Halten Sie den **roten Faden** ein. Erzählen Sie, wie man von A nach C kommt, und lassen Sie B nicht aus, weil Sie denken: Das weiß doch jeder, dass B dazugehört. Der Zuhörer versteht Sprünge nicht. Deshalb sollte die Geschichte logisch, d.h. folgerichtig sein.

- Gliedern Sie die Geschichte nach den Kapiteln: **Anfang, Mitte, Schluss**. Anfang und Mitte sollen ca. drei Viertel des Raumes einnehmen, der Schluss ein Viertel. Der Anfang der Geschichte besteht aus einer Einleitung bzw. einem Joining, also dem Brückenbauen, mit dem Sie den Klienten abholen und an Bekanntes anknüpfen.

  Mögliche **Einstiege** können sein:
  - *„Neulich habe ich eine interessante Geschichte gehört."*
  - *„Dazu fällt mir ein Beispiel, ein Erlebnis, ... ein."*
  - *„Eine Frau, ein Mann, XY – so wird erzählt ..."*
  - *„Das erinnert mich an ..."*
  - *„Eine Coach-Kollegin hat mir erzählt ..."*

  Die **Mitte** erzählt die eigentliche Handlung und den Höhe- bzw. Wendepunkt.

  Der **Schluss** bringt die Auflösung, Lösung, den Gewinn (der BMW-Fahrer kann zwar nicht sein Recht auf den Weg geltend machen, gewinnt jedoch die Zuneigung und den Applaus der Passanten).

- Die **W-Fragen** helfen Ihnen, die Geschichte zu gliedern:
  - Wo findet die Geschichte statt? Wie ist das Drumherum?
  - Wann spielt sie?
  - Wer handelt?
  - Was passiert?
  - Weshalb ...?
  - Wie findet sich die Lösung?

- **Komprimieren** Sie die Geschichte, indem Sie nur das Wesentliche erzählen. Aber machen Sie sie **erfahrbar**, indem Sie Wörter benutzen, die die Sinne ansprechen. Ansonsten ist es schwer für den Zuhörer, sich in die Geschichte hineinzuversetzen.

  Was sieht, hört, riecht, schmeckt, fühlt man? „Zeigen, nicht behaupten", lautet dabei ein wichtiger Grundsatz. Zeigen Sie, was wie passiert. Machen Sie die Geschichte sinnlich erfahrbar für Ihren zuhörenden Klienten.

- **Vermeiden Sie Klischees.** Klischees sind verbrauchte Geschichten, Ideen etc., die wir nicht mehr hören können.

> Ein führender Politiker mit Migrationshintergrund erfand seine Geschichte für die Medien so, dass er nicht nur aus einer Einwandererfamilie kam, sondern auch aus einer Arbeiterfamilie. Dabei war seine Mutter in Wirklichkeit Lehrerin.

- Benutzen Sie **„Glitzerworte"**. Diese Wörter bringen den Text zum Funkeln und Leuchten: „heimlich", „magisch", „zärtlich" ... und viele andere mehr.

- **Visualisieren** Sie die Geschichte mit Gegenständen, z.B. mit Steinen oder anderen Dingen, die passen. Die Visualisierung erzeugt ein Bild, das sich der Klient in Kombination mit den Worten besonders gut einprägen kann.

- Auf **Ideen** kommen Sie auch, wenn Sie überlegen, welchem Genre Ihre Geschichte angehören soll: Abenteuerroman, absurdes Theater, Anekdote, Arztroman, Autobiografie, Ballade, Bericht, Bildungsroman, Chronik, Comic, Detektivgeschichte, Drama, Groschenroman, Epos, Fabel, Fantasy, Familiensaga, Gesellschaftsroman, Gruselgeschichte, Groteske, Heldenlied, Hymne, Komödie, Märchen, Parabel, Parodie, Reisebericht, Sachbuch, Sage, Satire, Science-Fiction, Straßentheater, Thriller, Tragödie, Trivialroman, Western.

- Sie können die Geschichte mit etwas Übung **im Gespräch entwickeln**, wenn Sie sich ungefähr an die genannten Schritte halten.

Übung: Eine Geschichte

Entwickeln Sie eine Geschichte für einen Klienten zum Thema „Wieder aufstehen nach einem tiefen Fall".

Checkliste: Wichtige Elemente für das Entwickeln eigener Geschichten

- Erzähler: gibt Orientierung, gibt Raum für Deutungen
- Aussage: fokussiert das Thema
- Sprache: schafft Bilder
- Visualisierung: verstärkt
- Aufbau: sorgt für die Rahmengeschichte und die Struktur
- Ort: Schauplatz des Geschehens
- Protagonist: erschließt das Thema, gibt Perspektiven, entwickelt sich
- Handlung: spannt den Bogen.

(Nach: www.Journalisten-Werkstatt.de)

Wie erzählt man die Geschichte?

Wer ist ein guter Geschichtenerzähler?

Schauen wir uns dazu an, was einen guten Erzähler ausmacht und lernen am Modell. Wer fällt Ihnen dazu ein? Vielleicht nicht unbedingt Mario Draghi, der Chef der Europäischen Zentralbank.

Der Anthropologe Douglas R. Holmes wird in dem Magazin brand eins 11/2013 gefragt:

Was muss ein guter Zentralbankchef mitbringen?
– Er muss ein guter Geschichtenerzähler sein.

Wie bitte?
– Im Ernst: Er muss ein guter Geschichtenerzähler sein. Mario Draghi zum Beispiel versucht, den Euro zu retten, indem er sich an die europäische Öffentlichkeit richtet. Er sendet Signale aus, die eine von ihm beabsichtigte Stimmung erzeugen. Es ist eine sehr disziplinierte Art des Geschichtenerzählens. Zur Grundlage hat sie die Analysen zur Lage der Volkswirtschaften des Euroraums, des Finanzsystems, des Arbeitsmarktes, der Energiepreise ...

Aber gerade wenn man Leuten wie Draghi zuhört, versteht man doch kaum ein Wort.
– Das würde ich nicht sagen. Nehmen Sie Draghis berühmten Satz: „Innerhalb unseres Mandates ist die EZB bereit, alles Erforderliche zu tun,

um den Euro zu erhalten. Und glauben Sie mir, es wird reichen." Das ist ein sehr starkes Statement, das jeder verstehen kann. Dadurch leitet man Erwartungen – die der Akteure an den Finanzmärkten, der Unternehmen und der Bürger. Die Glaubwürdigkeit der Bank basiert darauf, überzeugende Geschichten erzählen zu können.

Was können wir daraus lernen?

- Jeder kann ein guter Geschichtenerzähler sein.
- Es ist gut, Signale auszusenden, die eine beabsichtigte Stimmung erzeugen.
- Die Geschichten sollten eine gute Grundlage haben.
- Man muss die Geschichten so erzählen, dass sie zu verstehen sind.
- Die Geschichten sollen überzeugend erzählt werden.

Wie das geht?

Beobachten Sie

Beobachten Sie gute Geschichtenerzähler, imitieren und trainieren Sie. Finden Sie dann Ihren eigenen Stil.

Ein guter Geschichtenerzähler erzählt lebendig. Das setzt voraus, dass er selbst die Geschichte lebendig und bildhaft vor seinem inneren Auge sieht, dass er hört, was es zu hören gibt, mitfühlt, was es zu fühlen gibt, riecht, schmeckt und die Geschichte mit den wichtigsten sinnlichen Eindrücken anreichert, ohne zu übertreiben.

Stimme, Mimik, Gestik werden bewusst eingesetzt und unterstützen das Gesagte. Natürlich überzeichnen Sie dabei nicht und schneiden etwa Grimassen. Weitere Möglichkeiten: Variieren Sie Ihr Sprechtempo, machen Sie Pausen vor wichtigen Aussagen und steigern Sie so die Spannung.

Sprechen Sie verständlich, d.h.:

- einfach, ohne Fremd- und Fachwörter
- in kurzen Sätzen von maximal neun bis zwölf Wörtern (nach dem 13. Wort kann sich das Gehirn den Anfang des Satzes nicht mehr merken)
- ohne Schachtelsätze
- mit prägnanten Wörtern
- ohne Substantivierungen
- ohne abstrakte Worte, sondern anschaulich

Der Klient als Erzähler

Menschen erzählen Geschichten, auch ohne diese Erzählungen selbst als Geschichten zu bezeichnen. Sie berichten beispielsweise am Abend über kurze Episoden aus dem Büro und erzählen in anderen Zusammenhängen längere Geschichten-Varianten nach der Devise „Wie ich wurde, was ich bin". Oder auch: „Weshalb ich auch gar nicht anders konnte, als genau so zu handeln."

Aus der Annahme, dass Menschen ihre gesamten Erfahrungen in Geschichten organisieren, die sie auf die ein oder andere Weise erzählen, ist der narrative Ansatz der systemischen Beratung und Therapie entstanden. Dieser Ansatz geht davon aus, dass die „Narrationen" immer nur eine Variante der möglichen Erzählung sind. So entstehen Gewinner- und „Loser-Geschichten", nützliche und weniger nützliche Geschichten. Elemente, die nicht in eine gewählte Erzählstruktur passen, werden nicht erzählt – sie sind aber möglicherweise doch vorhanden. Für Beratung und Coaching kann es heilsam und bestärkend sein, eine als Problem erzählte eigene Geschichte einmal anders zu erzählen oder ausgeblendete Elemente einzublenden. Denn der Mensch wird durch die Möglichkeit, seine Geschichten auf verschiedene Arten und Weisen zu erzählen, zum „Autor" seines Lebens. Weil er Geschichten, ob es einzelne Episoden oder seine gesamte Lebensgeschichte ist, neu oder anders erzählen kann, erlebt er die Möglichkeit, den Verlauf seines Lebens zu beeinflussen: eine wichtige Voraussetzung für Selbstwirksamkeit, also den Glauben an die eigenen Fähigkeiten und Ressourcen, um mit dem Leben und seinem Auf und Ab fertig zu werden. Zahlen, Daten, Fakten in den Lebensgeschichten selbst sind zwar nicht veränderbar, wohl aber die Art und Weise, wie sie gedeutet und mit Sinn belegt werden. Mit und an den Geschichten der Klienten kann man deshalb wunderbar in Coaching und Beratung arbeiten. Weshalb und wie das funktioniert, erfahren Sie in diesem Kapitel.

Kuckuckserinnerungen: Müssen Geschichten wahr sein?

Das Gedächtnis lässt sich täuschen

Quarks & Co, die Wissenschaftssendung vom WDR, wollte wissen, ob sich das Gedächtnis täuschen lässt, wenn Geschichten erzählt werden (Sendung vom 25.02.2014). In einem Experiment in Zusammenarbeit mit der Universität Jena wurden Probanden Fotos aus ihrer Kindheit gezeigt. Die Fotos zeigten die Versuchspersonen dabei, wie sie als Kinder mit Pippi Langstrumpf in einem Freizeitpark spielten, lustig auf einem lebenden Elefanten herumkletterten usw.

Dazu befragt, erzählten sieben von neun Testpersonen anschaulich und lebendig von ihren damaligen Erlebnissen. Allerdings: Diese hätten zwar so stattfinden können, denn die Versuchspersonen waren tatsächlich an den Orten gewesen – aber es handelte sich um manipulierte Fotos. Zusätzliche Köpfe und Körper waren in die Fotos hineinmontiert worden. Die Probanden hatten Pippi und den Elefanten nicht wirklich getroffen.

Das Ergebnis des Versuchs: Das Gedächtnis produziert teilweise „Kuckuckserinnerungen": Es kann uns sozusagen eine falsche Erinnerung als eigene unterschieben. Schöne Geschichte, sagen Sie, aber was bedeutet das für Beratung und Coaching?

Erzählte Geschichten sind subjektiv konstruiert

Erzählte Geschichten sind subjektiv konstruiert (oder auch eine „Konstruktion", wie die Systemiker sagen, dieser Ansatz wird auf S. 13 ff. erläutert). Das bedeutet nicht, dass wir sie erfunden haben. Doch unser persönlicher Filter, unsere Erfahrungen und der Kontext, in dem wir leben, bestimmen, was wir wahrnehmen, wie wir uns erinnern und was wir später davon erzählen. Wenn zwei Menschen über ein und dasselbe Ereignis erzählen, werden höchstwahrscheinlich zwei sehr unterschiedliche Geschichten daraus.

Erinnern Sie sich beispielsweise an die erste Coaching-Weiterbildung, die Sie besucht haben: Wie sehen Sie sich? Sie sehen sich vielleicht, wie Sie in einer Runde von anderen Teilnehmer in einem Kreis sitzen, ein Flipchart steht vorn, das Licht ist an, weil Winter ist ... Vielleicht sehen Sie sich so wie ein Fotograf oder Filmer von außen und Sie schauen sich selbst beim Tun zu. Und wenn Sie so schauen, dann konstruieren Sie, was Sie erlebt zu haben glauben. Eine andere Teilnehmerin würde höchstwahrscheinlich eine andere Geschichte von der Weiterbildung erzählen.

Ob die eine oder die andere Geschichte genau so oder vielleicht auch ganz anders gewesen ist, ist dabei völlig unwichtig. Denn für den Menschen, der erzählt, sind die Geschichten subjektiv wahr. Die Art und Weise, wie er sie erzählt, erfüllt zu einem bestimmten Zeitpunkt einen guten Zweck für ihn. „Jedes Phänomen ist sinnvoll für die Selbstorganisation des Systems", sagt Arist von Schlippe dazu (v. Schlippe, 2009). Wichtig wird die Art und Weise einer Erzählung erst dann, wenn die Geschichte so erzählt wird, dass sie den Menschen in seinem Erleben und Tun einengt und ihn dabei behindert, Möglichkeiten zu entfalten.

Geschichten sagen etwas über das System aus, in dem sie erzählt werden.

Geschichten haben auch die Funktion, Ordnung und Stabilität zu erzeugen sowie Identität und Zugehörigkeit. Die Begriffe, die jemand benutzt, wenn er die Geschichte erzählt, sagen etwas über das System und den Kontext aus, in dem dieser Jemand lebt und wie ihn dies beeinflusst oder geprägt hat. Die Geschichten geben Hinweise, wie Menschen zusammenleben und was sie voneinander erwarten können (J. Efran, 1992).

Wenn etwa ein Mitarbeiter das Unternehmen Autofix verlässt und zum Konkurrenten geht, und sich seine verbleibenden Kollegen aus dem Team gegenseitig bestätigen, dass er eben „nie ein richtiger Autofixianer gewesen sei", dann könnte man als Berater und Coach anhand des Begriffes „Autofixianer" Hypothesen über die Kultur des Unternehmens und die Zusammenarbeit aufstellen: Es könnte beispielsweise sein, dass familiäre Werte wie Treue und Bindung eine wichtige Rolle spielen.

Geschichten, die Klienten im Coaching erzählen

Die Klienten erzählen in jedem Coaching Situationen und Geschichten aus ihrem Leben, ob aus dem Beruf oder aus dem Privatleben. *„Ich bekomme nie, was ich mir wünsche", „Ich musste das und das werden, das wollte schon mein Vater", „Es gelingt mir einfach nicht, das ist mein Fluch"* etc. Das alles sind kurze Sätze, in denen sich ein ganzes Universum an Erfahrungen aus der Vergangenheit und Gegenwart, an Werten und Vorstellungen und an Erwartungen für die Zukunft auftut. Wenn etwas beispielsweise mit einem Fluch belegt ist, wie kann man sich davon jemals wieder befreien?

Durch Wiederholungen werden Geschichten immer „wahrer".

Möglicherweise haben die Klienten diese Geschichten schon oft so erzählt, sich selbst und auch anderen. Durch die Wiederholung sind die Geschichten immer „wahrer" geworden und manchmal halten sie den Geschichtenerzähler innerhalb der Geschichten gefangen. „Weil eine Geschichte wesentliche Elemente im Leben eines Menschen konstituiert, ist es ihm praktisch unmöglich, sich anders zu verhalten, solange er genau diese Geschichte erzählt" (J. Efran, 1992).

Natürlich gibt es unveränderbare Fakten: Wann jemand eingestellt und wann er entlassen wurde beispielsweise, daran gibt es nichts zu rütteln. Doch der Mensch kann Erinnerungen, Erfahrungen oder Bewertungen auch anders sehen und erzählen und nun kommen Sie als Berater und Coach ins Spiel: Denn es ist nie zu spät, eine Geschichte glücklich zu erzählen. Coaching und Beratung können helfen, Unerzähltes, Unentdecktes, Vergessenes auszugraben und damit neue Perspektiven zu eröffnen. Alles Erzählte kann man aus verschiedenen Blickwinkeln betrachten und die Geschichten neu und/oder anders mit Bedeutung belegen und sie so erzählen, dass sich der Blick öffnet.

Dekonstruktion

Sie können mit dem Klienten also nach den Geschichten suchen, die sie auch erzählen könnten bzw. Sie können auseinandernehmen, auf welche Weise eine Geschichte erzählt wird (näheres zur Dekonstruktion von Geschichten auf S. 84 und auf S. 123 f.). Welche Erfahrungen werden durch die momentan erzählte Geschichte verdeckt, welche Ressourcen und Fähigkeiten werden ausgeblendet oder sind verloren gegangen? Was hat dem Klienten durch Schwierigkeiten und Krisen geholfen?

„Kipp-Punkte"

Betätigen Sie sich als Archäologe und forschen Sie gemeinsam mit dem Klienten nach dem Verborgenen. Unterbrechen Sie die gewohnten Erzählmuster, produzieren Sie Unterschiede, die zu Instabilitäten, zu „Kipp-Punkten" führen. Noch so kleine Veränderungen können nach der Chaostheorie maximale Auswirkungen haben. Das gilt auch für Erzählungen.

Forschen und Finden: Der Coach als Archäologe und Schatzgräber

Der Coach und Berater hört aufmerksam zu und legt die Geschichten des Klienten systematisch frei. Er sucht wie ein guter Archäologe gekonnt und umsichtig nach verborgenen Schätzen. Damit gibt er dem

Sichtweisen erweitern

Klienten Zugang zu neuen Informationen und Erkenntnissen und ermöglicht ihm, sein Leben umzugestalten. Als Experte für nützliche Fragen und andere Methoden begleitet der Coach den Klienten von für ihn als misslungen erlebten Geschichten hin zu gelungenen Geschichten. Das Ziel: seine Sichtweisen und damit seine Möglichkeiten zu erweitern. Der Klient findet Lösungen in Geschichten, die in Zukunft erzählt werden sollen.

Wollen Sie ein guter Schatzgräber werden? Dann sind folgende Punkte hilfreich:

- Jeder guter Forscher geht zunächst mit einer neutralen Haltung auf sein Forschungsobjekt zu. Hören Sie den Geschichten des Klienten also **wertfrei** und **genau** zu.

    - Was genau **hören Sie**? Wer und was gehört alles zur Geschichte? Was wird nicht erzählt, könnte aber dazugehören? Wer würde die Geschichte aus seiner Perspektive anders erzählen?

      Eine Klientin, Bereichsleiterin einer Bank, erzählt in einem Coaching, dass ihr Vorgesetzter eine ihrer Mitarbeiterinnen bei sich statt bei ihr anbinden will. Sie fühlt sich sofort stark herabgesetzt und gekränkt, weil sie vermutet, dass dies ein Zeichen für die Abwertung ihres Bereiches und ihrer selbst sei.

      Auf die Nachfrage, wie der Vorgesetzte die Geschichte erzählen würde, vermutet sie, dass er vordergründig sagen würde, dass die Mitarbeiterin Kenntnisse auch in anderen Bereichen erwerben solle, weil man sie auf eine übergeordnete Position vorbereiten wolle. Seiner Ehefrau würde er vielleicht sagen, dass er mehr fähige Mitarbeiter in seinem Bereich brauche, damit dieser besser dastehe. Er möchte also möglicherweise gar nicht ihren Bereich abwerten, sondern vor allem seinen eigenen Bereich und damit seine Position aufwerten.

    - Was genau **sehen Sie**, wenn der Klient erzählt? Worte bekommen oft erst durch die Art und Weise, wie sie erzählt werden, eine Bedeutung. Ein Schlucken, eine Pause, ein besonders leise oder besonders laut gesprochenes Wort – Körpersprache kann eine Erzählung in die eine oder die andere Richtung betonen (vgl. S. 106 ff.).

- Was genau **fühlen Sie**, während der Klient erzählt? Die Psychologin und Psychiaterin Annette Pestalozzi-Bridel empfiehlt, bewusst in Resonanz zu gehen und mitzuschwingen mit den expliziten, aber auch mit den impliziten Inhalten, für die es möglicherweise noch keine Sprache gibt. Was nehmen Sie noch wahr außer den gesprochenen Worten? Welche Gefühle schwingen mit? Woran machen Sie Ihre Beobachtung fest, wenn nicht an Worten?

▶ **„Anerkennen, was ist"** lautet ein wichtiger Grundsatz der systemischen Beratung. Er bedeutet, dass es hilfreicher ist, die subjektive Wirklichkeit des Klienten zunächst vorbehaltlos anzuerkennen, bevor gefragt wird, ob die Geschichte auch anders erzählt werden könnte. Der Klient entscheidet, ob eine veränderte Sichtweise angesagt ist oder nicht. Denn zu einem bestimmten Zeitpunkt hat die Geschichte eine für den Klienten sinnvolle Funktion erfüllt.

▶ Anzuerkennen was ist, bedeutet aber **nicht**, Erzählungen als objektive Wirklichkeit, **als gegeben** hinzunehmen. Man könnte jede Geschichte eben auch anders erzählen. Nutzen Sie das **aktive Zuhören**, um Informationen zu generieren. Fragen Sie so viel wie möglich nach, klären Sie Unklarheiten, lassen Sie Redepausen zu, geben Sie emotional wichtige Teile der gehörten Geschichte in Ihren Worten wieder.

▶ Versuchen Sie nachzuvollziehen, **wie der Klient** den Personen, den Ereignissen in der Geschichte **Sinn gibt** und wie er Sinnzusammenhänge herstellt. In welcher Situation befindet er sich? Was wirkt möglicherweise ein? Nutzen Sie die Möglichkeit der Hypothesenbildung.

Eine Hypothese ist eine vorläufige Annahme über das, was ist oder was sein könnte. Ziel ist nicht, die eine „richtige" Hypothese zu finden, sondern durch eine Vielfalt von Hypothesen zu einer Vielfalt von Perspektiven und Möglichkeiten zu gelangen. Hypothesen werden gebildet als Fragen in der Möglichkeitsform, im Konjunktiv. *„Angenommen, Ihr Chef hätte einen ganz anderen Blick auf das Ereignis, welcher könnte das sein?"*

▶ Denken und agieren Sie **ressourcen- und lösungsorientiert:** Welche Fähigkeiten und Chancen liegen in den erzählten Geschichten? Forschen Sie gemeinsam mit dem Klienten nach Stärken und Fähigkeiten und weniger danach, was die Ursache für eine bestimmte Erzählung und das darin enthaltende Problem oder Defizit ist. Finden Sie Ansätze, um Schritte für lösungsorientierte Geschichten zu entwickeln.

- Beachten Sie beim Forschen immer den **Auftrag**: Was eine hilfreiche Geschichte mit einer guten Lösung ist, bestimmt der Klient.

Was ist das Anliegen des Klienten? Welchen Auftrag für das Coaching haben Sie herausgearbeitet? Manchmal verliebt sich auch der Coach in bestimmte Storys, er hat sozusagen „Lieblingsnarrationen", die mehr über seine eigene Geschichte aussagen als über die Geschichte des Klienten. Dann ist es eine gute Idee, diese Lieblinge zu bemerken und sie freundlich, aber bestimmt, in den Hintergrund zu schieben. Im Drehbuchschreiben nennt man diesen Prozess „Kill your Darlings". Auch wenn die Darlinge noch so attraktiv funkeln, manchmal sind es Anzeichen für blinde Flecken des Coachs.

Toolbox: Auftragsklärung als Basis für Storytelling im Coaching

- Was ist der aktuelle Anlass für das Coaching? Weshalb soll es gerade jetzt stattfinden?
- Was ist das genaue Anliegen des Klienten? Die Frage nach dem Anliegen nimmt die Zielerreichung vorweg, z.B. durch die Frage: Wie sähe die Zukunft aus, wenn Sie dieses Thema gelöst hätten? Welche Geschichten möchte der Klient über das Coaching erzählen, wenn es für ihn gelungen ist?
- Welches Verständnis hat der Klient von Coaching/Beratung? Mit welchen Geschichten darüber kommt er zu Ihnen?
- Mit welchen Geschichten über Sie, ausgelöst z.B. durch Empfehlungen, kommt er zu Ihnen?
- Wie können Sie als Coach/Berater hilfreich sein?
- Bei welchen Themen müssen Sie sagen: Das kann und will ich nicht?
- Was ist der gemeinsame Auftrag, auf den Sie sich geeinigt haben?

Übung zur Selbstreflexion „Lieblingsnarration"

Beobachten Sie in einer ausgewählten Coaching-Stunde, ob es für Sie so etwas wie eine oder mehrere Lieblingsgeschichten gibt.

Sie erkennen sie, wenn Sie sich selbst die Frage stellen: Wie würde ein Ihnen nahestehender Mensch, der aber einen anderen Blick auf das Geschehene hat, die Geschichte erzählen?

▶ **Nützliche (Leit-) Fragen** beim Erforschen von Geschichten von Klienten können für den Coach sein:

- Ist die Geschichte, so wie sie erzählt wird, hilfreich für den Klienten oder nicht?
- Stärkt die Geschichte oder schwächt sie?
- Was wird durch die Geschichte sichtbar?
- Welche Aspekte werden nicht erzählt oder verdeckt?
- Welchen Geschichten erlaubt der Klient, sein Leben zu bestimmen?
- In welchem Rahmen werden die Geschichten erzählt?
- In welchen Bildern/Metaphern drückt der Klient sein Erleben aus?
- Welche Schwarz-Weiß-Bilder finden sich in der Erzählung?
- Welche blinden Flecken gibt es möglicherweise?
- Um welchen Mittelpunkt herum baut sich die Geschichte auf?
- Welche Schlüsselwörter und -Sätze fallen auf?
- Welche Bedeutung haben sie?
- Wer ist Held, wer das Opfer, der Bösewicht, der Exot, der Narr usw.?
- Wo wird etwas vermischt, sind Verstrickungen erkennbar?
- Wo findet möglicherweise eine Art von Legendenbildung statt?
- Welche Zwischentöne und Unstimmigkeiten sind zu erkennen?

Um- und Neuerzählen: Coach und Klient als Co-Autoren

Festgefügte Bilder lösen

Um- und Neuerzählen im Storytelling bedeutet, behutsam gemeinsam mit dem Klienten an scheinbar festgefügten Bildern und Bedeutungen in einer Geschichte zu arbeiten. Behutsam vorzugehen ist wichtig, denn wie schon gesagt: Die Geschichten oder Anteile von ihnen haben zu einem bestimmten Zeitpunkt eine Funktion für den Klienten gehabt. Drei Leitfragen der systemischen Beratung helfen beim Umerzählen der Geschichten weiter:

- Wie können dominante Geschichten **dekonstruiert** werden?
- Wie können unvollständige Geschichten **vervollständigt** werden?
- Wie können geschlossene Geschichten **geöffnet** werden?

1. Geschichten dekonstruieren

Wenn jemand eine Geschichte basierend auf seinen individuellen und sozialen Erfahrungen „konstruiert" hat (vgl. „Alles kann auch anders erzählt werden", auf S. 16), dann lässt sie sich auch wieder „de-konstruieren". Dekonstruktion heißt aber nicht, Zweifel am Erzählten zu äußern und die Geschichte damit als unwahr zu demontieren, sondern bedeutet ein aufmerksames und genaues Hinschauen und Beobachten, aus welchen Elementen sich die Geschichte zusammensetzt, welche Erzählstränge eine Rolle bekommen und welche nicht.

„Ich habe es eigentlich noch nie geschafft, meiner Chefin Paroli zu bieten. In solchen Situationen werde ich ganz nervös und bin fast schweißgebadet. Da hilft auch kein Kommunikationstraining. Kein Wunder: Schon meine Eltern haben mich gewarnt, dass man besser nicht den Mund aufmacht, weil man sonst einen auf den Deckel bekommt."

Das Problem externalisieren

- Möglichkeit 1 – das Thema oder Problem **„externalisieren"**: Ein Problem zu externalisieren bedeutet, Erzähler und Problem durch den sorgfältigen Umgang mit der genutzten Sprache zu trennen, wie Arist von Schlippe erklärt. Das Problem ist dann kein unauflöslicher Persönlichkeitsbestandteil des Klienten oder seines Gegenspielers, sondern nur ein Teil, dem andere Teile gegenüberstehen. Mit dieser Sichtweise kann sich der Erzähler dann ggfs. distanzieren – ein wichtiger Schritt, um eigene Zu- und Festschreibungen von Eigenschaften ablegen zu können.

  In unserem Beispiel könnte der Coach dem Klienten zum Beispiel vorschlagen, sich das Thema „Nicht den Mund aufmachen" als sichtbare Person oder als Sache vorzustellen oder auf dem Flipchart oder mit Materialien zu visualisieren.

Der Coach könnte fragen: „Angenommen, Sie stellen sich das Thema als eine Person vor. Welchen Namen hätte diese Person und wie sähe sie aus?"

Der Klient nennt das Thema „Herr Schmitz-Non-Paroli" und beschreibt einen schmächtigen biederen Mann mit Hut. Darüber muss er selbst schmunzeln – eine gute Voraussetzung, um mit einem neuen Blick auf das Thema zu schauen.

Auch die Geschichten selbst lassen sich externalisieren. Passende Fragen dazu sind: *„Was tun Sie mit dem Erzähler, wenn er in der Geschichte dies und das tut? Wozu veranlassen Sie ihn? Welches Selbstwertgefühl geht damit bei ihm einher?"*

- Möglichkeit 2 – **Unterschiede** schaffen: „Der Unterschied, der einen Unterschied macht" hat Gregory Bateson die folgende, wesentliche Intervention in der Systemischen Beratung genannt.

Nach Ausnahmen fragen

Unterschiede in der Erzählung einer Geschichte zu erzeugen, gelingt, indem der Coach und Berater nach **Ausnahmen** fragt.

Der Klient äußert beispielsweise: „Ich habe es eigentlich noch nie geschafft, meiner Chefin Paroli zu bieten."

Coach: „Und uneigentlich?" – Oder: „Wirklich nie?" – Oder ganz direkt: „Gab oder gibt es Ausnahmen davon?" – Oder: „In welchen Situationen, in welchen kurzen Momenten haben Sie nicht geglaubt, dass Sie Herr Schmitz-Non-Paroli sind? Wie ist Ihnen das gelungen und welche Erfahrungen haben Sie damit gemacht?"

Hilfreich ist auch, die **Unterschiede zu konkretisieren**, etwa mit einer Skalierung:

Skalierung einsetzen

„Wenn Sie sich eine Skala von 1–10 vorstellen und dort Ihre Belastung durch das Nicht-Paroli-Bieten einstufen, was wäre der Wert? Wie würde Ihre Vorgesetzte das einschätzen? Wie Ihre Frau?"

Nuancen aufdecken

Gerade in der Arbeit mit mehreren Personen oder Teams ist die Frage nach Unterschieden in der Erzählweise hilfreich, denn die Unterschiede in einer Erzählung geben Hinweise darauf, wie die Kommunikation innerhalb der Gruppe läuft: Wer bestimmt, welche Geschichte erzählt wird? Welche Nuancen sind in den Erzählungen erkennbar? Welche Aspekte fallen bei dem einen weg, während der andere sie erwähnt? Mehr darüber, wie Sie am besten nach Unterschieden fragen, finden Sie in dem Tool „Zirkuläre Fragen", S. 147.

Unterschiede werden auch erzeugt, indem der Coach nach Geschichten fragt, die andere bereits **anders erzählt** haben oder erzählen würden.

„Angenommen, ich würde Ihre Kollegen befragen – jetzige oder auch von früher: Welche Geschichte würden die über das Thema erzählen?", „Angenommen, Sie würden diesen Geschichten glauben: Was wäre dann anders und wie genau wäre es? Wie würde das Ihr Leben beeinflussen?"

Eine Geschichte historisieren

Sie können die Geschichte auch zu einer alten Geschichte erklären („historisieren") und mit hypothetischen Fragen im Konjunktiv nach **Veränderungen** von früher zu heute fragen:

„Nehmen wir an, es war früher so, heute ist es aber anders. Was wäre anders? Wie kam es dazu?", „Wenn die neuen Geschichten die Oberhand gewännen: Wann und wie würden Sie sich von den bisherigen quälenden Geschichten verabschieden?", „Wie könnten Sie den neuen Geschichten einen festen Platz in Ihrem Leben geben? Wem würden Sie sie erzählen?", „Wie wird Ihr Leben anders sein, wenn die alternativen Geschichten die Oberhand gewonnen haben?" (*Nach A. v. Schlippe, J. Schweitzer, 2012*)

2. Geschichten vervollständigen

Geschichten, die ein Klient erzählt, sind Ausschnitte, denn er kann die Geschichte notwendigerweise niemals mit allen Einzelheiten erzählen. Er wählt einen oder mehrere bestimmte Aspekte aus, er setzt seinen persönlichen Filter davor. Man könnte auch sagen, er „fokussiert" auf bestimmte Anteile und kann deshalb andere Teile der Geschichte nicht mehr wahrnehmen.

Doch was passiert in der Geschichte **vorher**, was **nachher**? Wer oder was gehört noch dazu und wird möglicherweise ausgeblendet? Was könnte der Klient noch erzählen, vergisst es aber oder nimmt es nicht mehr wahr? Leiten Sie den Klienten an, zu sehen, was er möglicherweise übersehen hat. Worauf könnte man die Aufmerksamkeit auch noch oder stattdessen richten?

Was wird ausgeblendet?

Die Klientin erzählt davon, dass sie in einem Führungsjob versagt habe. Sie sei mit den vielen Anforderungen von Mitarbeitern und Vorgesetzten nicht fertig geworden und habe gekündigt. Sie berichtet von einigen Beispielen, etwa, dass sie sich mit einer Mitarbeiterin laut angebrüllt habe und es nicht geschafft habe, Ruhe zu bewahren.

Der Berater fragt, wie sich die Situation genau abgespielt hat, was vorher und was nachher war: „Wie ist es Ihnen denn gelungen, all die Male vorher ruhig zu bleiben? Und wie ist es Ihnen gelungen, nach dem Ausbruch wieder ruhig zu werden?"

Dieses Defokussieren, bzw. die Fokuserweiterung, öffnet die Wahrnehmung und damit auch die Möglichkeit, andere Blickwinkel auf das Thema einzunehmen. Das ist wie beim Fotografieren: Fokussieren Sie ein Objekt zum Beispiel bei einer Aufnahme mit dem Teleobjektiv, verschwindet das Drumherum. Nehmen Sie den Weitwinkel, sehen Sie viel mehr Teile auf dem Foto. In der systemischen Beratung nennt man das **„Einblenden von Ausgeblendetem"**.

Erweiterung des Fokus

Zum Defokussieren kann auch eine paradoxe Geschichte beitragen. Der systemische Therapeut Stefan Hammel (S. Hammel, 2009) schildert folgendes Beispiel:

„Der Klient irre, wenn er auf den Tinnitus als etwas Vorhandenes achte. In Wirklichkeit handele es sich um etwas Fehlendes. Tatsächlich sei nämlich nicht Stille die Abwesenheit von Geräusch, sondern Geräusch die Abwesenheit von Stille, sodass die Stille das Eigentliche sei. Von Interesse sei darum auch nicht eine Lautstärke, sondern der Grad der schon erreichten Stille." Von da an wird nur noch über Stille gesprochen und nicht mehr über den Ton, den der Klient hört. Der Aufmerksamkeitsfokus hat sich verlagert.

Übung: Defokussieren

Schauen Sie auf einen bestimmten Punkt circa einen Meter vor Ihnen. Was nehmen Sie wahr?

Nun schauen Sie defokussiert, d.h., stellen Sie Ihre Augen auf unscharf und versuchen Sie, möglichst viel von der Umgebung wahrzunehmen. Was nehmen Sie jetzt wahr?

3. Geschichten öffnen

Eine Geschichte in einen anderen Rahmen setzen

Geschichten, die nicht hilfreich sind, werden häufig geschlossen erzählt. Das bedeutet, dass sie einen scheinbar unveränderlichen Ausgang haben, quasi schicksalhaft. Hier ist es gut, Ausgangspunkte für eine Umerzählung und Öffnungen zu suchen.

Beispiel: Eine Klientin erzählt, dass es wie ein Fluch auf ihrer Familie laste, dass alle Frauen schon sehr früh, mit 18, 19 Jahren schwanger würden und der Kindesvater niemals zu seiner Verantwortung stehe. Alle hätten unter schwierigen Bedingungen ihr Leben allein erziehend meistern müssen. Ihrer Mutter sei das so ergangen, ihr selbst und ihrer älteren Tochter ebenfalls. Nun sei ihre jüngere Tochter 15 Jahre alt und sie wolle sie davor beschützen, dass es ihr ebenfalls so erginge.

Die Beraterin sagt: „Erst einmal herzlichen Glückwunsch dazu, dass alle Frauen in ihrer Familie so gut ihr Leben mit all seinen Herausforderungen gemeistert haben."

Den Blick auf Gelungenes lenken

Diese Technik nennt man **Reframing**. Der Ausgangspunkt für das Nachdenken über die bislang unveränderlich geglaubte Wirklichkeit und das Nachdenken über eine anders erzählte Geschichte kann sein, die Geschichte in einen anderen Rahmen zu setzen. Das bedeutet, eine andere zeitliche, räumliche oder personale Perspektive einzunehmen. In dem gerade genannten Beispiel ist es die Erfolgsgeschichte der Frauen einer Familie und der Blick auf das, was gelungen ist, auf Stärken und auf Fähigkeiten, die in Krisen geholfen haben. Ein Verhalten, das in einem bestimmten Kontext negativ bewertet wird, kann in einem anderen durchaus Sinn machen. Die Frauen der Familie haben Kraft und leisten viel alleine.

Beim Reframing kann man unterscheiden zwischen

- **Bedeutungsreframing:** Welche andere Bedeutung könnte das Verhalten noch haben? Das Verhalten von Herrn Schmitz-Non-Paroli könnte man beispielsweise auch als sehr kooperativ deuten.
- **Kontextreframing:** In welchem anderen Kontext könnte das Verhalten sinnvoll sein? Herr Schmitz-Non-Paroli könnte ein guter Mediator für Kollegen sein.
- **Inhaltsreframing:** Welche gute Absicht könnte hinter dem Verhalten liegen? Herrn Schmitz-Non-Paroli könnte es beispielsweise wichtig sein, mit seinem kooperativen Verhalten zu guten und schnellen Ergebnissen seiner Abteilung beizutragen.

Mehr zum Reframing finden Sie auf S. 140 f.

„Re-Authoring"

Von Schlippe vergleicht die Arbeit mit Geschichten mit der Arbeit an Texten und nennt das Entwickeln neuer Erzähllinien „Re-Authoring", d.h. eine neue Aneignung von Geschichten. Dazu ein Beispiel (nach A. v. Schlippe, 2009):

Ein 45-jähriger Einwanderer, der seit mehreren Jahrzehnten in Deutschland lebt, erzählt von sich, dass er „zweimal ins Exil" gegangen sei. Er nennt es „exiliert von Geburt an": In seiner Erzählung legt er den Akzent darauf, dass seine Mutter ihn ursprünglich habe abtreiben wollen. Sie hätte sogar ihrem Mann mit Suizid gedroht, wenn er dem nicht zustimme. Der habe sie jedoch gemeinsam mit dem Arzt überzeugt, ihren Sohn auszutragen.

Ein Defizitnarrativ bestimmt die Interpretation des Lebens „exiliert von Geburt an". Auf welcher anderen erzählerischen Grundstruktur könnte die Geschichte aufgebaut werden? Das Vergangene kann nicht ungeschehen gemacht werden, aber es gibt die Möglichkeit, auf andere, bislang verborgene Bestandteile der Geschichte zurückzugreifen. Der Coach verschiebt im Gespräch den Akzent leicht: Es wird auf die in der Geschichte enthaltenen Implikationen geachtet: Hatte die Mutter sich umgebracht? Nein, sonst wäre er ja nicht am Leben. Hatte sie ihn abgetrieben? Natürlich auch nicht!

„Wie würde sich das eigene Leben anfühlen, wenn es aufgebaut würde auf der Entscheidung Ihrer Mutter, zu leben und ihr Baby zu bekommen?" – „Es würde sich sehr anders anfühlen!"

Nachgefragt bei Dr. Christiane Jendrich, Systemische Therapeutin und Beraterin, Köln

Welche Tipps haben Sie für Berater und Coachs zum Thema Storytelling?

- Hilfreich ist eine positive, ressourcenorientierte Haltung des Coachs und damit die Frage, was das „Gute im Schlechten" der erzählten Geschichten ist. Bereits vorhandene Ressourcen werden vom Klienten oft nicht als solche gesehen, u.a. weil sie an das Überleben in schwierigen Situationen gekoppelt werden. Da ist es die Aufgabe des Coachs, eine andere Brille als der Klient aufzuziehen und zu fragen: Wo liegt die Entwicklungschance?

- Ebenfalls hilfreich ist ein neugieriger und nicht wertendender Blick: Wir machen und erzählen nichts ohne Grund. Im Coaching und in der Beratung soll es einen wertschätzenden Raum geben, in dem der Klient alles denken und sagen kann und es keine „verbotenen" Geschichten gibt.

- Die Arbeit mit Storytelling muss „passen": zum Klienten, zur Situation, zum Berater. Wo kann man andocken? Wenn mir zum Beispiel jemand erzählt, er sei ein „Pechvogel", dann kann ich ihn fragen: „Wem sitzt der Vogel auf der Schulter? Wen oder was beschützt er möglicherweise? Wie sieht er aus?" Ich kann dem Klienten vorschlagen, ihn zu malen und womöglich bekommt der Pechvogel dann ein so freundliches Aussehen, dass der Klient sich mit ihm anfreunden kann.

- Gute Erfahrungen habe ich damit gemacht, die Sprache des Klienten zu übernehmen. Das gehört für mich zum aktiven Zuhören und baut Brücken. Der Klient findet sich dann leichter in unserem Gespräch wieder.

- Storytelling bedeutet für mich nicht nur, hilfreiche Geschichten zu erzählen oder zu erfinden. Es gibt unzählige andere kreative Möglichkeiten, zum Beispiel Theaterstücke, Fernsehsendungen oder Radiospots oder auch Gedichte zu erfinden, Bilder zu malen oder mit Steinen und anderen Materialien Räume zu gestalten. Auch darin stecken Geschichten, die sich über Bilder und nicht über bewusste Sprache transportieren.

IV. Kapitel

Sprache im Storytelling

Schnellfinder

Sprache als Basis

Sprache ist die Basis für Geschichten – was wir erinnern, auswählen und erzählen, das fassen wir in Worte. Es lohnt sich deshalb, genau hinzuhören: Welche Wörter benutzt der Klient wie und in welchem Zusammenhang? Welche Bedeutung haben sie für ihn und welche für mich als Coach und Berater? Nehme ich Unterschiede wahr? Oder halte ich eine gleiche Bedeutungsgebung für selbstverständlich und komme nicht auf die Idee, dass man es auch ganz anders verstehen könnte? Missverstehen ist zu jedem Zeitpunkt wahrscheinlicher als Verstehen, sagt Steve de Shazer, Begründer des Lösungsfokussierten Beratungsansatzes, dazu (S. de Shazer, 2012).

Auch wie wir selbst als Coach und Berater sprechen, trägt zum Verstehen oder Nichtverstehen und damit zu hilfreichen oder weniger hilfreichen Prozessen bei.

Körpersprache

Neben den Wörtern, die wir auswählen, spricht auch der Körper mit. Die Körpersprache nimmt in der Kommunikation zwischen Coach und Klient einen großen Raum ein und bleibt doch oft unerwähnt. Blitzschnell deuten wir das Gesagte auch in Kombination mit einem körpersprachlichen Signal und meinen, die Bedeutung des Gesagten zu verstehen. Aber ist das wirklich so? Ist eine Interpretation und das Füllen von Bedeutungslücken nicht sehr wahrscheinlich, weil wir nicht alle Informationen kennen können?

Und sind Sie sich bewusst, wie Ihre Worte wirken? Wie Sie ihnen mit Ihren Gesten, Ihrer Stimme Bedeutung verleihen? Was ein Schweigen in einem ganz bestimmten Moment auslöst? Was beim Klienten ankommt?

Die gezielte Arbeit mit der Art und Weise, wie jemand verbal und nonverbal eine Geschichte erzählt, ist ein guter Ansatzpunkt, um Probleme in Lösungen zu verwandeln. Achtsam mit der eigenen Sprache und der des Klienten umzugehen, ist deshalb ausgesprochen nützlich, um zielgerichtet Prozesse zu lenken und um Problemgeschichten zu Lösungsgeschichten umzuerzählen. Das folgende Kapitel soll Ihnen helfen, Ihr Gefühl für sprachliche und körpersprachliche Feinheiten zu schärfen.

„Worte waren ursprünglich Zauber, und das Wort hat heute noch viel von seiner Zauberkraft bewahrt. Durch Worte kann ein Mensch den anderen selig machen oder zur Verzweiflung treiben." (S. de Shazer, 2012)

Wie Worte wirken

Die „Neuverdrahtung"

In Coaching und Beratung wirken wir mit Sprache und zwar so sehr, dass sie unser Gehirn formt. Nein, denken Sie jetzt nicht: „was, deformiert?", sondern stellen Sie sich stattdessen vor, dass es sich durch wirksame Worte leicht verändert. Neurophysiologisch passiert Folgendes: Gedanken und Ideen sind in neuronalen Netzwerken gespeichert. Jedes Selbstgespräch mit uns selbst und jedes Gespräch mit anderen kann eine molekulare Umgestaltung der Netzwerke bewirken, wenn die Inhalte des Gesagten nur neu oder emotional genug sind. Insofern kann Coaching die Strukturen im Gehirn verändern, wenn auch nur leicht. So geschieht Lernen: Sprache, Bilder und Gefühle stimulieren bestimmte Hirnareale und führen zu einer „Neuverdrahtung" (vgl. B. Migge, 2007) und damit zu der Möglichkeit, Dinge anders zu sehen und sich anders zu verhalten. Veränderung kann also durch Worte angestoßen werden.

Der persönliche und soziokulturelle Hintergrund

Wie wir sprechen, resultiert sowohl aus unseren kulturellen Wurzeln als auch aus der individuellen Erfahrung. Die Lieblingsanalogie des Philosophen Wittgenstein dazu war, dass ein Wort kein Zug in einem Schachspiel ist, sondern dass es eher dem Aufstellen einer Figur auf dem Brett ähnelt. Ein Satz ist dann so etwas wie ein Schachzug, aber der Zug kann nur im Kontext der Schachpartie verstanden werden (nach S. de Shazer, 2012). Welche Bedeutung Worte haben, hängt also davon ab, welche Bedeutung wir ihnen aufgrund von persönlichen und soziokulturellen Erfahrungen geben und welche Bedeutung sie in der jeweiligen sozialen Situation haben, in der wir sprechen.

Die Coaching- und Beratungssituation ist eine besondere soziale Situation. Diese Situation beeinflusst, wie wir Inhalte auswählen, sie in Worte bringen und was diese Worte in der aktuellen Situation bedeuten. Klient und Coach sprechen anders miteinander als mit Freunden und der Familie. Je nachdem, wie Coachs und Berater fragen, fällt auch die Antwort aus. Wer systemisch fragt, bekommt systemische Antworten, wer analytisch fragt, bekommt analytische Antworten. Auch Klienten erzählen in einer Coaching-Situation anders als im Büro oder der Freizeit.

Problemwörter zu Lösungswörtern umformulieren

Alle Worte haben ein offenes und mehrdeutiges Potenzial und keinen festen Bedeutungskern. „Gehen" kann „sich davonstehlen", „kündigen", „eilen" und anderes bedeuten und welche Bedeutung steht schon hinter Burnout? Doch ist es sinnvoll, nach der „wahren" Bedeutung zu suchen? Nein, meint de Shazer, denn das könnte eher ungewollt die negativen Gefühle verstärken, die für den Klienten mit einem Wort verbunden sind. Es ist also hilfreicher, nicht das Problemwort oder die Problemgeschichte aufs Genaueste zu erkunden, sondern lieber Problemwörter zu Lösungswörtern umzuformulieren bzw. lösungsorientiert zu sprechen.

Klar und auf den Punkt: Sprache entwirren, Verständigung herstellen

Auch wenn es keine „wahre" oder „richtige" Bedeutung von Wörtern gibt, so ist es im Storytelling doch sinnvoll, darauf zu achten, ein gemeinsames Grundverständnis von Bedeutungen herzustellen. Es erleichtert das Verstehen und vereinfacht Prozesse. Das betrifft beide Gesprächspartner – sowohl Klient als auch Coach.

Als Coach und Berater klar und verständlich sprechen

Werfen wir zunächst einen Blick auf die Sprache des Coachs und Beraters:

Bringen Sie die Dinge auf den Punkt

- Bevorzugen Sie **Klartext** und bringen die Dinge auf den Punkt oder neigen Sie zum eher unbestimmten abstrakten Sprechen? Beides kann je nach Situation und Anliegen sinnvoll sein. Es ist hilfreich zu entscheiden, was Sie wann und wie einsetzen.

  Beispiel: *„Erzählen Sie doch mal was aus Ihrer Ausbildung."* Der Klient stutzt: *„Was meinen Sie? Was wollen Sie hören?"*

  Weshalb es gut ist, klar und eindeutig zu sprechen? Damit der Klient keine Geheimnisse auflösen muss und dadurch verunsichert wird. Möglicherweise traut er sich nicht, nachzufragen, was genau Sie wollen. Oder er verfällt in eine Suche nach dem, wie Sie es gemeint haben könnten. Je klarer und verständlicher Sie sprechen, z.B. Fragen formulieren, desto wahrscheinlicher ist es, dass Sie dem Klienten das Verständnis und die Sicherheit vermitteln, die er braucht, um in einem sicheren Rahmen an Veränderungen arbeiten zu können.

Vermeiden Sie Fachvokabular

- Versteht der Klient Ihre Worte oder neigen Sie dazu, **Fachausdrücke** aus dem Coaching- und Beratungskontext zu verwenden ohne es zu bemerken? Falls Sie es tun, haben Sie möglicherweise den Blick dafür verloren, dass Coaching und Beratung Fachgebiete sind, die ihre eigene Sprache entwickelt haben, die jedoch ein Fachfremder kaum verstehen kann. Dies kann der Fall sein, wenn Sie etwa nach seinen „Ressourcen" suchen, die in der erzählten Geschichte verborgen sind, oder wenn Sie von „wohlgeformten Zielen" sprechen, ohne zu erklären, was Sie damit meinen. Oder wenn Sie den Klienten in der Stunde zum „Storytelling" einladen und er befürchtet, von null auf hundert zum kreativen Geschichtenerfinder werden zu müssen.

Klären Sie Fachausdrücke des Klienten

Umgekehrt wird auch der Klient Begriffe aus seinem Kontext benutzen, bei denen Sie möglicherweise nachfragen müssen. Denken Sie nicht, dass Sie ein Coach-Dummie sind, wenn Sie nicht wissen, was ein „Town-Hall-Meeting" ist oder was ein „Expatriate" als Held in einer Klientengeschichte macht. Wenn es Ihnen peinlich ist und Sie denken, dass Sie den Begriff kennen sollten, dann können Sie immer noch fragen: *„Was genau meinen Sie damit? Was versteht man in Ihrer Firma darunter?"*

Natürlich erzeugen wir mit der Verwendung ähnlicher Begriffe „Rapport", also Verständnis und das Gefühl, auf der gleichen Wellenlänge zu schwimmen. Deshalb ist es gut, bestimmte Schlüsselbegriffe des Klienten aufzugreifen. Die gedachte Verbindung kann jedoch empfindlich gestört werden, wenn klar wird, dass das Verständnis nicht wirklich da ist. Als Berater und Coachs sind wir Übersetzer, deren Aufgabe es ist, Verständigung herzustellen und Brücken zu bauen. Dazu müssen wir jedoch auch verstehen, was der Klient mit bestimmten Begriffen meint.

Verstellen Sie sich nicht

▶ Angenommen, es kommt ein Vorstandsvorsitzender eines Konzerns zu einem Coaching-Gespräch ... Sprechen Sie förmlicher und gewählter als sonst? Ein wenig „offizieller" und dadurch ein wenig gestelzt? Es wäre verständlich, wenn Sie kompetent wirken wollen, aber eine aufgesetzte Sprache ist nicht hilfreich. Erzählen Sie **lebendig und authentisch**, so wie es zu Ihnen passt. Lebendigkeit entsteht unter anderem durch Verben und kurze Sätze, nicht durch Substantivierungen und umständliche Formulierungen oder Fremdwörter.

Beispiel: *„Systemtheoretisch betrachtet, wobei ich mich hier auf den Sozialkonstruktivismus beziehe, schlage ich vor, natürlich ist das nur* *eine Option, zunächst die Relationen der Systemmitglieder in der Narration untereinander zu betrachten."*

Besser: *„Lassen Sie uns zunächst anschauen, welche Geschichte die Mitglieder des Teams darüber erzählen, wie sie zueinander stehen."*

- Sprechen Sie **positiv**. Verneinungen kommen langsamer im Gehirn an als positiv ausgedrückte Inhalte. Wenn Sie zum Beispiel fragen *„Was können Sie tun um zu vermeiden, dass künftig Konflikte entstehen?"* liegt der Schwerpunkt des Satzes auf *„Konflikte... entstehen"*. Oder bei *„Woran merken Sie, dass das Problem nicht mehr auftritt?"* kommt an: *„Problem...tritt...auf"*. Das ist wenig lösungsorientiert, sondern führt eher in die Problembeschreibung hinein. Es ist eben so wie mit dem rot-weiß-blau gepunkteten Elefanten: Wenn Sie nicht an ihn denken sollen, taucht er ganz bestimmt vor Ihrem inneren Auge auf.

Kurze Sätze

- Sprechen Sie **kurz und prägnant** und reden Sie nicht um den heißen Brei herum. Machen Sie kurze Sätze von ca. neun bis zwölf Wörtern – Sprachforscher haben herausgefunden, dass man spätestens beim dreizehnten Wort anfängt, den Anfang der Sätze zu vergessen. Schachtelsätze, also eingeschobene Gedanken, tragen eher zur Verwirrung als zum Verständnis bei.

  Beispiel: *„Nun bis zum nächsten Mal, also wir sehen uns dann zum fünften Mal, glaube ich, da würde ich Sie bitten, natürlich nur, wenn Sie einverstanden sind und wenn es Ihre Zeit erlaubt, mal ein Experiment zu machen, und wie es Experimente so an sich haben, ist es erst mal nur ein Versuch, ein Test, was meinen Sie, kommt das in Frage?"*

  Besser: *„Sind Sie bereit, sich bei unserem nächsten Treffen auf ein Experiment einzulassen?"*

- Verwenden Sie **eindeutige** und **treffende** Wörter. Viele Begriffe sind mehrdeutig, z.B. sogenannte „Kofferbegriffe" wie „Kommunikation" oder auch „Geschichte". Diese Wörter sind abstrakt und transportieren viel Inhalt – und damit eben auch oft Unbestimmtheit. Überlegen Sie, was genau Sie meinen. Beispielsweise bei dem Begriff Geschichte: Geht es um eine Situation, eine Episode, einen Fall, ein Beispiel?

„Wenn Sie in Ihrer Geschichte die Kommunikation mit den Mitarbeitern verbessern könnten ...“

Treffender: *„Wenn Sie in Ihrer Situation mehr mit den Mitarbeitern sprechen und regelmäßige Teamsitzungen einführen würden ...“*

- Sprechen Sie **anschaulich** und **konkret**. Mit Beispielen und Vergleichen verdeutlichen Sie, was genau Sie meinen und grenzen die Möglichkeiten ein, falsch verstanden zu werden.

Setzen Sie Beispiele ein

Beispiel: *„Gibt es so etwas wie einen Schurken in Ihrer Geschichte? Ich meine damit jemanden, der Sie zum Beispiel sabotiert oder ein falsches Spiel spielt?“*

- Sprechen Sie **aktiv** und regen Sie **auch den Klienten** dazu an. Das Passiv ist die sogenannte „Leideform“ im Deutschen – sie wird normalerweise eingesetzt, wenn jemandem etwas widerfährt, aber nicht, wenn er handelt und agiert, eben aktiv ist.

Wenn Sie zum Beispiel fragen: *„Wie könnte die Geschichte auch anders erzählt werden?“*, dann ist das ein indirektes Passiv, dass den Handelnden vergisst und den Erzählenden in eine passive Rolle drängt.

Fragen Sie lieber: *„Wie könnten Sie die Geschichte auch anders erzählen?“*

Aus dem Talmud

Achte auf deine Gedanken, denn sie werden Worte.
Achte auf deine Worte, denn sie werden Handlungen.
Achte auf deine Handlungen, denn sie werden Gewohnheiten.
Achte auf deine Gewohnheiten, denn sie werden dein Charakter.
Achte auf deinen Charakter, denn er wird dein Schicksal.

(*Zitiert nach J. Schaffer-Suchomel, K. Krebs, 2007*)

Den Klienten mit Sprache unterstützen, klar zu sein und Informationen zu gewinnen

Bedeutungen sind Konstruktionen

Gespräche im Coaching würden nie in Fluss kommen, wenn wir ständig jedes gesprochene Wort hinterfragten nach dem Motto: Habe ich jetzt wirklich verstanden, was der Klient gemeint hat? Doch im Grunde muss man Steve de Shazer Recht geben, der befand, dass weder Zuhörer noch Sprecher wissen, was der andere wirklich gemeint hat. Denn es gibt keinen eindeutigen „Bedeutungskern" von Sprache (vgl. S. de Shazer, 2012). Was zum Beispiel für mich „Coaching", „Verstehen", „Resonanz" bedeuten, kann für Sie etwas ganz anderes heißen. Unsere Sprache ist individuell und geprägt von dem, was wir erfahren haben sowie von der sozialen Umwelt, in der wir leben und aufgewachsen sind. Bedeutungen sind damit „Konstruktionen", wie die Systemiker sagen.

Das gilt auch für die Coaching-Situationen zwischen Coach und Klient. Die Bedeutungen, die wir den Worten geben, und das Verständnis, das wir erlangen, sind auch ein Produkt der Kommunikation miteinander. Im Laufe des Coaching-Prozesses kann sich eine gemeinsame Sprache entwickeln. Bei Schlüsselwörtern und wichtigen Sätzen ist es dennoch gut, nachzufragen, um die Bedeutung für das Anliegen zu klären. Zum Beispiel so: *„Was genau verstehen Sie darunter? Was bedeutet dieser Begriff für Sie?"*

Das Meta-Modell

Ein hilfreiches Modell, um Sprache und ihre individuelle Bedeutung im Coaching zu präzisieren, ist das **Meta-Modell der Sprache**, das seinen Ursprung bei den Sprachwissenschaftlern Alfred Korzybski und Noam Chomsky hat. John Grinder und Richard Bandler entwickelten es für Coaching und Beratung weiter. Meta-Modell-Fragen des Coachs helfen dem Klienten, Informationen zu gewinnen, Bedeutungen zu klären, Einschränkungen in der Sichtweise zu identifizieren, um Wahlmöglichkeiten zu erweitern.

Sprache hat unterschiedliche Ebenen

Das Meta-Modell geht davon aus, dass Sprache unterschiedliche Ebenen hat: eine Oberflächenstruktur und eine Tiefenstruktur. An der Oberfläche verwenden wir Worte und Sätze, die unser inneres Erleben meist verkürzt wiedergeben. Was wir „an der Oberfläche" sagen, ist auch das, was uns bewusst ist. Es ist aber nicht notwendigerweise das, was sich im Unterbewusstsein, in der „Tiefe", abspielt. Denn bis das Erleben an die Oberfläche gelangt, wirken im Wahrnehmungsprozess drei Faktoren ein, die man als „Tilgung", „Generalisierung" und „Verzerrung" bezeichnet. Sie haben durchaus Gutes im Sinn, denn sie helfen u.a.

dabei, komplexe Emotionen zu vereinfachen, sich ganz auf eine Sache zu konzentrieren, Erfahrungen neue Bedeutung zu geben usw.

Informationen werden weggelassen

Tilgung heißt, dass Informationen weggelassen werden. Diese Informationen können jedoch sehr hilfreich dabei sein, Perspektiven zu wechseln oder Ausgeblendetes wieder mit einzubeziehen.

Beispiel: „*Ich bin traurig.*" Hier fehlt das Objekt des Satzes. Dazu passende Präzisierungsfragen helfen, die Information wieder zu finden. Fragen: „*Worüber sind Sie traurig? In welcher Situation genau?*"

Weitere Beispiele für die Tilgung von Informationen und mögliche Präzisierungsfragen sind (nach dem NLP-Kartenset IV):

- Unvollständige Vergleiche: „*Der Kollege macht das besser.*" Hier fehlt, worauf sich der Vergleich bezieht. Fragen: „*Besser als wer oder was? Weshalb macht er es besser? Was genau?*"
- Verlorenes Performativ: „*Mein Chef ist der Durchsetzungsstärkste überhaupt.*" Bewertung ohne zu sagen, wer wen weshalb und wie bewertet. Fragen: „*Verglichen mit wem oder was? Gemessen woran?*"
- Fehlender Bezug: „*Ich habe nur selten nette Kollegen gehabt.*" Subjekt oder in diesem Fall das Objekt bleiben unspezifisch. Fragen: „*Wen genau meinen Sie? Wann genau haben Sie nette Kollegen gehabt?*"
- Ungenaues Verb: „*Ich soll die Präsentation ändern.*" Das Verb „soll ändern" ist unspezifisch. Frage: „*In welcher Weise ändern?*"
- Unspezifische Substantive: „*Ich hatte ein schlimmes Erlebnis.*" Substantive, hier „Erlebnis", werden unkonkret benutzt. Frage: „*Was war das genau?*"

Einzelerfahrungen werden verallgemeinert

Bei der **Generalisierung** werden Einzelerfahrungen verallgemeinert, sodass es keine Ausnahmen mehr zu geben scheint. Doch gerade bei „Problemgeschichten" sind die Ausnahmen wichtig, um das Problem zu verflüssigen und zu sehen, dass es durchaus Lösungen geben kann.

Beispiel: „*Ich habe eben immer Pech.*" Fragen: „*Wirklich immer? Hat Sie nicht doch einmal in einer kleinen Sekunde das Glück geküsst? Gibt es ein Gegenbeispiel?*"

Zur Generalisierung zählen auch sogenannte „Modaloperatoren" wie „muss", „sollte", „kann nicht". Beispiel: *„Projektleitung? Ich kann das nicht!"* Fragen dazu: *„Wer sagt das? Was wäre, wenn nicht? Was hindert Sie? Was bräuchten Sie, um es zu tun/zu lassen?"*

Nicht überprüfte Vorannahmen werden getroffen

Bei **Verzerrungen** werden Zusammenhänge unterstellt, Gedanken gelesen, hellgesehen oder Vorannahmen getroffen, die nicht überprüft werden. Meta-Modell-Fragen sorgen für ein Reframing, also eine andere Sicht auf das Geschilderte.

- Zusammenhang: *„Frau Müller macht mich nervös."* Fragen: *„Wie genau schafft Frau Müller das? Wie schaffen Sie es, nervös zu werden?"*
- Hellsehen: *„Ich wusste, dass das schiefgehen würde."* Frage: *„Woher wussten Sie das so genau?"*
- Vorannahme: *„Dieser neue Job wird eine Herausforderung für mich."* Frage: *„Woher wissen Sie, dass es so sein wird?"*

Übung: Stellen Sie Meta-Modell-Fragen

- Mein Kollege macht mich wütend.
- Das Team lässt mich nicht ins Boot.
- Meine Chefin mag mich nicht.
- Herr Y. ist bestimmt enttäuscht.

„Kunstvoll vage": Mit Sprache Lösungsräume schaffen

Das Milton-Modell: Kunstvoll vage sprechen

Im letzten Abschnitt haben Sie gelesen, wie man mit sprachlichen Mitteln in Geschichten Klarheit und Verständigung bewirken und verloren gegangene Informationen durch präzise Fragen wiederfinden kann. Nun geht es geradewegs ums Gegenteil: „Kunstvoll vage" sprechen, nannte der Hypnotherapeut Milton Erickson das. Diese Art des Sprechens hilft dem Klienten, innerhalb eines weit gesteckten Sprachrahmens eigene Bedeutungen und Lösungen zu entdecken. Sprache ist eben mehrdeutig – dieser Grundannahme bedient sich das **Milton-Modell der Sprache**, das ebenfalls John Grinder und Richard Bandler für das NLP entwickelten.

Das Milton-Modell arbeitet mit genau denselben Mechanismen wie das Meta-Modell. Tilgung, Generalisierung und Verzerrung werden allerdings ganz bewusst eingesetzt. Wörter und Sätze werden bewusst allgemein gehalten, genaue Informationen fehlen. Der Klient muss die fehlenden Informationen mit seinen eigenen Erfahrungen und Vorstellungen füllen.

Der Klient füllt fehlende Information mit eigenen Vorstellungen

Ein Beispiel für die **Tilgung** von Informationen: *„Sie werden erleben, wie sich die Dinge auf leichte Weise lösen."* „Erleben" und „lösen" sind unspezifische Verben, die der Klient mit eigener Bedeutung füllen muss. Wie das Erleben aussehen wird und wie die Lösung, das wird nicht vorgegeben. Vorgegeben wird allerdings schon, dass eine Lösung möglich ist.

Ein weiteres Beispiel: *„Man kann das schaffen."* „Man" ist ein Substantiv, das nicht näher bezeichnet ist. Der Klient kann sich selbst in dem „Man" wiederfinden.

Generalisierung bedeutet, gezielt abstrakte und ungenaue Wörter und Satzteile als Verallgemeinerungen einzusetzen. Mehrdeutigkeit wird bewusst genutzt.

Beispiel: *„Ich frage mich, wie Sie all Ihre Stärken in dieser Geschichte nutzen werden."* Oder: *„Viele Menschen schaffen es doch noch, im zweiten Anlauf, das Abitur zu machen."*

Verzerrung: Hier dürfen Gedanken gelesen und Vorannahmen getroffen werden. Satzteile werden verknüpft, auch wenn der Zusammenhang nicht sicher ist.

Beispiel: *„Sie fragen sich wahrscheinlich, wie der Held den Schatz sicher nach Hause bringen wird."* Oder: *„Sie gehen nach Hause und erzählen die Geschichte wahrscheinlich ganz anders."*

Außer dem Milton-Modell gibt es noch **weitere sprachliche Möglichkeiten**, Probleme in Lösungen zu verwandeln.

- **Verflüssigen Sie Problembeschreibungen** durch Floskeln wie vielleicht, besser, zeitweise, noch nicht, es scheint so, im Augenblick. Durch diese Begriffe werden Ausschließlichkeiten relativiert. Es ist eben *„im Moment vielleicht"* noch nicht so, dass der Klient weiß, was er will. *„Möglicherweise"* geht es *„zeitweise"* mit der Karriere

„nicht ganz so schnell" voran, wie die Klientin es sich wünscht. Aber es wird noch geschehen.

- Lassen Sie Raum für Ideen und Lösungen, indem Sie den **Konjunktiv**, die Möglichkeitsform nutzen. *„Nehmen wir an, Ihr Kollege würde Ihnen einen Rat geben, der funktioniert: Welcher wäre das?"* Der Konjunktiv schafft den Raum, über etwas nachzudenken, ohne dass es Realität werden muss.

- Gehen Sie den **Worten auf den Grund**: Was ist der Ursprung des Wortes? Woher kommt es, d.h., welchen ethymologischen Ursprung hat es? Beispiel: *„Für den Konflikt bin ich gerüstet."* Eine Rüstung wird im Krieg eingesetzt. Sie ist schwer und das Gewicht kann auch behindern. Sie können den Klienten fragen: *„Wie schwerwiegend erleben Sie den Konflikt? Bedeutet das Bild der Rüstung, dass Sie bereit und gut vorbereitet sind? Oder zwängt Sie etwas ein wie in eine Rüstung?"*

- Sprechen Sie in **Bildern**: Gedanken verbildlichen, das bedeutet, Wörter oder Sinnzusammenhänge zu veranschaulichen. Es geht darum, den Kern einer Sache zu erfassen und ein passendes Bild dafür zu finden. Vor allem bei abstrakten Begriffen ist das hilfreich. Bilder, so sagt der Kommunikationstheoretiker Gregory Bateson, sind „analoge Informationen", die von sich aus verständlich sind. Erzeugen Sie also „Kopfkino", indem Sie nach Visualisierungen suchen.

  Beispiel: Der Klient ist verärgert über eine Kollegin, mit der er ein Büro teilt. Sie spricht ihn immer wieder an, bittet um Ratschläge, erzählt ungefragt von der Mittagspause, redet unentwegt. Der Coach fragt: *„Sie haben das Gefühl, dass Ihnen die Kollegin die Zeit stiehlt?"*

Übung zur Visualisierung: Entwickeln Sie Bilder

- Was wäre Ihr Beruf, wenn es ein Werkzeug wäre?
- Was wäre Ihr Hobby, wenn es ein Spielzeug wäre?
- Was wäre Ihr Coaching-Raum, wenn es eine Pflanze wäre?

Achtung: Schiefe Bilder

- Innerlich dürften sie allerdings ... überkochen und schon gewaltig mit den Messern wetzen. (*Zwiebelfisch auf spiegel online, 6.11.14*)
- Was einmal in die Hose gegangen ist, kann nicht mehr geradegebügelt werden (*ebd., 6.11.14*)
- Auch unter Brieftauben gibt es schwarze Schafe. (*Ditko, 1996*)
- Der Hundekot ist dem Ortsbeirat ein Dorn im Auge (*ebd.*)
- Die Lokomotive auf der neuen Datenautobahn (*ebd.*)
- Die Autofahrer werden gemolken wie die Weihnachtsgänse. (*ebd.*)
- Frauen werden in wirtschaftlich schwierigen Zeiten eher entlassen und später als Männer wieder eingestellt. (*ebd.*)

- Setzen Sie **magische Worte** ein: Es gibt Wörter, die berühren stärker als andere und lösen Emotionen aus, zum Beispiel: Wunder, Liebe, verzeihen, Kraft, leben, Leidenschaft, Träume, Glück, Vertrauen. Diese Wörter wirken wie Reizwörter, die Aufmerksamkeit schaffen und gleichzeitig Brücken zur emotionalen Welt des Klienten bauen.

- Berücksichtigen Sie bei der Wahl Ihrer Metaphern, welchen **Wahrnehmungskanal** Ihr Klient bevorzugt. Eine ausführliche Erläuterung finden Sie auf S. 30 f.

Körpersprache im Storytelling

Körpersprache ist mächtig: Zu 55 Prozent wirkt der Körper, zu 38 Prozent die Stimme und nur zu 7 Prozent der Inhalt des Gesagten. Das hat der Psychologe Albert Mehrabian in Studien Ende der Sechzigerjahre herausgefunden. Die Zahlen zeigen: Wir drücken mit dem Körper viel mehr aus als uns bewusst ist. Deshalb wird über Körpersprache auch die Bewertung des Gesagten möglich Wir nehmen wahr, welche Körperhaltung, Gestik, Mimik der Klient zeigt und mit welcher Stimme er spricht. Mit unserem Körper stellen wir „Rapport" her und treten im Coaching in Beziehung. Wir kommunizieren mit dem Klienten und spüren die innere Resonanz, die die erzählten Geschichten bei uns selbst hervorrufen.

Zwei Aspekte sind besonders wichtig, um Körpersprache im Storytelling zu nutzen:

Wie sehr ist der Klient beim Erzählen beteiligt?

- Körpersprache liefert Informationen über das **emotionale Erleben**, das in einer Geschichte oder einer Metapher steckt. Körpersprachliche Signale geben Hinweise darauf, wie sehr der Klient beteiligt ist und was ihn bewegt. Wie ist der Gesichtsausdruck, die Gestik, die Haltung beim Erzählen? Wie betont der Klient die Wörter, wie erregt und leidenschaftlich erzählt er eine Geschichte? Wenn ein Klient beispielsweise sagt *„Das geht mir unter die Haut"*, und dabei völlig unbeteiligt vor sich hin schaut, sind verbale und nonverbale Aussage nicht kongruent. Als Coach und Berater haben wir die Möglichkeit, einzuhaken und nachzufragen. Das setzt Aufmerksamkeit und Konzentration voraus, denn körpersprachliche Ausdrucksformen geschehen blitzschnell und sehr subtil. Oft ist uns nicht bewusst, was wir wahrgenommen haben. Wir spüren atmosphärische Veränderungen. Doch die reichen oftmals aus, um sie ernst zu nehmen und nachzufragen.

Übereinstimmende Körpersprache zwischen Coach und Klient

- Körpersprache **gestaltet den Coaching-Prozess** mit. Aus der Therapieforschung weiß man, dass umso bessere Therapieerfolge erzielt werden, je übereinstimmender die Körpersprache von Therapeut und Patient ist. In Untersuchungen der Psychotherapieforscher Fabian Ramseyer und Wolfgang Tschacher von der Universität Bern empfanden die Probandanden die therapeutische Beziehung umso hilfreicher, je synchroner ihre Körpersprache war. Sie meinten auch, ihr Leben besser in den Griff zu bekommen (*www.aerzteblatt.de*, 18.07.2014). Diese Ergebnisse sind sicher auf Beratung und Coaching übertragbar: Eine ähnliche Körpersprache schafft Vertrauen und gute Beziehungen, die Voraussetzung dafür sind, dass Veränderung stattfinden kann.

Außerdem kann der Körper ein wichtiger Teil des Coaching-Prozesses sein. *„Der Körper ist die Bühne der Gefühle"*, sagt der Hirnforscher Antonio Damasio. Wenn der Klient über unklare Gefühle, zum Beispiel in einer Geschichte spricht, dann ist es häufig hilfreich, nach den körperlichen Empfindungen dazu zu fragen.

Beispiel: „Wenn dieses ungute Gefühl, dass Sie an der Stelle der Geschichte haben, einen Platz in Ihrem Körper hätte: Wo wäre der? Spüren Sie Unterschiede in den verschiedenen Teilen Ihrer Geschichte?"

„Body-Feedback"

Der Klient kommt auf diese Weise mit seinen Gefühlen in Kontakt und kann sie besser sortieren und einordnen. Zugleich erhält er oder sie ein „Body-Feedback" (vgl. M. Storch, 2010): Wie wirkt das Erzählte auf seine körperliche Verfassung? Aber auch andersherum: Wie bemerkt er, wann sich etwas verändert, vielleicht sogar verbessert hat?

Die Kopplung von Körper, Emotion und Kognition bestimmt das menschliche Denken und Handeln, da ist sich die Hirnforschung sicher. Beispielsweise kann die Körperhaltung als Stimulus (M. Storch, 2010) gesehen werden, der die Selbstwahrnehmung eines Menschen beeinflussen kann. Wenn sich die Selbstwahrnehmung ändert, kann sich auch das Verhalten ändern.

Der körperliche Modus

Wenn Sie den Klienten unterstützen, darauf zu achten, in welchem körperlichen Modus er eine Geschichte erzählt, beispielsweise mit angespannten, hochgezogenen Schultern, dann lohnt sich möglicherweise das Experiment, in eine entspannte Körperhaltung zu gehen und die Geschichte dann aus dieser Perspektive zu erzählen. Gibt es Unterschiede und wenn es nur Nuancen sind? Wie verändert sich die Sichtweise auf das, was erzählt wird? Oder eben auch umgekehrt: Bemerkt der Klient eine Veränderung im Körper, wenn er oder sie eine Geschichte oder Episode anders erzählt? Wenn er Perspektiven dazu nehmen kann?

„Embodiment"

Maja Storch, die viel zum Thema „Embodiment" geforscht hat, hält es für unerlässlich, die körperliche Ebene in das Coaching/die Beratung einzubeziehen. „Was auch immer ein Mensch gern tun möchte, im psychologischen Bereich ist ohne das entsprechende Embodiment eine nachhaltige Erfolgsaussicht gering." (M. Storch, 2010)

Dazu eine Geschichte, die Maja Storch zum Thema „Eine unerwünschte psychische Verfassung mit Embodiment loswerden" erzählt (M. Storch, 2010):

Ich war 28 Jahre alt und hatte einen Termin für meine Lehranalyse. Mein Weg dorthin führte durch ein Altstadtquartier, dessen Straßenbreite es zwar zuließ, dass zwei Autos aneinander vorbeifahren konnten, da jedoch eine Spur meist von den Anwohnenden zugeparkt war, hatte man es in diesem Viertel der Stadt de facto mit einspurigen Straßen zu tun. Ich bog um eine Ecke und sah mich folgender Situation gegenüber: Von vorne näherte sich ein Müllauto mit drei Mann Besatzung, ein Fahrer, zwei Männer bei den Tonnen. Die Spur auf meiner Seite war frei, die Spur auf der mir das Müllauto entgegenkam, war zugeparkt (...). Nach allen Regeln des Verkehrsrechts war es nun das Müllauto, das warten musste (...). Ich gab Gas und schickte mich an, den Schlauch zu durchfahren. Das Müllauto tat dasselbe.

In der Mitte des einspurigen Schlauches trafen wir aufeinander. Hier stand ich, eine junge Frau in einem kleinen blauen Honda, dessen Motorhaube ihre Wohngemeinschaft mit selbst klebenden Prilblumen verziert hatte. Dort stand das Müllauto mit drei Männern, die mich neugierig von ihrem voluminösen Gefährt herunter betrachteten. Eine klare und deutlich wahrnehmbare Emotion stieg in mir auf: Ärger. Mein Kopf wurde heiß, der Puls erhöhte sich. Ich machte eine Handbewegung, die andeuten sollte, dass das Müllauto zurücksetzen solle. Die Männer amüsierten sich köstlich. Die Intensität meiner Ärgeremotion steigerte sich. Ich war im Recht! Dass mir gleichzeitig die Hoffnungslosigkeit meiner Lage als weiblicher David gegen drei Goliaths klar wurde, änderte nichts an dieser Emotion, die sich mit jedem Atemzug steigerte. Ich schaltete den Motor aus und verschränkte die Arme vor meiner Brust, um meinen Gegnern anzuzeigen, dass ich viel Zeit hatte (...). Als Reaktion auf meinen Schachzug wurden im Müllauto die Frühstückspakete ausgepackt und die Thermoskannen aufgeschraubt. ... Mit dem verbleibenden Rest Verstandeskraft konnte ich hinter mir ... mehrere Autofahrer erkennen, die darauf warteten, dass die Straße frei würde. Für alle war klar, dass es das kleinere Auto sein müsse, das den Weg nach rückwärts anzutreten hätte. ... Die Ersten begannen zu hupen und mir Zeichen zu geben. Das Müllauto feixte breit und zufrieden. Ich legte den Rückwärtsgang ein. (...)

Heute würde ich mit meiner Wut anders umgehen. Ich würde ... eine Stimmung gelassener Heiterkeit ..., erzeugen ... den Brustkorb gaaaanz weit werden lassen und den aufgeregten Atem in regelmäßige tiefe Atemzüge überführen. Der Kopf müsste sich leicht heben und der Blick müsste ein schweifender Weitwinkelblick werden. Die Arme müssten sich ausstrecken, der Körper müsste beweglich werden, ein bisschen wie beim Salsa-Tanzen, und die Beine würden sich strecken wollen, so wie man das nach einer Joggingrunde normalerweise tut. Durch solche Maßnahmen würde mein Körper nach und nach die Wut entlassen können.

Schalten Sie also die Körper-Beleuchtung an und achten Sie mit allen Sinnen darauf, wie der Körper des Klienten und wie Ihr eigener spricht und setzen Sie die Arbeit mit dem Körper bewusst ein.

Achtung

Geben Sie dem Klienten niemals das Gefühl, dass Sie seine Sprache und Körpersprache allzu genau beobachten, ihn auf diese Weise sezieren und auseinandernehmen. Sprache und Körpersprache gebrauchen wir unbewusst und fühlen uns leicht ertappt und bloß gestellt, wenn uns jemand darauf hinweist. Es stört den Rapport zwischen Coach und Klient, wenn er das Gefühl bekommt, dass ihm jedes Wort im Mund herumgedreht wird, jede Regung, jede Emotion auseinandergenommen wird.

In einem Internetforum las ich dazu: „Mir ist aufgefallen, dass mich meine Therapeutin immer so genau anstarrt in der Therapie. Auch jede Bewegung die ich mache ... z.B mit den Händen oder so. Gucken die Therapeuten auch krass auf die Körpersprache? Oder warum starren die einen manchmal nur so doof an und sagen nichts???"

Auch wenn sich die Äußerung auf Therapie bezieht: Sie zeigt, wie sensibel Klienten die Interaktion wahrnehmen.

V. Kapitel

Toolbox: Storytelling

Schnellfinder

Methoden, um mit und an den Metaphern und Geschichten des Klienten zu arbeiten

Dieses Kapitel umfasst eine Sammlung von Storytelling-Werkzeugen, aus denen Sie je nach Anliegen und persönlichem Geschmack auswählen können. Die Methoden haben ihre Wurzeln in der Systemischen Arbeit, dem NLP, der Gestaltarbeit und anderen Ansätzen. Als hilfreich haben sich auch Techniken aus der Kreativitätsforschung und dem kreativen Schreiben erwiesen. Mit ihnen kann man gut Geschichten entwickeln und auf neue Ideen kommen. Viele der Methoden kennen Sie möglicherweise aus anderen Zusammenhängen – sie sind hier so angepasst, dass sie aufs Storytelling passen.

Die Methoden sind alphabetisch geordnet nach folgendem Schema dargestellt:

- **Was ist das?** Beschreibt die Methode im Überblick.
- **Wo kommt es her?** Erklärt den Ursprung der Methode und hilft Ihnen, sie einzuordnen – sofern der Ursprung bestimmbar ist.
- **Wozu ist es gut?** Erläutert, in welchen Fällen und für welche Bereiche sich die Methode eignet.
- **Wie geht es – Schritt für Schritt?** Erklärt, wie Sie die Methode umsetzen.
- **Was brauche ich dazu?** Benennt den Materialbedarf, falls es welchen gibt.
- **Worauf achten?** Gibt Ihnen Tipps und Hinweise, wie Sie Fettnäpfchen umgehen können.

Appreciative Inquiry (AI) – Wertschätzendes Interview

Was ist das?

Ein wertschätzendes Interview sucht in den erzählten Geschichten nach den Stärken, nach Ressourcen und nach Lösungsansätzen, die vielleicht schon in der Vergangenheit funktioniert haben, die man wertschätzen und aus denen man für die Gegenwart und Zukunft lernen kann. Dazu blickt man vom Hier und Jetzt aus auf die Vergangenheit. Wie wird die Geschichte von diesem Zeitpunkt aus erzählt, wenn man annimmt, dass man etwas aus ihr gelernt hat? Wie könnte ich sie mit diesen Ressourcen für die Zukunft erzählen?

Wo kommt es her?

AI kommt aus der systemischen Personal- und Organisationsentwicklung. Die Methode wurde in den USA in den 1980er-Jahren entwickelt und sollte ursprünglich Unternehmen und Organisationen wettbewerbsfähiger und effektiver machen.

Wozu ist es gut?

AI kann in der Einzelberatung wie im Teamcoaching eingesetzt werden – auch bei schwierigen Situationen, vorausgesetzt, der Klient ist offen für den Gedanken an Lösungen..

Wie geht es – Schritt für Schritt?

- Der Klient legt jeweils ein Kärtchen auf dem Boden aus, zur Markierung von Gegenwart, Vergangenheit und Zukunft.

- Er stellt sich auf den Gegenwartspunkt und erzählt die Geschichte zu seinem Anliegen. Fragen des Coachs können sein:
  - *„Was ist Ihr Anliegen? Worum geht es genau?"*
  - *„Welche Rolle spielen Sie in der Geschichte? Welche anderen Menschen sind wichtig?"*

- Im nächsten Schritt blickt der Klient in die Vergangenheit und positioniert sich auf der Vergangenheitskarte. Mögliche Fragen, die er sich hier stellt:
  - *„Was ist mir/uns hier gut gelungen, sodass die Geschichte (doch noch) gut verlaufen ist?"*
  - *„Welche Potenziale konnte ich einsetzen/entwickeln?"*
  - *„Was habe ich/was haben andere dazu beigetragen, dass es Lösungen, z.B. für eine schwierige Situation gab?"*

- Der Klient wirft einen Blick in die Zukunft und stellt sich auf die Zukunftskarte. Mögliche Fragen: *„Mal angenommen, wir träfen uns in einem halben Jahr wieder:*
  - *Wie ist die Situation dann, wenn die Geschichte gut weitergeht?*
  - *Was und wer gehört alles dazu?"*

- Zuletzt geht der Klient zurück auf den Gegenwartspunkt. Mögliche Fragen:
  - *„Was wäre ein erster guter Schritt, die Geschichte in Zukunft anders zu erzählen?*
  - *Wer oder was könnte unterstützen?"*

Was brauche ich dazu?

Kärtchen, die die unterschiedlichen Punkte markieren oder ein großes Blatt und einen Stift.

Worauf achten?

AI ist sehr lösungsorientiert und legt den Fokus darauf, wie schwierige Situationen bewältigt wurden und welche Informationen sich daraus für die Gegenwart und Zukunft ziehen lassen. Das empfinden selbst Menschen, die sich aktuell in sehr schwierigen Situationen befinden, als hilfreich.

Wenn ein Klient sich jedoch in einem akuten Konflikt, einer Krise befindet, den oder die er als sehr belastend erlebt, ist es besser, das AI nicht als erstes Coaching-Tool einzusetzen, sondern einen Zeitpunkt abzuwarten, an dem der Klient offen für den Gedanken an Lösungen ist und nicht in erster Linie Stabilität gefragt ist.

Abb.: Vorgehen bei AI

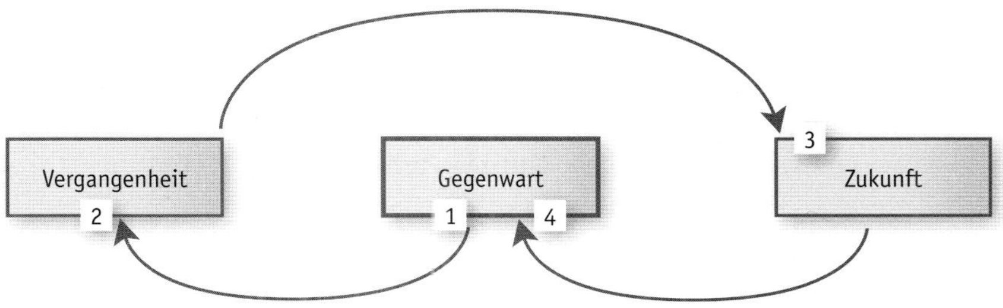

Auftragskarussell

Was ist das?

Das Auftragskarussell ist eine Art Sortierprozess, mit dem diffuse oder unterschiedliche Aufträge bzw. Anliegen geklärt werden können, die sich aus den Geschichten der Klienten ergeben.

Wo kommt es her?

Das Auftragskarussell ist ein Tool aus der Systemischen Beratung.

Wozu ist es gut?

Mit dem Auftragskarussell kann der Klient Aufträge sortieren, die er z.B. unausgesprochen oder ausgesprochen von der Familie, von Vorgesetzten von Kollegen und auch von sich selbst erhält. Anschließend entscheidet er, ob er diesen Auftrag annehmen möchte bzw. was eine Formulierung sein könnte, die er akzeptieren kann. Das Auftragskarussell hilft, die verschiedenen Stimmen wahrzunehmen, sie in Folge auseinanderzuhalten und zu differenzieren und schließlich einzuordnen, woher oder von wem sie kommen. Ein gutes Beispiel für den Einsatz des Auftragskarussells schildert Kristina Ehret anhand eines Praxisfalls auf S. 189.

Wie geht es – Schritt für Schritt?

- Wenn der Klient eine Geschichte erzählt, in der er z.B. über verschiedene innere und/oder äußere Aufträge berichtet, kann der Coach diese auf Kärtchen schreiben oder jeweils Stühle für einen Auftrag hinstellen. Für innere und äußere Aufträge können unterschiedliche Farben gewählt werden.

- Der Coach legt diese Kärtchen um den Klienten herum – deshalb heißt es „Auftragskarussell".

- Coach oder Klient lesen die Kärtchen laut vor.

- Der Klient entscheidet: Nehme ich den Auftrag an oder nicht? Oder auch: Wie formuliere ich den Auftrag so, dass ich ihn annehmen kann? Kann ich den Auftrag aushandeln oder nicht?

- Die Aufträge, die der Klient nicht annehmen möchte, werden „vernichtet": die Karten zerrissen, die Wörter auf dem Flipchart durchgestrichen. Stühle werden nach hinten geschoben.

- Die verbliebenen Kärtchen werden wiederum ausgelegt und noch mal laut vorgelesen. Stimmen nun die Melodie und die Zusammensetzung der Aufträge?
- Welche neue Geschichte kann der Klient mit diesen Aufträgen erzählen?

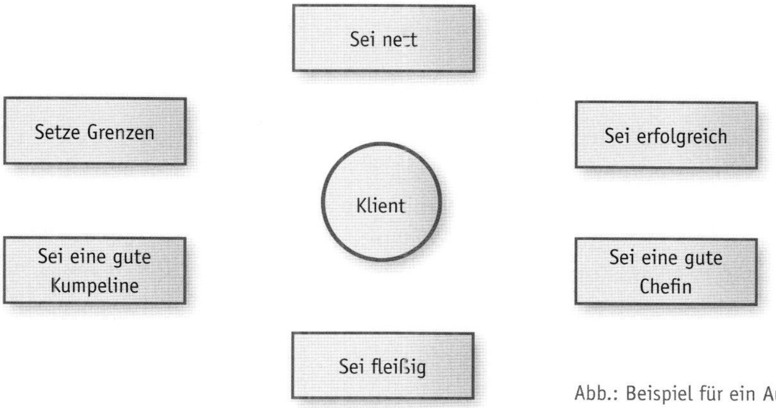

Abb.: Beispiel für ein Auftragskarussell

Was brauche ich dazu?

Stühle, Kärtchen oder Flipchart.

Worauf achten?

Das Auftragskarussell braucht ausreichend Zeit. Es kann sein, dass der Klient sehr viele Aufträge formuliert und allein von der Anzahl erschlagen ist. Wenn das den Großteil der Stunde in Anspruch genommen hat, ist es deshalb gut, noch in der gleichen Sitzung zumindest damit zu beginnen, die genannten Aufträge zu bearbeiten.

Bewusstheitsrad

Was ist das?

Das Bewusstheitsrad ist eine Methode, um eingefahrene Interpretations- und Handlungsmuster in der Kommunikation bzw. im Geschichtenerzählen zu unterbrechen und damit den Blickwinkel und Handlungsspielraum zu erweitern.

Wo kommt es her?

Das Bewusstheitsrad kommt aus der Systemischen Beratung.

Wozu ist es gut?

Das Bewusstheitsrad eignet sich für das Einzelcoaching und für die Selbstreflexion. Es hilft, sich bewusst zu machen, wie man bestimmte Wahrnehmungen in der Kommunikation möglicherweise eingeschränkt interpretiert (*„Der will mich doch nur unterbuttern"*), was eine bestimmte Verhaltensweise nach sich zieht (*„Jetzt zeige ich es ihm aber"*) – obwohl man tatsächlich nicht genau wissen kann, wie etwas gemeint gewesen ist.

Wie geht es – Schritt für Schritt?

Die fünf Stationen 1. Wahrnehmung, 2. Interpretation, 3. Gefühl, 4. Selbstwert, 5. Handlungsabsicht, 6. Handlung, werden auf Kärtchen geschrieben und in einem großen Kreis ausgelegt.

- Der Klient stellt sich auf Karte No 1: Wahrnehmung
  - *„Was nehmen Sie in der in Ihrer Geschichte beschriebenen Situation wahr? Was sehen, hören Sie? Vielleicht riechen Sie sogar etwas?"*

- Er wandert auf Karte No 2: Interpretation
  - *„Wie interpretieren Sie, was Sie wahrgenommen haben?"*

- Er geht auf Karte No 3: Gefühl
  - *„Was fühlen Sie, wenn Sie so denken und interpretieren? Wo fühlen Sie es im Körper? Wie fühlt sich das an?"*

- Er geht auf Karte No 4: Selbstwert
  - *„Wenn Sie so denken und fühlen, was geschieht in diesem Moment mit Ihrem Selbstwert?"* Hier kann man auch nach einem möglichen Hintergrundthema oder dem Thema hinter dem Thema fragen.

- Der Klient geht auf Karte No 5: Handlungsabsicht
  - *„Was wünschen Sie sich, das in der Geschichte weiter passiert? Welche Möglichkeiten könnte es noch geben? Was könnten Sie tun, damit sich die Geschichte in Ihrem Sinne entwickelt?"*

- Der Klient geht auf Karte No 6: Handlung
  - *„Wie verhalten Sie sich? Was tun Sie?"*

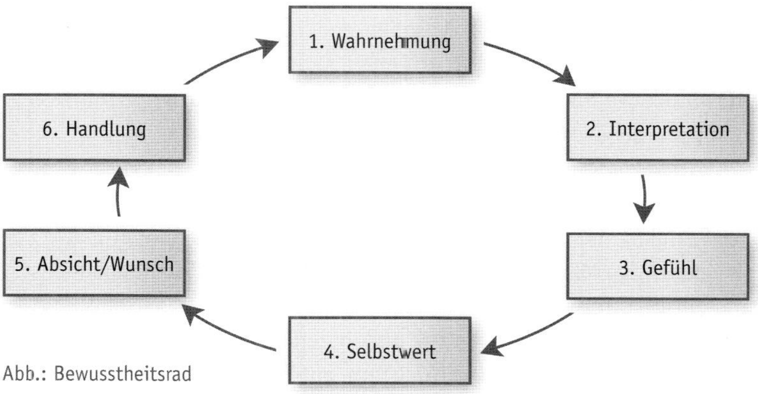

Abb.: Bewusstheitsrad

In einer zweiten Runde kann der Rahmen erweitert werden, indem der Coach fragt: *„Könnten Sie sich vorstellen, dass man das, was Sie in Ihrer Geschichte wahrgenommen haben, auch anders interpretieren kann?"*

Das ist eine Art Reframing, welches die Sichtweisen und Handlungsoptionen erweitert und typische Kommunikationsmuster unterbricht.

Was brauche ich dazu?

Kärtchen, die die unterschiedlichen Punkte markieren, oder ein großes Blatt mit Stift.

Worauf achten?

Es ist wichtig, die bisherigen Interpretationen und Sichtweisen des Klienten auf eine Geschichte anzuerkennen: Zu einem bestimmten Zeitpunkt hatten sie eine Funktion, die für ihn wichtig ist.

Biografisch-narratives Interview

Was ist das?

Das biografisch-narrative Interview ist die Weiterentwicklung einer empirischen Interview-Methode aus der Sozialforschung. In seiner Ursprungsform wird es ganz ohne Leitfragen und Interview-Leitfaden durchgeführt. Der Berater/Interviewer stellt nur allgemein eine Eingangsfrage zu einem Thema oder fordert zum Erzählen auf. Während des Erzählens hört er aufmerksam zu und lässt dem Klienten Raum, von sich aus auszuwählen, was er als erzählenswert empfindet. Es liegt ganz beim Klienten, welche Personen und Schwerpunkte der Erzählung er auswählt. Durch die große Offenheit ohne lenkende Fragen entfällt alles Direktive in der Befragung – und man erhält sehr viele Informationen, mit denen man anschließend weiterarbeiten kann.

Wo kommt es her?

Der Soziologe Fritz Schütze hat die Methode Ende der 1970er-Jahre als qualitative Methode der Sozialforschung entwickelt, um möglichst ungefiltert Informationen eines Interviewpartners zu erhalten und auszuwerten. Gabriele Rosenthal und andere haben die Ursprungsform weiterentwickelt. In der Ursprungsform sind die Interviews relativ lang, bis zu einer Stunde.

Wozu ist es gut?

Ein biografisch-narratives Interview erlaubt, mit großer Offenheit auf ein Thema und die erzählte Geschichte dazu zu schauen. Es kann gut eingesetzt werden, wenn ein Thema im Coaching aufkommt und Informationen dazu gesammelt werden sollen. So kann es den Auftakt für das weitere Arbeiten mit Geschichten darstellen. Es liefert den Zugang zu Informationen, die in der Lebensgeschichte des Klienten eine Rolle spielen: Wie erklärt der Klient seine Welt? Wie schaut er auf bestimmte Episoden und wie gibt er ihnen Sinn? Was wird erzählt und was nicht? Welche Personen spielen welche Rolle? Von wem ist nicht die Rede? Durch die Erzählung wird sich der Klient bewusst, welche Erfahrungen in seinem Leben von Bedeutung sind. Schon während des Erzählens wird ein Reflexionsprozess in Gang gesetzt.

Wie geht es – Schritt für Schritt?

- Beginnen Sie das narrative Interview damit, das Thema noch einmal so genau wie möglich zu benennen. Sie geben damit dem Klienten Orientierung, aber auch sich selber. Beispiel: *„Sie haben* *gesagt, dass Sie über das Thema ‚Was mich bei meiner Arbeit motiviert und was nicht' sprechen möchten. Ist das richtig?"*

- Erklären Sie die Methode. Beispiel: *„Ich möchte Sie zunächst einmal ganz allgemein fragen, was Ihnen zu diesem Thema in den Sinn kommt. Danach sprechen wir weiter darüber."*

- Dann folgt die Aufforderung zu erzählen. Beispiel: *„Vielleicht fallen Ihnen dazu bestimmte Geschichten und Erlebnisse aus Ihrer gegenwärtigen oder vergangenen Berufspraxis ein. Erzählen Sie doch mal."*

- Der Klient erzählt. Sie drängen ihn nicht, sondern hören wertschätzend und aktiv zu.

- Wenn der Klient erzählt, können Sie Fragen einfließen lassen, sobald er vom Thema abweicht oder wenn der Erzählfaden abbricht.

- Falls Sie Nachfragen haben, können Sie „immanente" und „exmanente" Fragen stellen (nach Fritz Schütze). Immanente Fragen beziehen sich auf die Erzählung, exmanente auf Themen, die im Erzählten nicht vorkommen, aber vielleicht von Interesse für die weitere Arbeit sind.
  - Immanente Frage: *„Sie erwähnten eine Auseinandersetzung mit Ihrer Chefin. Vielleicht können Sie diese Situation noch einmal etwas ausführlicher erzählen?"*
  - Exmanente Frage: *„Sie haben nichts von Ihren Kollegen erzählt. Können Sie dazu noch etwas sagen?"*

- Sie können den Klienten fragen, wie er die Geschichte einordnet und was ihm beim Erzählen selbst aufgefallen ist. Möglichkeiten weiter mit der Geschichte zu arbeiten, finden Sie u.a. bei den zirkulären Fragen auf S. 147 ff.

Variante: Kapitel des Lebens

Schlagen Sie dem Klienten vor, jeden Teil seines Lebens als Kapitel eines Buches zu betrachten und den einzelnen Kapiteln Überschriften zu geben.

Fragen Sie gezielt nach besonderen Ereignissen:
- Wann gab es welche Wendepunkte?
- Gab es magische Momente?

- Erlebten Sie Berge und Täler?
- Was ist Ihre früheste Erinnerung?
- Können Sie je eine wichtige Erinnerung aus Kindheit, Jugend und im Erwachsenenalter nennen?
- Können Sie Erfolgsgeschichten erzählen?

Fragen Sie nach Menschen von großer Wichtigkeit. Fragen Sie nach Momenten, in denen der Klient besonders viel gelernt hat. Welche Erfahrungen hat er gesammelt, welche Stärken erworben? Gab und gibt es zentrale Themen? Wie würde der Titel des Buches lauten? Wäre es eine Komödie, ein Drama, ein Krimi?

Worauf achten?

- **Den roten Faden nicht verlieren**: Wenn Sie diese freie Variante des narrativen Interviews wählen, wird wenig vom Coach vorgegeben. Klienten, die selbst nicht gut strukturiert erzählen können, geraten manchmal vom Hölzchen aufs Stöckchen. Der Coach kann in einem solchen Fall den Faden nicht ganz aus der Hand geben, sondern sollte den Klienten sanft zurück zum Thema führen, wenn er abdriftet.

- Es ist hilfreich zu wissen, dass beim Erzählen unter Umständen sogenannte **Erzählzwänge** entstehen. Das sind Regeln, nach denen Menschen Geschichten üblicherweise mündlich erzählen.
  - Der Detaillierungszwang: Nicht jeder hat einen Blick für das große Ganze. Um die Geschichte verständlich zu machen, erzählen Klienten manchmal viele Einzelheiten.
  - Der Gestaltschließungszwang: Wenn der Klient ein Thema angeschnitten hat, erzählt er es auch zu Ende. Nach dem Motto: Wer A sagt, muss auch B sagen.
  - Der Kondensierungszwang: Der Klient verdichtet die Geschichte, um sich auf das Wesentliche zu beschränken. Wichtige Informationen fallen möglicherweise weg.

Dekonstruieren von Geschichten

Was ist das?

Das Dekonstruieren einer Geschichte bedeutet, ihr Konstrukt in Frage zu stellen. Welche Bedeutungen und Deutungen bestimmen die Geschichte? Wo sind Verstrickungen und Muster erkennbar, die nicht hilfreich sind? Ziel ist es, neue Informationen zu erzeugen, die es möglich machen, neue Geschichten zu erzählen, die hilfreicher sind. Scheinbare Sicherheiten werden hinterfragt und es wird gemeinsam mit dem Klienten nach nicht erzählten oder anders zu erzählenden Geschichten gesucht.

Wo kommt es her?

Das Dekonstruieren von Geschichten ist eine Kernmethode der narrativen Systemischen Beratung und Therapie, die u.a. der Australier Michael White entwickelt hat. Erzählungen sind für ihn die zentrale Möglichkeit, Erfahrungen, Handeln und Kommunikation einzuordnen und zu gestalten. Das gilt für einzelne Menschen wie für ganze Systeme, z.B. Organisationen. Für White stehen Berater/Therapeut und Klient in einer Art Ko-Autorenschaft für Geschichten.

Wozu ist es gut?

Dekonstruieren hilft dabei, nach Geschichten zu suchen, die man auch erzählen könnte und die für das Anliegen des Klienten hilfreicher sind als die Geschichten, die von ihm nach dem immer gleichen Muster erzählt werden. Ausführlich erläutert finden Sie den Zweck der Methode auf S. 84.

Wie geht es – Schritt für Schritt?

Das Dekonstruieren beruht vor allem auf Fragen des Coachs. Beispiele für dekonstruierende Fragen sind:

- *„Wie oft erzählten Sie diese Geschichte schon auf diese Weise?*
- *Ist es hilfreich für Sie, sie so zu erzählen?*
- *Wozu bringt die so erzählte Geschichte Sie?*
- *Wovon hält sie Sie ab?*
- *In welchem Zusammenhang haben Sie diese Geschichte vielleicht schon einmal erzählt bekommen?*
- *Wer hat sie Ihnen so erzählt?*
- *Wie kamen Sie dazu, sie für wahr zu halten?*
- *Wer unterstützt das?*
- *Wann hat die Geschichte Macht in Ihrem Leben bekommen?*

- *Wann haben Sie der Einladung widerstanden, der Geschichte zu glauben?*
- *Welche Erfahrungen haben Sie damit gemacht?*
- *Welche anderen Geschichten zum selben Thema wurden auch schon erzählt?*
- *Wie gefallen sie Ihnen?*
- *Wie könnten Sie ihnen mehr Raum geben?*
- *Wer könnte Sie dabei unterstützen?*
- *Wie sähe Ihr Leben dann aus?*
- *Angenommen, Sie würden sich von den alten Geschichten verabschieden – wann und wie könnte das geschehen?"*

Was brauche ich dazu?

Diese wunderbare Zusammenstellung dekonstruierender und weiterer Fragen findet sich bei A. von Schlippe, J. Schweitzer (2010).

Worauf achten?

Dekonstruieren bedeutet nicht, den Klienten „vorzuführen" und die Geschichte analytisch auseinanderzunehmen, um zum Beispiel auf scheinbare Ungereimtheiten hinzuweisen. Die Haltung des Coachs sollte immer wertschätzend sein. Die Systemiker sind davon überzeugt, dass jede erzählte Geschichte in einem bestimmten Rahmen und zu einer bestimmten Zeit eine Funktion für den Klienten hat. Wie Sie umsichtig vorgehen, schildern das Fallbeispiel von Karin Nöcker und Haja Molter (S. 210 ff.) und das Fallbeispiel von Cornelia Hennecke, Tom Pinkall und Stephan Theiling (S. 194 ff.).

Erfolgsgeschichten erzählen

Was ist das?

Geschichten, die mit Problemen und schwierigen Themen gefüllt sind, gibt es viele. Erfolgsgeschichten legen den Fokus dagegen auf das „Gelungene" und damit auf die Faktoren, die dazu beitragen, dass Lösungen gefunden werden können.

Wo kommt es her?

Vermutlich basieren die Erfolgsgeschichten auf dem lösungsfokussierten Ansatz nach Steve de Shazer und Insoo Kim Berg. Dieser Ansatz legt den Schwerpunkt nicht darauf, Probleme zu untersuchen und zu verstehen, sondern auf das Finden von Lösungen. Dazu entwickelten de Shazer und Insoo Kim Berg lösungsorientierte Fragen wie zum Beispiel: *„Wann ist das Problem nicht aufgetreten? Was haben Sie in dieser Zeit anders gemacht? Welche Lösung hat schon einmal ansatzweise funktioniert?"*

Wozu ist es gut?

Die lösungsorientierte Frage hilft, von der Problemsicht auf die Lösungssicht zu wechseln. Gerade wenn jemand an seinen Fähigkeiten zweifelt, ist sie ein gutes Mittel, um nach vergrabenen oder vergessenen Stärken und Ressourcen zu suchen und sie auch zu finden. Der Klient fühlt sich anschließend meist gestärkt und hat ein besseres Selbstwertgefühl.

Wie geht es – Schritt für Schritt?

- Sie bitten den Klienten, nachzudenken und eine Geschichte, Episode, Szene zu erzählen, in der ihm in Bezug auf das Thema etwas gut gelungen ist.
- Anschließend bitten Sie ihn, zu überlegen, welche Fähigkeiten, Ressourcen, Stärken er selbst wahrgenommen hat, als er die Geschichte erzählt hat. Er kann diese auf Kärtchen schreiben, damit sie nicht verloren gehen.
- Mithilfe von zirkulären Fragen (vgl. S. 147 ff.) können Sie weitere positive Faktoren zu Tage fördern. Beispiel: *„Was würde Ihr Kunde denken, weshalb der Auftrag so gut geglückt ist?"*

- Zum Schluss ergänzen Sie selbst, was Sie selbst an Fähigkeiten und Ressourcen gehört haben. Schreiben Sie dies ebenfalls auf Kärtchen, die der Klient mitnehmen kann.

Was brauche ich dazu?

Kärtchen und einen Stift.

Worauf achten?

„Eine Erfolgsgeschichte erzählen? Oh je, mir fällt keine ein", denken manche Klienten und verfallen zunächst in eine Art Schockstarre. Da hilft es, zu erklären, dass mit Erfolgsgeschichten auch kleine Momente oder kurze Episoden gemeint sein können. Der Coach kann auch die zirkuläre Frage stellen, wem in der Umgebung des Klienten denn vielleicht eine Erfolgsgeschichte einfallen würde. Mit diesen Hinweisen fällt jedem etwas ein.

Externalisieren von schwierigen Themen/Geschichten

Was ist das?

Wenn Klienten mit einem Thema oder Problem ins Coaching kommen, haben sie es oft schon länger hin und her gewälzt und sich damit mehr oder weniger stark verbunden. Je nachdem halten sie es sogar für einen Teil ihrer Persönlichkeit. Externalisieren bedeutet, Problem/Verhalten und Person wieder zu trennen, indem man das Thema von der Person löst und nach außen bringt. Entweder sprachlich oder symbolisch. Der Coach kann das Thema/Problem im Gespräch sprachlich externalisieren, indem es zum „sie, es oder er" wird. Beispiel: *„Wenn es Sie so im Griff hat, wie schafft es das?"*

Wo kommt es her?

Das Externalisieren hat der Systemische Familientherapeut Michael White entwickelt. Es ist wie das Dekonstruieren von Geschichten eine Kernmethode der narrativen systemischen Beratung.

Wozu ist es gut?

„Nicht die Person ist das Problem. Das Problem ist das Problem", sagt Gregory Bateson. Das Externalisieren erlaubt dem Klienten, sich von Problem-Geschichten zu lösen. Dadurch werden Muster unterbrochen, in denen nicht hilfreiche Geschichten erzählt und aufrechterhalten werden. Welcher Zweck mit dem Externalisieren verfolgt wird, finden Sie auf S. 84 noch einmal ausführlich erläutert.

Wie geht es – Schritt für Schritt?

Beim Externalisieren spielt Sprache eine große Rolle. Ein problematisches Thema, beispielsweise ein Konflikt, wird getrennt von der Person, die darunter leidet. Er wird wie ein externer Faktor behandelt, der Auswirkungen auf das Leben des Klienten hat, aber nicht Teil seiner Persönlichkeit ist.

Aus *„Wie belastet Sie der Konflikt?"* wird *„Welche Belastung löst der Konflikt bei Ihnen aus?"*. Der Konflikt löst aus – er agiert also wie ein Handelnder. „Gefühle, Reaktionen, Themen, Probleme und Erlebnisse werden zu aktiven Subjekten im Satz" (H. Milling, 2013).

Eine weitere Variante des Externalisierens ist, dem als schwierig erlebten Thema einen eigenen Namen zu geben: *„Was muss der ‚Störer' machen, damit Sie sich so richtig aufregen?", „Wie heißt Ihr innerer Kritiker? Ah, das ist also Hans. Was macht Hans, wenn er Sie ermahnt, …".*

Auch die Geschichte selbst kann externalisiert werden: *„Wie bringt die Geschichte die Erzählerin dazu, dass sie die Geschichte so und nicht anders erzählt? Was hat das möglicherweise für Auswirkungen auf sie ...?"*

Worauf achten?

Achten Sie genau auf Ihre Sprache, wenn Sie ein Thema externalisieren. Es ist zunächst etwas ungewohnt und sprachlich auch nicht besonders schön, Sätze so zu bilden, dass das Thema oder Problem zum Handelnden wird (*„Wozu bringt die Schüchternheit Sie?"*). Manchmal hilft es, den Klienten danach zu fragen, wie er sich ein Thema vorstellt. Wie ist sein Bild von der Schüchternheit?

Genogramm

Was ist das?

Ein Genogramm ist eine bildliche Darstellung der Familiengeschichte. Es unterscheidet sich von einem Stammbaum, weil man nicht nur Familienmitglieder und Geburts- oder Sterbedaten einträgt, sondern im Genogramm auch Eigenschaften, gute oder weniger gute Beziehungen untereinander usw. aufzeichnet.

Wo kommt es her?

Genogramme kommen aus der Systemischen Familientherapie und dienen dort dazu, Beziehungen unter Familienmitgliedern, wiederkehrende, generationsübergreifende Muster, möglicherweise auch „Erblasten" usw. sichtbar zu machen. Sie werden aber auch in anderen Schulen eingesetzt, z.B. in der Gestaltarbeit.

Wozu ist es gut?

Ein Genogramm kann ein Ausgangspunkt dafür sein, Geschichten aufzuspüren, die den Klienten bei der beruflichen und privaten Entwicklung behindern und einengen. Anschließend können Geschichten so weiterentwickelt, um- oder neu geschrieben werden, dass sich die Möglichkeiten und Perspektiven des Klienten öffnen können.

Wie geht es – Schritt für Schritt?

- Bitten Sie den Klienten, das Genogramm auf einem großen Stück Papier, einer Tapetenrolle oder auch mithilfe eines Software-Programms zu erstellen. Dafür bekommt der Klient die Hausaufgabe, Interviews mit Familienangehörigen oder Bekannten zu führen und möglichst viele Informationen zu sammeln.
- Nach der Recherchephase zeichnet der Klient sein Genogramm. Der Klient gestaltet das Genogramm so, wie er möchte: mit Farben, aufgeklebten Familienfotos etc. Es muss keine Vorgaben geben, wen er wo platziert. Im Gegenteil, das Bild, das entsteht, gibt schon gute Hinweise: Ist er zum Beispiel das Zentrum und hat alle drumherum platziert? Oder steht er am Rand?
- Leitfragen können sein:
    - *„Was wissen Sie über das, was passiert ist und wer z.B. zur Familie dazu gehört und gehörte?"* Das können sein: Klient – eigene Familie – eigene Kinder – Eltern – Geschwister – deren Partner – deren Kinder – Großeltern – Tanten, Onkel – Urgroßeltern etc.

- *„Was ist Ihnen an wichtigen Ereignissen bekannt?"* (Geburten, uneheliche Kinder, Scheidungen, Todesarten, Berufe, Arbeitslosigkeit ...)
- *„Welche Geschichten werden darüber erzählt?"*
- *„Wie waren die Beziehungen untereinander?"* (Stärke der Bindung, Ähnlichkeiten, Unterschiede, Werte, Atmosphäre?)
- *„Welche Geschichten werden darüber erzählt?"*
- *„Was wurde erzählt, wer welche besonderen Eigenschaften hatte?"*
- *„Sind generationsübergreifende Themen, Muster erkennbar?"*
- *„Welche Geschichten gibt es zu Vorbildern, Mutmachern, Unterstützern? Zu schwarzen Schafen? Zu Stars?"*
- *„Wo lagen Konflikte, schwierige Themen, Tabus? Was sind die Geschichten dazu?"*
- *„Welche Geheimnisse vermuten Sie?"*

▶ Hilfreich sind bestimmte Symbole:
- für Männer Vierecke und für Frauen Kreise
- durchgestrichen für Verstorbene
- durchgezogene Linien für gute Beziehungen (auch: dicker und dünner), gestrichelte für schwierige Beziehungen

▶ In der gemeinsamen Auswertung können folgende Aspekte hilfreich sein:
- Welche Geschichten spielen eine Rolle für das Leben/Berufsleben des Klienten? Was ist alt und bekannt, was ist neu?
- Wer nimmt welchen Platz ein? Wer würde skeptisch, wer wohlwollend auf den Klienten schauen?
- Was ist angenehm, was ist unangenehm?
- Wer oder was ist/war förderlich, wer oder was ist hinderlich?
- Welche Geschichten sollen neu und anders erzählt werden?

Was brauche ich dazu?

Papier, Stifte, Farben und Fotos.

Worauf achten?

▶ Es kommt nicht auf eine „korrekte" schematische Darstellung an, die z.B. den Jahreszahlen entspricht, sondern auf die Visualisierung von (Familien-) Geschichten, die das Leben des Klienten beeinflussen.

▶ Durch die Art der Visualisierung wird schnell klar, wer eine wichtige Rolle spielt(e) und wer weniger. Es wird deutlich, wo die Quellen der beruflichen Entwicklung liegen, welche Traditionen, Werte etc. eine Rolle spielen.

- Beim Malen und Aufschreiben per Hand erhält man noch einmal andere Informationen als bei einem Genogramm, das jemand per Computer erstellt hat.

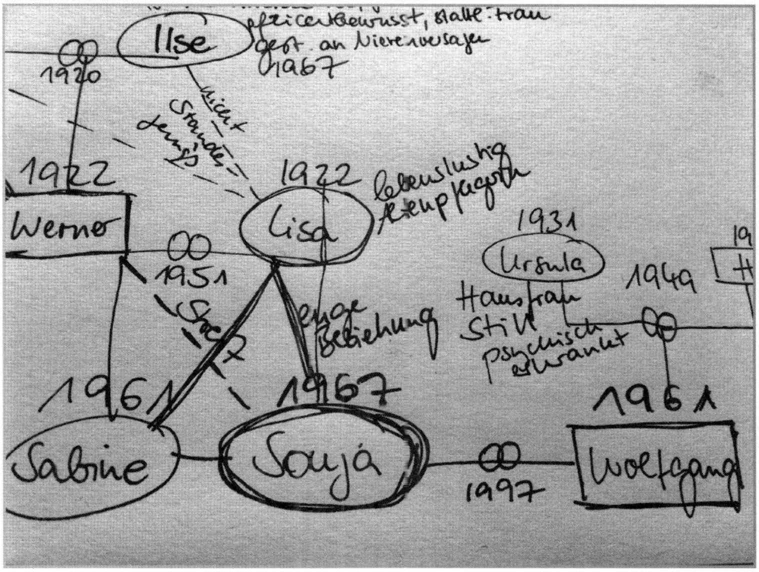

Abb.: Beispiel für ein Genogramm

Heldenreise

Die Heldenreise ist ein zentrales Storytelling-Tool und wird als solches an zwei Stellen in diesem Buch ausführlich erläutert. Im zweiten Kapitel stelle ich Ihnen die Heldenreise als Grundmuster des Erzählens längerer Geschichten vor (S. 36 ff.). Im sechsten Kapitel kommt die Heldenreise in einigen Fallbeispielen zur Anwendung. Dazu fasst Holger Lindemann vorab den Einsatz der Heldenreise zusammen (S. 217 ff.).

Lebensbaum

Was ist das?

Der Baum steht hier als Metapher für das Leben. Die bildliche Darstellung hilft, sich klar zu werden, woher man kommt, was aktuell ist und was in Zukunft wachsen soll. Darüber lässt sich gut eine zusammenhängende Geschichte erzählen.

Wozu ist es gut?

Der Lebensbaum visualisiert eine persönliche Standortbestimmung, entweder im beruflichen oder im privaten Bereich.

Wie geht es – Schritt für Schritt?

Der Klient malt einen Baum auf ein großes Stück Papier.

- Die Wurzeln: die Ressourcen, Kraftquellen. Was tut gut, wo komme ich her, welche Erfahrungen helfen mir?
- Der Stamm: der Ist-Zustand. Wo stehe ich heute, was macht meine momentane Situation aus?
- Die Krone: Wachstum. Woran möchte ich arbeiten, welche Ziele habe ich, was möchte ich verändern, welche Ideen und Visionen habe ich?
- Würmchen: Hindernisse, Hürden. Was könnte mich hindern, was nimmt mir Kraft?
- Die Früchte: Die Ergebnisse. Was möchte ich später ernten, was möchte ich einmal weitergeben?

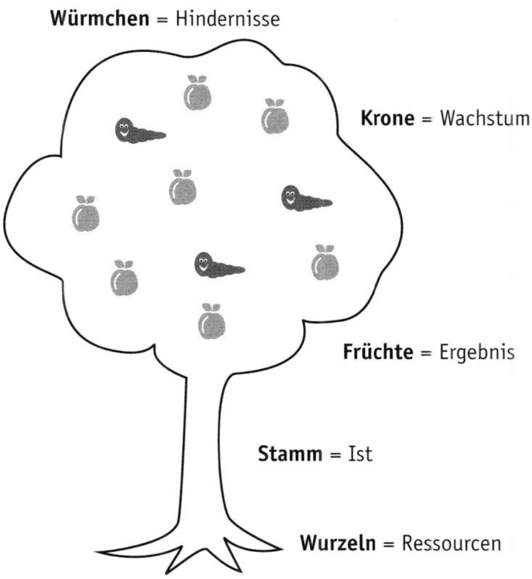

Was brauche ich dazu?

Papier, Stifte und evtl. Farben.

Worauf achten?

Der Lebensbaum verschafft eher einen allgemeinen Blick auf die erzählte Geschichte und eignet sich deshalb als Einstieg in das Thema oder als Zusammenfassung. Es eignet sich weniger, um im Detail an den einzelnen Bereichen zu arbeiten.

Lebensdrehbuch

Was ist das?

Das Lebensdrehbuch ist eine strukturierte Methode, um sich Zielerreichung und Zukunft vorzustellen und auf diese Weise Schritte zu entwickeln, die helfen, die Vorstellung zu realisieren.

Wo kommt es her?

Aus dem Buch „Meine 100 besten Tools für Coaching und Beratung" von Svenja Hofert.

Wozu ist es gut?

„Eine erfolgreiche Neuorientierung hat viel mit der Vorstellung zu tun, die vom neuen Leben entwickelt werden kann", schreibt Svenja Hofert. Das Drehbuch ist ein strukturierter Leitfaden, um einen Plan für die Zukunft zu entwickeln.

Wie geht es – Schritt für Schritt?

Das Lebensdrehbuch enthält fünf Kapitel, die im Coaching besprochen werden:

- Die Personen: *„Wer spielt mit? Wie stehen die Personen zueinander?"*
- Die Orte: *„Wo finden die Szenen statt, wie genau sieht es an den Orten aus?"*
- Die Atmosphäre: friedlich, ruhig, lebendig, bewegt etc.
- Die Handlung: *„Angenommen, wir könnten in die Zukunft schauen: Was passiert heute in fünf Jahren? Wer spricht mit wem?"*
- Die Vorgeschichte: *„Was ist davor passiert, wie sind Sie dorthin gekommen? Was waren die ersten Schritte?"*

Worauf achten?

Eine ungefähre Vorstellung sollte der Klient haben, wie seine Zukunft aussehen kann, sonst tappt er zu sehr im Dunkeln und ist schnell überfordert.

Inneres Team

Beim Inneren Team geht es um die inneren Anteile, die sprechen, wenn der Klient eine Geschichte erzählt.

Was ist das?

Das Innere Team wurde maßgeblich von Friedemann Schulz von Thun entwickelt.

Wo kommt es her?

Das Innere Team hilft, klarzumachen, dass es viele innere „Stimmen“ geben kann, die mitsprechen, wenn man z.B. eine Entscheidung fällt oder sich über unterschiedliche Rollen als Führungskraft klar werden muss.

Wozu ist es gut?

Wie geht es – Schritt für Schritt?

- Der Klient benennt die unterschiedlichen Anteile und visualisiert sie mithilfe von Kärtchen, Zeichnungen oder Stühlen.
- Anschließende Fragen des Coachs können sein:
  - *Welche Stimme erzählt welche Geschichte?*
  - *Wie laut oder leise sprechen die Stimmen?*
  - *Gibt es einen Chef-Erzähler?*
  - *Wie heißt dieser?*
  - *Wie funktionieren die Stimmen zusammen?*
  - *Wann erzählt wer diese Geschichte?*
  - *Wie erzählen die Stimmen so, dass die Geschichte stimmig wird?*

Abb.: Inneres Team

Ein Flipchart und Kärtchen, Zeichnungen oder Stühle, um die verschiedenen Stimmen zu markieren.

Was brauche ich dazu?

Organigramm

Was ist das?

Ein Organigramm ist eine bildliche Darstellung der Entscheidungs- und Organisationsabläufe einer Organisation (Unternehmen, Verwaltung, Verein etc.). Es dient im Storytelling dazu, über Arbeitsbeziehungen und über die Geschichten zu sprechen, die der Klient zu den Strukturen erzählt.

Wo kommt es her?

Laut Wikipedia hat der Eisenbahnmanager Daniel Craig McCallum das erste Organigramm schon um 1855 entwickelt, vermutlich aber nicht, um darüber Geschichten zu erzählen, sondern, um Strukturen abzubilden. Weiterentwickelt wurde die Methode von den Lehrtherapeuten Arist von Schlippe und Jochen Schweizer.

Wozu ist es gut?

Ein Organigramm kann der Ausgangspunkt für Gespräche über Geschichten in Unternehmen und Organisationen sein. Interessant sind neben den formellen Strukturen vor allem die informellen: Wer ist der heimliche Chef? Wer zieht die Fäden im Hintergrund? etc.

Wie geht es – Schritt für Schritt?

Von Schlippe und Schweizer unterscheiden zwischen Oberflächen- und Tiefenstruktur. Die Oberflächenstruktur bildet die formellen Strukturen ab, also die „Fassade" der Organisation. Die Tiefenstruktur bildet die Beziehungsmuster, das „Innenleben" ab.

Für die Oberflächenstruktur werden
- die Hierarchien abgebildet, z.B. gleichberechtigte Mitarbeiter nebeneinander gezeichnet.
- Führung und Stabsstellen eingezeichnet.

Mögliche Fragen zur Tiefenstruktur:
- Wer ist wie lange schon dabei?
- Wer besetzt welche formelle und informelle Position?
- Wo gibt es Koalitionen, Allianzen, Konflikt-Geschichten?
- Wo liegen „Leichen im Keller"?

Was brauche ich dazu?

Papier, Stifte, ggf. Farben und Fotos.

Worauf achten?

Manchmal verlieren sich Klienten in organisatorischen Fragen über formale Abläufe und Strukturen im Unternehmen. Ziel ist aber, vor allem über die Geschichten zu sprechen, die anhand des Organigramms sichtbar werden.

Problemlösungsprozess

Was ist das?

Beim Problemlösungsprozess macht der Klient eine Reise in die Zukunft und erzählt, wie und mit welchen Ressourcen er die Hindernisse auf dem Weg zu seinem Ziel überwunden hat. Daraus kann er Schlüsse für die Lösung seines Problems ziehen.

Wozu ist es gut?

Der Problemlösungsprozess ist wie ein Blick in die Zukunft. Der Klient benennt sein Ziel, als sei es schon eingetreten, und die Schritte dorthin. Wie hat er es geschafft, das Ziel zu erreichen? Möglicherweise existieren Hindernisse, die zugleich eine sinnvolle Bedeutung für ihn haben, z.B. kann Vorsicht sowohl ein Hindernis als auch Schutz und Helfer sein. Der Blick auf seine Ressourcen macht dem Klienten klar, dass er die Hindernisse hinter sich lassen kann. Gegebenenfalls wird am Ende der Intervention die Aufgabe danach besprochen.

Wie geht es – Schritt für Schritt?

- Der Klient stellt sich auf das Kärtchen „Fokus". Dieser Ort markiert die Gegenwart und das Anliegen, um das es ihm im Moment geht.
- Als Nächstes wählt er eine Karte für das Ziel aus und legt sie ein gutes Stück entfernt auf den Boden.
- Welche Hindernisse nimmt er im Hinblick auf die Zielerreichung wahr? Er schreibt bis zu drei Kärtchen und legt sie dazwischen aus. Was würden ihm diese Hindernisse erzählen, wozu sie gut sein könnten? Der Klient geht nacheinander auf die Kärtchen.
- Was könnte ihm helfen? Das sind die Ressourcen. Auch hierfür schreibt er Kärtchen und legt sie möglichst in einer Reihe in Richtung Ziel im Raum aus. Was erzählen diese Ressourcen für eine Geschichte?
- Wenn er am Ziel angekommen ist, bitten Sie den Klienten, mit allen Sinnen wahrzunehmen, wie es sich anfühlt, hier zu stehen. Was fühlt, sieht, hört, schmeckt er dort?
- Anschließend kann sich der Klient umdrehen und die Geschichte erzählen, wie er zum Ziel gekommen ist. Was war der erste Schritt?

- Eventuell kann der Klient sich noch einmal umdrehen und in die Zukunft schauen: Was ist die Aufgabe danach?

Was brauche ich dazu?

Mindestens acht Kärtchen und einen Stift.

Worauf achten?

Nicht jeder Klient kann sein Ziel sofort ganz konkret benennen. Das ist hier nicht weiter schlimm, denn es geht vor allem darum, herauszufinden, welche ungenutzten Ressourcen ihm helfen, Schritte voranzugehen. Außerdem wird klar, dass die möglichen Hindernisse durchaus „ehrenwert" sein können, d.h., sie haben für den Moment ihren Sinn.

Hilfreich ist es, wenn man nach dem Legen des Ziels und nach dem Schritt „Aufgabe danach" den Klienten bittet, wieder auf den Fokus zurückzukehren. Sonst kann Konfusion entstehen.

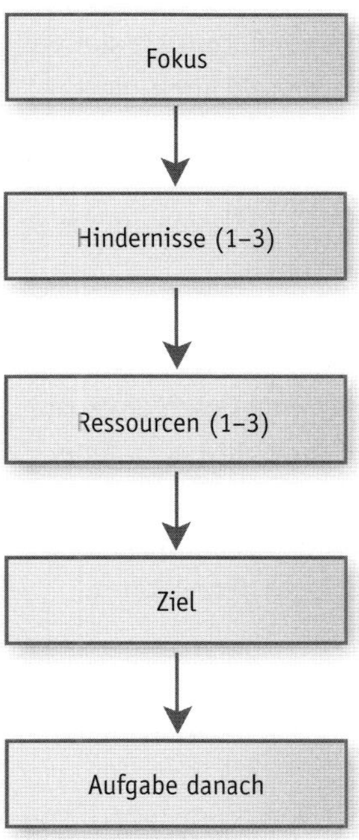

Abb.: Problemlösungsprozess

Reframing

Was ist das?

Alle Dinge des Lebens haben zwei Seiten. Wenn ich meinen Job verliere, dann ist das möglicherweise zunächst schrecklich für mich. Aber auf der anderen Seite eröffnet mir der Jobverlust vielleicht die Gelegenheit, doch noch das zu machen, was ich schon immer machen wollte.

Reframing bedeutet, diese andere mögliche Bedeutung einer Geschichte freizulegen. Das gelingt, indem etwas neu gerahmt wird, d.h., in einen neuen Kontext gestellt wird. „Stroh zu Gold spinnen" nennt von Schlippe das. Die Grundfrage lautet: *„Welche Bedeutung und welcher Kontext wären denkbar, in dem die Geschichte oder Teile davon sinnvoll erscheinen?"*

Wo kommt es her?

Reframing ist eine Kernmethode der Systemischen Beratung und Therapie. Der Systemische Ansatz geht davon aus, dass jedes Verhalten und damit auch jede Geschichte in einem bestimmten Kontext sinnvoll ist und eine Funktion erfüllt. Probleme ergeben sich dadurch, dass Kontexte und Fähigkeiten nicht optimal zueinander passen. Verhalten und Ereignisse können anders gedeutet werden und bekommen damit einen anderen Sinn. Das erlaubt es dem Klienten, ein Thema anders zu bewerten und damit seine Perspektiven zu erweitern.

Wozu ist es gut?

Reframing irritiert die bisherigen Sichtweise auf seine Geschichte, die der Klient hat. Es erzeugt Zweifel, ob man die Geschichte oder Teile davon nicht ebenso gut auch anders sehen und erzählen könnte. Das führt dazu, dass der Klient nicht alles als so festgefahren erlebt und seine Situation möglicherweise in einem neuen Licht sehen kann.

Wie geht es – Schritt für Schritt?

Die Systemiker unterscheiden verschiedene Arten von Reframing:

- **Bedeutungsreframing:** Die Bedeutung eines Verhaltens oder Ereignisses wird anders interpretiert. Welche mögliche andere Deutung kann vielleicht das Licht verändern, in dem die Geschichte erzählt wird, und diese damit ebenfalls?

- Beispiel: *„Mein Chef war wieder wie ein Elefant im Porzellanladen" – „Ihr Chef bringt möglicherweise einen biederen Laden in Bewegung und schafft Raum für Neues."*

- **Kontextreframing:** Man sucht nach einem Kontext, in dem das Verhalten oder Ereignis sinnvoll ist.

  - Beispiel – Klient: *„Ich habe wieder einen Fehler gemacht und zu viel verraten."* Coach: *„Wozu und in welchen Situationen könnte das Vertrauen, das Sie gezeigt haben, bei Ihren Kollegen gut sein?"*

- **Inhaltsreframing:** Welche gute Absicht könnte hinter einem Verhalten stehen? Die Absicht wird vom Verhalten selbst getrennt.

  - Beispiel – Klient: *„Meine anstrengende Kollegin redet in den Teamsitzungen immer so laut, weil sie sich wichtig machen will."* Coach: *„Ihrer Kollegin scheint es wichtig zu sein, gehört zu werden. Was würde Ihr Chef sagen, welche Möglichkeiten es noch für sie gäbe, ihre Meinung zu äußern?"*

- **Power-Reframing**: Eine provozierende Art, um eine Aussage umzudeuten.

  - Beispiel – Klient: *„Ich bin entscheidungsschwach."* Coach: *„Angenehm. Ich bin Herr Klaus."*

Worauf achten?

Reframing bedeutet nicht, die Dinge einfach schönzureden. Es geht darum, Deutungen zu hinterfragen, um sie möglicherweise in einem anderen Licht sehen zu können. Achten Sie auch auf den Zeitpunkt. Es ist keine gute Idee, eine Geschichte oder Teile davon zu früh zu reframen. Das erlebt der Klient leicht als Schönreden oder Nicht-ernstgenommen-Werden.

Systemaufstellungen mit Figuren

Was ist das?

Aufstellungen sind Visualisierungen einer Geschichte oder eines Themas darin. Der Klient wählt Figuren als Stellvertreter für die inneren Anteile, Glaubenssätze oder Menschen aus, die in der Geschichte zu seinem Anliegen eine Rolle spielen. Er positioniert diese Stellvertreter – z.B. Playmobil-Menschen, Knöpfe, Steine etc. – im Raum oder auf einem Tisch und führt auf diese Weise sein Thema vor Augen.

Wo kommt es her?

Die Methode wurde von Bert Hellinger und später von Gunthard Weber entwickelt. Sie nutzen Personen als Stellvertreter, um ein Anliegen des Klienten zu klären. Hellingers Ansatz sehen heute viele Berater und Coachs kritisch, weil er sehr davon ausgeht, dass Aufstellungen die „Wahrheit" zeigen. Hellinger ist zudem von hierarchischen Prinzipien und Vorstellungen überzeugt, die nicht alle Klienten als hilfreich erleben, z.B. wenn jemand gezwungen wird, sich als Geste der Unterwerfung vor einem „Höhergestellten" zu verneigen.

Wozu ist es gut?

Aufstellungen sind eine Form der Externalisierung, also des Nach-außen-Bringens eines Themas und damit der Trennung von Thema und Person. Die Geschichte bzw. eine Szene aus der Geschichte wird visualisiert, der Klient erlebt sie wie von außen, also dissoziiert. Er schaut aus der Vogelperspektive und kann neue Informationen gewinnen. In einem weiteren Schritt können Lösungen entwickelt und ausprobiert werden.

Wie geht es – Schritt für Schritt?

- Der Klient wählt eine typische Szene aus einer Geschichte aus.
- Für alle wichtigen Personen, Elemente, Anteile wählt er die entsprechenden Figuren aus und platziert sie zueinander im Raum.
- Der Coach stellt dem Klienten Fragen zu den aufgestellten Figuren (siehe auch zirkuläre Fragen S. 147 ff.).
- In einem weiteren Schritt kann der Coach nach hilfreichen Veränderungen in der Aufstellung fragen. Wichtig dabei: Der Klient darf nur seine eigene Stellvertreterfigur verändern, nicht die anderen Figuren.

Figuren, z.B. Playmobil, Tierfiguren, Knöpfe, Steine und Ähnliches.

Was brauche ich dazu?

- Aufstellungen sind kein Mittel, um „die Wahrheit" zu erfahren. Sie verdeutlichen Geschichten und die darin enthaltenen Bedeutungen und Beziehungen aus Sicht des Klienten zu genau dem Zeitpunkt, zu dem er sie erzählt.

Worauf achten?

- Nicht jeder Kunde aus dem Business-Bereich findet es amüsant, mit Playmobil-Figuren zu hantieren.
- Neutrale Figuren sind einfacher zu handhaben als solche, die eindeutig zu identifizieren sind. Sonst bleibt z.B. der Playmobil-Ritter mit der ihm einmal zugewiesenen Rolle des Kollegen besetzt, auch wenn der Coach mit einem Klienten in der nächsten Stunde an einem ganz anderen Anliegen arbeitet.

Abb.: Systemaufstellung mit bunten Figuren
Quelle: *www.stellaufmaennchen.de*

Variante zur Systemaufstellung: Malen

Alles, was für die Aufstellung gilt, können Sie auch mit dem Malen erreichen. Der Klient malt eine Geschichte oder eine Szene daraus. Es geht nicht darum, hübsch figürlich malen oder zeichnen zu können, sondern nur um das Visualisieren an sich. Manchmal reichen auch Farben und Formen aus.

Bunte Farben, z.B. Farbstifte, Wachsmalkreiden und Papier, das nicht zu klein ist. Alles Weitere wie bei „Systemaufstellung".

Was brauche ich dazu?

Timeline

Was ist das?

Die Timeline oder Lebenslinie ist eine Zeitlinie, die den Verlauf des Berufs- oder Privatlebens mit Gegenwart, Vergangenheit und Zukunft symbolisiert.

Wozu ist es gut?

Die Timeline eignet sich besonders gut dazu, nach Geschichten über Ressourcen und Gelerntes zu fragen. Mit ihnen kann deutlich werden, was man in verschiedenen Phasen des Lebens gelernt hat. Gerade auch aus Krisen geht man in der Regel gestärkt heraus.

Wie geht es – Schritt für Schritt?

- Der Klient bestimmt zunächst, wo Gegenwart, Vergangenheit und Zukunft sind und legt die Kärtchen dazu aus.
- Er stellt sich auf die Gegenwart und schaut in die Vergangenheit. Welche Geschichten fallen ihm ein, aus denen er gelernt hat? Das können schöne Geschichten sein (*„Die Geburt meiner Tochter"*) oder auch Krisen (*„Meine Eltern haben sich getrennt, als ich neun war"*).
- Der Klient geht Schritt für Schritt weiter in die Vergangenheit. Der Coach kann die gefundenen Ressourcen und Stärken auf Kärtchen schreiben und zu der passenden Zeit auslegen.
- Wenn der Klient eine herausfordernde Situation in der Zukunft bewältigen muss, kann der Coach die Frage stellen, welche der benannten Ressourcen ihm dabei helfen werden.

Was brauche ich dazu?

Kärtchen, auf die man die Begriffe „Gegenwart, Vergangenheit, Zukunft" schreibt und weitere leere Karten. Gegebenenfalls ein Seil, das die Lebenslinie verdeutlicht. Oder ein Blatt Papier, auf das der Klient die Lebenslinie und bestimmte wichtige Ereignisse schreibt.

Worauf achten?

Manchmal gleiten Klienten in die Erinnerung oder in die Vorwegnahme schwieriger Geschichten ab. Deshalb ist es wichtig, immer wieder darauf hinzuweisen, dass man auch aus sehr schwierigen Phasen seines Lebens etwas mitnimmt – die Systemiker sagen sogar, dass Resilienz erst durch Krisen entsteht.

Wunderfrage

Was ist das?

Wunder gibt es immer wieder, manchmal sogar dann, wenn man sie braucht. In als festgefahren empfundenen Situationen zum Beispiel, in denen sich nichts mehr zu bewegen scheint. Wenn sich der Klient nicht vorstellen kann, dass das Problem, von dem er erzählt, jemals weniger wird oder sich in Wohlgefallen auflöst. Wenn keine Lösungssuche weiterhilft, dann hilft vielleicht noch die Wunderfrage. Mit ihr fragt man nach dem, was passiert, wenn sich ein Wunder einstellen würde. Sie zeigt Perspektiven auf, sich eine positive Entwicklung vorzustellen und den Lösungsschritten auf dem Weg dorthin auf die Spur zu kommen.

Wo kommt es her?

Die Wunderfrage entwickelten Steve de Shazer und Insoo Kim Berg für ihre lösungsorientierte Kurzzeittherapie. Dazu kursiert die Geschichte, dass de Shazer auf die Idee zur Frage kam, als einst ein Klient sagte, dass es schon ein Wunder brauche, um sein Problem zu lösen.

Wozu ist es gut?

Die Frage lädt den Klienten ein, so zu tun, als ob ein Wunder passiert wäre und sich vorzustellen, was dann passieren würde. Das löst die Starre, wenn keine Lösungen in Sicht zu sein scheinen, denn so zu tun als ob, ist unverbindlich und regt die Fantasie an. Der Klient stellt fest, dass alles, was passieren wird, nicht sehr ungewöhnlich ist. Eine Lösung ist also machbar, denn er kann sie sich vorstellen mit allen ihren Auswirkungen.

Wie geht es – Schritt für Schritt?

In einer Situation, in der dem Klienten nichts mehr an Lösungsmöglichkeiten und Ausnahmen von einem schwierigen Verhalten einfällt, stellen Sie die Wunderfrage und erzählen dazu folgende Geschichte:

„Angenommen, Sie gehen gleich nach Hause, essen etwas Leckeres, machen vielleicht Sport, spielen mit den Kindern oder tun das, was Sie immer gern abends tun. Dann gehen Sie schlafen und Sie schlafen wunderbar. Und am nächsten Morgen ist ein Wunder passiert – das ist selten, aber Wunder passieren ja doch immer mal (sonst würde die Katholische Kirche nicht immer wieder Menschen heiligsprechen). Und Ihr Problem ist gelöst und Sie erzählen die Geschichte anders, als Sie sie bisher erzählt haben:

- *Wer ist die erste Person, die das bemerkt?*
- *Was würde dieser Mensch sagen, erzählen Sie anders?*
- *Woran wird er bemerken, dass das Problem gelöst ist und Sie ab jetzt eine andere Geschichte erzählen?*
- *Was nehmen Sie dann an sich wahr?*
- *Was ist anders in Ihrem Denken, Fühlen, Handeln? – Es können auch Kleinigkeiten sein …*
- *Was werden Sie dann anders machen?*
- *Wer in Ihrer Umgebung (Ihrem Team, Ihren Kollegen etc.) wird was anders machen?*
- *Was wird einen Monat nach dem Wunder anders sein?*
- *Und was noch?"*

Worauf achten?

- Achten Sie darauf, dass Sie dem Klienten vermitteln, dass er nur sein eigenes Verhalten verändern kann, nicht aber die Welt um sich herum. So weit geht das Wunder nicht.

- Es ist hilfreich, nach den körperlichen Veränderungen zu fragen, die der Klient wahrnimmt, wenn er morgens das Wunder erlebt: Wie fühlt er sich körperlich, was würde jemand anderes an ihm wahrnehmen? Wenn der Klient dann zum Beispiel sagt: *„Ich würde lächeln wie der Dalai Lama"*, entsteht ein Bild, an das er sich gut erinnern wird.

- Halten Sie aus, wenn dem Klienten nichts einfällt. Fragen Sie beharrlich: Und was noch? Und was noch?

- Sehr rationale Klienten runzeln womöglich zunächst die Stirn, wenn Sie von einem Wunder sprechen. Sie können dann auch mit Hilfskonstruktionen arbeiten, zum Beispiel mit der Vorstellung, ein Regisseur hätte beschlossen, einen Film darüber zu drehen, wie Menschen des Typus xy bestimmte Probleme lösen (Sie nennen das konkrete Problem).

Zirkuläre Fragen

Was ist das?

Beratung und Coaching leben von guten Fragen. Sie fördern verschüttete Informationen zu Tage und helfen, neue Informationen zu erzeugen. Zirkuläre Fragen helfen, Perspektiven zu erweitern, indem das umgebende System des Klienten miteinbezogen wird: Das sind die Kollegen, die Vorgesetzten, das Unternehmen, die Familie, Ursprungsfamilie, Freunde, gesellschaftliche Zusammenhänge usw. Auch für das Storytelling sind zirkuläre Fragen eine zentrale Methode, mit der erzählte Geschichten vervollständigt, erweitert und neu gestaltet werden können.

Wo kommt es her?

Zirkuläre Fragen kommen ursprünglich aus der Systemischen Familientherapie und Beratung. Sie sollen helfen, die Mitglieder des Beziehungssystems in die Lösung eines „Problems" einzubeziehen. Der Grundgedanke des systemischen Denkens ist ja, dass das Verhalten von Menschen nicht in erster Linie mit persönlichen Eigenschaften zu erklären ist, sondern dass es von den sozialen Beziehungen und den umgebenden Systemen beeinflusst wird und diese wiederum selbst beeinflusst. Verhalten ist nicht schlicht mit Ursache und Wirkung zu erklären, sondern es ist in einen „Regelkreis" eingebunden. Nach dieser Auffassung ist es eindimensional gedacht, nur den Klienten in den Mittelpunkt des Coachings zu stellen. Zirkuläre Fragen helfen, die Sichtweisen und Erklärungen des Systems einzubeziehen, Wechselwirkungen zu erkennen und damit den Rahmen zu erweitern.

Wozu ist es gut?

Zirkuläre Fragen sind ein wirksames Mittel, um nach mehr Informationen in den erzählten Geschichten zu forschen. Mit ihnen können auch neue Metaphern und Geschichten erzeugt werden. Sie helfen, Unterschiede wahrzunehmen und tragen dazu bei, „blinde Flecken" zu enttarnen, Unvollständiges zu komplettieren, Bedeutungen und Sichtweisen zu erweitern und damit den Radius des Klienten zu vergrößern. Die Devise lautet „Es gibt immer mehr zu erzählen, als man erzählt" – wie würden andere Teile des Systems die Geschichte erzählen?

Wie geht es – Schritt für Schritt?

Zirkulär zu fragen, bedeutet, aus verschiedenen Perspektiven auf die erzählte Geschichte zu schauen. Beispiele dafür sind:

- **Fragen zum Kontext**: Herausfinden, wer und was alles zum engeren Kontext des Klienten gehört, zum Beispiel welche Mitglieder des Teams. Ein Problem entsteht durch die Wechselwirkung des Einzelnen mit den Systemen, in denen jemand lebt und arbeitet. Deshalb ist es wichtig, die relevanten Teile der Systeme zu kennen.
  - Beispiel: *„Welche Menschen sind wichtig (zum Beispiel in Team oder Abteilung, im Kollegenkreis)? Was würden diese Personen zu unserem Gespräch (dem Thema ...) sagen?"*

- **Fragen zu konkretem Verhalten**: die Deutungen des Klienten zu einer Geschichte hinterfragen, wenn sie nicht hilfreich sind. Zum Beispiel weggelassene Personen und Elemente, Abweichungen und Unterschiede in den Erzählungen wahrnehmen und einbeziehen.
  - *„Wer gehört noch zur Geschichte dazu?"*
  - *„Was glauben Sie, würden diese von Ihnen verschwiegenen Menschen dazu sagen, dass Sie sie in Ihrer Geschichte nicht erwähnen?"*
  - *„Wie würde sich eine anders erzählte Geschichte auf Ihre Kollegen und Ihre Beziehung zueinander auswirken?"*

- **Fragen zur Konkretisierung von Unterschieden**: Perspektiven erweitern, indem Unterschiede in den Sicht- und Erzählweisen wahrgenommen werden.
  - *„Wer würde die Geschichte ähnlich erzählen, wer anders? Und wie anders?"*
  - *„Wer würde sich am meisten freuen, wenn Sie diese Geschichte anders erzählen würden?"*
  - *„Wer würde sich die größten Sorgen machen?"*
  - *„Wie hätten Sie die Geschichte erzählt, wenn ich Sie vor fünf Jahren gefragt hätte?"*

  Fragen, die Unterschiede zu Tage befördern, können auch Prozentfragen sein (*„zu wie viel Prozent halten Sie die Geschichte, die Ihr Kollege dazu erzählt, für zutreffend, zu wie viel Prozent für nicht zutreffend?"*) oder Skalierungsfragen (*„auf einer Skala von 1 bis 10: für wie wahrscheinlich halten Sie es, dass Sie die Geschichte zu einem Happy End bringen?"*).

- **Hypothetische Fragen**: neue Aspekte und Gedanken ins Spiel bringen, neue Möglichkeiten in Betracht ziehen
  - *„Angenommen, Sie spielten eine Rolle in einem Film. Welches wäre Ihre Lieblingsrolle? Welche würden Sie ablehnen?"*

- *„Stellen Sie sich vor, Ihr Team wäre ein Auto. Welches Teil davon wären Sie?"*

▶ **Triadische Fragen**: Perspektive einer dritten Person einbeziehen.
- *„Was würde Ihnen Herr Y raten, wenn er Sie so reden hörte?"*
- *„Was glauben Sie, wer von Ihren Mitarbeitern allergisch auf die gerade erzählte Geschichte reagieren würde? Welche würden die Geschichte eher schätzen?"*

▶ **Klatsch-und-Tratsch-Fragen**: „Erwartungs-Erwartungen" verdeutlichen. Wir stellen Vermutungen darüber an, was andere von uns denken und erwarten. Obwohl wir es nicht wissen, richten wir häufig unser Verhalten nach diesen Erwartungserwartungen aus. Auf diese Weise können „Teufelskreise" entstehen.
- *„Was denken Sie, wie Ihre Tochter darüber denken würde?"*
- *„Was denken Sie, würden Ihre Eltern Ihnen für den weiteren Weg wünschen?"*
- *„Wie würden Sie möglicherweise anders reagieren, wenn Ihre Schwester nicht so darüber dächte?"*

▶ **Zukunftsfragen**: verschiedene Möglichkeiten für die Zukunft aufzeigen.
- *„Was wird in zehn Jahren über Ihr Unternehmen in der Zeitung stehen?"*
- *„Was werden Sie in fünf Jahren Ihren Kollegen erzählen, welche Ihrer Fähigkeiten Sie noch stärker entwickelt haben werden?"*

▶ **Fragen nach Ausnahmen**: Lösungen finden. Ausnahmen und damit eine differenzierte Wahrnehmung erzeugen.
- *„Wann haben Sie die Geschichte schon einmal anders erzählt?"*
- *„Was war in dieser Situation anders?"*
- *„Wann haben Sie sich erlaubt, einmal nicht zu glauben, dass Sie immer so und so sind?"*

Worauf achten?

▶ Eine neugierige Haltung ist hilfreich. Bei heiklen Themen kann man sich die Erlaubnis des Klienten holen: *„Erlauben Sie mir, eine ungewöhnliche Frage zu stellen?"*

▶ Denken Sie in die Breite, nicht in die Tiefe. Forschen Sie also nicht nach Ursachen, sondern öffnen Sie den Horizont, indem Sie möglichst viele andere Perspektiven einbeziehen.

- Zirkuläre Fragen klingen häufig wie „um die Ecke gedacht". Klienten schauen den Coach manchmal etwas ratlos an und scheinen sich zu fragen, welchen komplizierten und vielleicht sogar verwirrten Weg seine Gedanken nehmen. Haben Sie Geduld und stellen Sie die Fragen trotzdem. Warten Sie ab, bis der Kern der Frage beim Klienten angekommen ist. Zählen Sie innerlich bis 20.

- Auch Fragen sind Interventionen. Sie enthalten Hypothesen und haben damit Einfluss auf den Klienten. Seien Sie sich dessen bewusst. Beispiel: Es könnte sein, dass der Klient die Rolle der Lebensgefährtin ausgeblendet hat – also frage ich: *„Angenommen ich würde Ihre Lebensgefährtin Rita fragen, wie sie die Geschichte erzählen würde …"*

Kreative Methoden, um Geschichten zu erfinden und/ oder weiterzuentwickeln

Aktive Imagination/Fantasiereisen

Was ist das?

Imaginationen sind innere Bilder und Fantasien, die mithilfe der eigenen Vorstellungskraft erzeugt werden. Während Träume nicht bewusst kontrollierbar sind, werden Imaginationen bewusst angeleitet.

Wo kommt es her?

Die aktive Imagination wurde von Carl Gustav Jung entwickelt. Er forderte seine Klienten dazu auf, sich ganz auf den Fluss innerer Bilder und Fantasien einzulassen: „Betrachten Sie das Bild und beobachten Sie genau, wie es sich zu entfalten und zu verändern beginnt ..." (nach V. Kast, 1995).

Wozu ist es gut?

Wir stellen uns etwas vor und das Gute daran ist: in unserer Vorstellung ist alles möglich. Wünsche, Sehnsüchte, ungewöhnliche Ideen finden hier ihren Platz. Imagination ist ein „Raum der Freiheit", sie kann deshalb dazu verhelfen, Geschichten neu zu erfinden.

Wie geht es – Schritt für Schritt?

- Imaginationsübungen beginnen oft mit einer Entspannungsübung, zum Beispiel einer kurzen Konzentrationsübung auf den Atem, um von anderen Gedanken abschalten zu können.
- Der Berater spricht kurze Sätze, die dem Klienten Raum lassen, sie mit seiner eigenen Fantasie zu füllen. Die Wahl des Szenarios sollte im weitesten Sinne zum Thema des Klienten passen.
  - *„Stellen Sie sich ein Haus vor... Gehen Sie um das Haus herum ... In welcher Umgebung steht das Haus? ... Welches Wetter ist gerade? ... Was können Sie riechen? ... Was hören Sie? ... Welche Menschen sind da? ..."* Usw.

- Oder: *„Sie machen eine Reise ... Wohin führt es Sie ... Was sehen Sie dort ... Wen treffen Sie ...?“* Usw.
- Weitere mögliche Themen: Einen Berg erklimmen – einen Garten bepflanzen – eine Schatztruhe öffnen – einen Weisen treffen.

▶ Sie führen die Imagination zu Ende und arbeiten weiter mit zirkulären Fragen (*„Wenn ich einen Mit-Bergsteiger fragen würde, wie Sie es geschafft haben, den Berg zu erklimmen ...“*). Je nach Thema bieten sich auch andere Methoden an, zum Beispiel der Problemlösungsprozess, wenn es darum geht, Schritte zum Zielzustand zu definieren sowie mögliche Hindernisse und helfende Ressourcen zu identifizieren. Mehr dazu finden Sie auf S. 138 f.

Worauf achten

Nicht jeder Klient hat ein stark ausgeprägtes bildliches Vorstellungsvermögen. Das kann man zwar trainieren, aber es geht nicht unbedingt auf Anhieb. Darüber hinaus würde ich die Methode nicht als „Imagination“ oder „Fantasiereise“ einführen, weil sich der ein oder andere bodenständigere Kliententypus darunter vielleicht eher etwas Esoterisches vorstellt. Man könnte stattdessen mit dem Begriff „Vision“ oder „Vorstellung“ arbeiten.

Assoziatives Schreiben/Freewriting

Was ist das?

Beim Assoziativen Schreiben schreibt der Klient auf, welche Ideen für Geschichte(n) ihm zu einem Thema einfallen. Das Assoziative Schreiben ähnelt der freien Assoziation – nur werden Gedanken zu Papier gebracht. Anders als beim Clustern (s. S. 71, S. 158) werden keine Assoziationsketten erzeugt, sondern es wird direkt geschrieben.

Wo kommt es her?

Assoziatives Schreiben/Freewriting kommt aus dem Kreativen Schreiben und soll ursprünglich dabei helfen, in Schreibfluss zu kommen und Schreibblockaden zu überwinden. Der Schreibende bringt alles zu Papier, was ihm einfällt. Er setzt sogar möglichst den Stift nicht ab. Wenn ihm nichts einfällt, kann er schreiben: Mir fällt zu diesem blöden Thema überhaupt nichts ein.

Wozu ist es gut?

Für Klienten, die gern schreiben, eignet sich diese Form gut. Wenn sie selbst nicht einschätzen können, ob sie gern schreiben: Probieren geht über Studieren. Mit der Technik können Blockaden gelöst und Erinnerungen und Erfahrungen geborgen werden. Sie bietet die Möglichkeit, Ideen auf dem Papier auszuprobieren, ohne sie gleich in die Realität umsetzen zu müssen.

Wie geht es – Schritt für Schritt?

- Sie geben mit einem Stichwort den Impuls und bitten den Klienten, schnell und spontan eine Geschichte oder auch nur Gedanken dazu aufzuschreiben.
- Knappe Zeitvorgaben von z.B. drei bis fünf Minuten überlisten den inneren Zensor, der bewertet, ob etwas „gut" ist und passt.
- Wenn der Klient die Geschichte/Gedanken vorliest, können Sie zunächst Verständnisfragen stellen.
- Als Gesprächseinstieg können Sie ihn bitten, zu sagen, was ihm selbst auffällt, wenn er die Geschichte laut liest.
- Anschließend arbeiten Sie mit anderen Methoden weiter, z.B. mit zirkulären Fragen (s. S. 147 ff.).

Was brauche ich dazu?

Papier und Stift.

Worauf achten?

- Kreative Methoden machen Spaß. Endlich darf man mal ohne Grenzen denken und spinnen. Deshalb vermitteln Sie dem Klienten, dass die Gedanken freien Lauf bekommen sollen und die Schere im Kopf eine Ruhepause einlegen soll. Geben Sie keine Regeln vor.

- Manche Menschen stellen sich unter Geschichten nur chronologische und abgeschlossene Schilderungen vor. Erklären Sie, dass alles erlaubt ist, auch, wenn es nur Gedankenfetzen sind.

Assoziieren

Was ist das?

Beim Assoziieren wird zu bestimmten Stichwörtern spontan und unzensiert gesagt oder geschrieben was einem gerade dazu einfällt. Im Storytelling kann man damit gut neue Geschichten finden und auf neue Wege und Lösungen kommen.

Wo kommt es her?

Die Methode kommt aus der Psychoanalyse und wurde als „Freies Assoziieren" von Sigmund Freud entwickelt. Er gab seinen Klienten keine Beschränkungen und Verbote beim Assoziieren vor, sondern forderte sie auf, alles unzensiert auszusprechen. Dadurch erhoffte er sich, Zugang zum Unbewussten, zu Verdrängtem, zu erhalten.

Das freie Assoziieren wird heute auch genutzt, um kreative Prozesse zu fördern, zum Beispiel beim Schreiben. Auch hier ist es oft der innere Zensor, der verhindert, dass man in einen Schreibfluss kommt.

Wozu ist es gut?

Sie können die Methode gut einsetzen, wenn Sie mit dem Klienten nach neuen Geschichten suchen, die er über sein Leben erzählen möchte. Mit dieser Technik können Blockaden gelöst werden. Der innere Kritiker wird überlistet.

Wie geht es – Schritt für Schritt?

- Führen Sie die Methode ein. Beispiel: *„Bestimmt kennen Sie einige Kreativitätsmethoden, wie zum Beispiel Brainstorming. Eine andere ist das Assoziieren. Wenn Sie einverstanden sind, würde ich das gern einmal zusammen mit Ihnen ausprobieren. Das geht so: Ich nenne ein Stichwort und Sie sagen einfach spontan und aus dem Bauch heraus, was Ihnen dazu einfällt …"*

- Nennen Sie das Stichwort und lassen Sie dem Klienten Zeit, Einfälle zu entwickeln. Beispiel: *„Was fällt Ihnen zum Stichwort ‚Ruhe im stressigen Joballtag finden' ein?"*

- Der Klient assoziiert. Beispiel: *„Mehr Pausen machen – geht doch gar nicht – Kollegen werden nerven – ich will gesund bleiben – das kann ich erklären …"*

- Sie können die Wörter auf Kärtchen mitschreiben. Holen Sie sich vorher die Erlaubnis dazu.

- Legen Sie die Kärtchen aus. Sie können den Klienten auffordern, aus den Stichwörtern eine Geschichte zu formen: *„Angenommen, Sie erzählen aus diesen Wörtern eine Geschichte, wie es Ihnen gelungen ist, mehr Ruhe im stressigen Joballtag zu finden: Welche wäre das?"*

Worauf achten?

- Wie bei allen Kreativitätstechniken, ist es wichtig, zu betonen: keine Schere im Kopf. Neue Ideen entstehen dadurch, dass alles gedacht werden kann und alles erlaubt ist. Dann erst entscheidet man, was man damit anfängt.

- Manche Menschen können gerade mit der großen Freiheit, alles sagen zu dürfen, nichts anfangen. Wie bei allem, gibt es auch hier unterschiedliche Vorlieben. Was passt und was nicht, kann man nur durch ein gutes Gespür und Ausprobieren herausfinden.

Bildkarten

Was ist das?

Gekaufte oder selbst erstellte Karten mit verschiendenen Motiven.

Wozu ist es gut?

Mit Bildkarten lassen sich gut Impulse zum Erzählen von Geschichten oder zur Visualisierung von Begriffen oder zum Entdecken von Metaphern finden.

Wie geht es – Schritt für Schritt?

Je nach Anliegen können Sie zum passenden Zeitpunkt Bildkarten auslegen und den Klienten ein treffendes Bild für sein Thema oder Anliegen finden lassen. Ein gutes Beispiel sind die im sechsten Kapitel geschilderten Praxisfälle: „Ein Licht, das heller wird", S. 180 ff. und „Wie ein Hamster im Hamsterrad", S. 187 ff. Arbeiten Sie anschließend mit anderen Methoden weiter wie zum Beispiel mit zirkulären Fragen.

Was brauche ich dazu?

Es gibt im Internet unzählige Bildkartensets, mit denen man arbeiten kann. Zum Beispiel „Bildbar – Das KartenSet" von managerSeminare, „Bildimpulse kompakt" vom Heragon Verlag oder „trustBilder" vom Deutscher Psychologen Verlag. Wer gern fotografiert, kann sich auch eigene Bildkarten basteln.

Worauf achten?

Die Abbildungen sollten möglichst unterschiedlich sein und gleichzeitig viel Interpretationsspielraum lassen.

Abb.: Bildkarten aus „Bildbar – Das KartenSet"

Clustering

Was ist das?

Clustering ist ebenfalls eine Assoziationsmethode. Sie verbindet das bildliche mit dem begrifflichen Denken. Anders als bei linearen Verfahren (z.B. indem man Stichworte untereinander schreibt), wird ein Bild erzeugt, das es einfacher macht, Zusammenhänge zwischen den Begriffen zu erkennen. Clustern ist die „Kurzschrift bildlichen Denkens". Auf diese Weise kommt eine große Menge an Ideenmaterial zusammen, mit dem man weiterarbeiten kann.

Wo kommt es her?

Die amerikanische Literaturprofessorin Gabriele Rico hat die Methode für das kreative Schreiben entwickelt. Im Schreiben lassen sich damit Themen finden und bildlich veranschaulichen. Clustering gilt als Hilfsmittel, um Schreibblockaden zu überwinden, weil es den Ideenfluss anregt. Deshalb wird Clustering auch in Ideenfindungsprozessen von Gruppen eingesetzt.

Wozu ist es gut?

Setzen Sie die Methode ein zum Finden und Entwickeln von neuen Geschichten. Weil man nicht allzu viel nachdenkt, sondern spontan Einfälle aufschreibt, können wie beim Assoziieren Denkblockaden aufgelöst werden. Der Möglichkeitsraum des Klienten erweitert sich. Welcher Zweck mit dem Clustern verfolgt wird, finden Sie auf S. 71 f. noch einmal ausführlich erläutert.

Wie geht es – Schritt für Schritt?

- ▶ Führen Sie in die Methode ein. Am besten an einem Beispiel. *„Eine tolle Kreativitätsmethode, um auf neue Ideen und Lösungen für Ihr Thema zu kommen, ist das Clustering. Dabei geht es darum, Ideennetze zu knüpfen. Wenn Sie einverstanden sind, würde ich das gern einmal mit Ihnen gemeinsam ausprobieren. Das geht so:"*

  - Wir gehen aus von einem Kernwort und schreiben das in die Mitte. Das ist das Thema. Wichtig: Wir umkreisen das Wort.
  - Das Kernwort gibt dem Impuls, z.B. „Profil". Man schreibt nacheinander alle Ideen auf, die einem dazu in den Sinn kommen. Wichtig auch hier: keine Zensur. Auch das, was Sie als völlig abwegig empfinden, sollten Sie aufschreiben, z.B. „blödes Thema".

- Die assoziierten Worte werden ebenfalls umkreist und mit Strichen verbunden, wenn man das Gefühl hat, dass sie zusammengehören.
- Bricht eine Assoziationskette ab, beginnt man wieder beim Kernwort mit einer neuen Kette.
- Es ist auch möglich, Verbindungslinien und weitere Assoziationen zu den Wörtern zu bilden, die das Kernwort umgeben.

▶ Leiten Sie den Klienten an, eine Geschichte zu entwickeln. Der Leitfaden dazu ist:

- *„Greifen Sie sich aus dem Cluster einen Begriff heraus. Suchen Sie nicht lange, sondern beherzigen Sie das Motto: Der erste Gedanke ist der beste.*
- *Erzählen Sie im Hinblick auf Ihr Thema eine Geschichte dazu."*

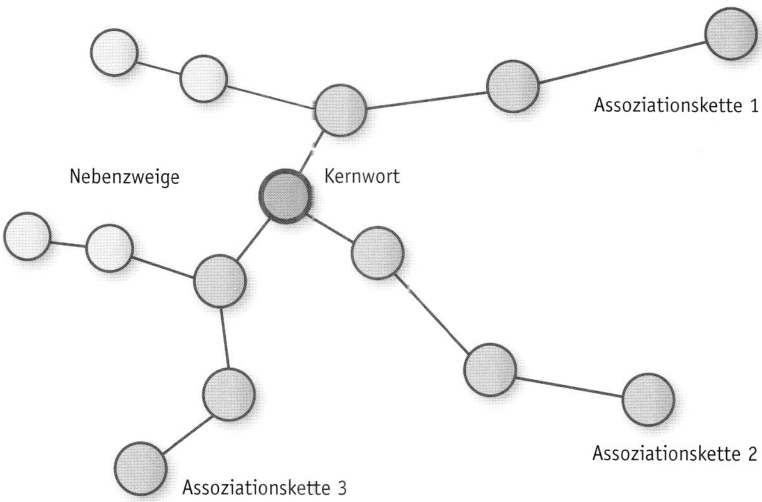

Abb.: Modell des klassischen Clusters

Was brauche ich dazu?

Ein großes Blatt Papier oder ein Flipchart sowie einen Stift.

Worauf achten?

▶ Auch hier: Vermitteln Sie, dass alle Gedanken erlaubt sind.

▶ Es ist nicht wichtig, sich allzu sehr zu konzentrieren. Hilfreicher ist ein „defokussierter Zustand", in dem möglichst viel passieren kann.

- Es ist hilfreich, das Clustern ein paar Mal auszuprobieren. Wir denken oft linear und sind es nicht gewohnt, uns auf aufsteigende Bilder und Begriffe einzulassen.

- Das Clustern vor jemandem anderen, also vor Ihnen als Coach, setzt Vertrauen voraus. Wann im Leben spreche ich schon mal alle Gedanken unkontrolliert vor jemandem aus?

Übung: Clustern – Eine Geschichte zum Thema

Mein weiterer Weg als Coach

- Entwickeln Sie ein Cluster zum Thema.
- Erzählen oder schreiben Sie anhand der Wörter eine Geschichte.

Core Story

Was ist das?

Die Core Story bringt den Kern einer Geschichte in einem Satz auf den Punkt.

Wo kommt es her?

Erfunden hat's Dr. Michael Müller, Professor an der Hochschule für Medien in Stuttgart. Er beschreibt die Core Story in der Zeitschrift Training aktuell 2/14.

Wozu ist es gut?

Mit der Core Story können Einzelpersonen oder Teams Klarheit über ihre Identität, ihre Ziele und ihre Positionierung gewinnen. Beispiel: *„Wer bin ich als Coach? – Ich berate Menschen, damit sie ihre Talente in voller Pracht entfalten können."*

Wie geht es – Schritt für Schritt?

- **Historie:** Der Klient oder das Team erzählen, wie es zu dieser Biografie, diesem Projekt, diesem Unternehmen gekommen ist. Der Coach notiert Stichworte am Flipchart oder auf Kärtchen.
- **Stärken entdecken:** Klient oder Team reflektieren, was ihnen beim Erzählen besonders aufgefallen ist, besonders im Hinblick auf Stärken und Ressourcen. Die wichtigsten Begriffe werden markiert.
- **Story formulieren:** Gemeinsam wird mit diesen Begriffen eine erste Core Story formuliert.
- **Hinterfragen:** Begriffe werden hinterfragt und damit geklärt, damit jeder dasselbe darunter versteht und keine leeren Phrasen benutzt werden.
- **Redaktion:** Es wird so lange formuliert, bis der Satz sich für den Klienten richtig anfühlt.
- **Überprüfung:** Wenn die Core Story nach mehreren Versuchen steht, nimmt der Klient sie mit nach Hause und wird beim nächsten Termin gefragt, wie es im damit ergangen ist und welche Konsequenzen daraus erfolgen.

Was brauche ich dazu?

Ein Flipchart oder mehrere Kärtchen sowie einen Stift.

Worauf achten?

Müller weist darauf hin, dass es nicht in erster Linie um schöne, aber austauschbare Formulierungen geht, sondern dass die Wörter sich mit individuellem Sinn füllen müssen. Deshalb braucht die Entwicklung der Core Story auch Zeit.

Drehbuch-Methode

Was ist das?

Mit der Drehbuch-Methode entwickelt der Klient ein Drehbuch zu einem bestimmten Thema – wie für einen Film. Die meisten Filme haben ein Happy End: Wenn ich das Drehbuch schreibe, bringe ich zum einen meine inneren Bilder zu Papier und muss zum anderen Lösungsschritte entwickeln, wie ich zum Happy End gekommen bin.

Wo kommt es her?

Das Drehbuchschreiben kommt ursprünglich aus dem Film- und Fernsehgeschäft.

Wozu ist es gut?

Das Drehbuch-Schreiben ist eine kreative Form, Vorstellungen von der Zukunft zu konkretisieren. Es entwirft Lösungen und Wege dorthin. Der Klient wird zum Drehbuch-Autor und erlebt die Möglichkeit, zu gestalten. Im Unterschied zur Methode „Lebensdrehbuch" von Svenja Hofert (S. 134) werden keine Struktur und Themenbereiche vorgegeben, sondern Ideen fließen ganz frei.

Wie geht es – Schritt für Schritt?

- Nach dem Benennen des genauen Themas entscheidet der Klient sich für ein Genre: Soll es eine Komödie, ein Krimi, ein Drama mit Happy End werden?
- Welches sind die wesentlichen Figuren, Ereignisse, Schlüsselszenen? Diese Faktoren können sich an der Heldenreise orientieren oder ganz frei gewählt werden. Mehr zu diesen Elementen der Heldenreise finden Sie auf S. 36 ff. und S. 217 ff. Der Coach kann den Klienten unterstützen, indem er sie auf Kärtchen oder an das Flipchart schreibt.
- Im Coaching schreibt der Klient dann dazu die passende Geschichte. Eine andere Variante ist, dass der Klient das Drehbuch als Hausaufgabe schreibt.
- Das Drehbuch wird reflektiert: Was fällt dem Klienten selbst auf? Was zeigt sich in der Geschichte? Welche Schritte zur Lösung sind übertragbar?

Was brauche ich dazu? Ein Flipchart oder mehrere Kärtchen, ggf. linierte Papierbögen (z.B. ein Heft) sowie einen Stift.

Worauf achten? Alle kreativen Methoden können sehr viel Spaß machen, wenn man sich erlaubt, frei zu denken. Selbst wenn die Ideen des Klienten nicht direkt umsetzbar zu sein scheinen (Ich gewinne im Lotto), stecken Wünsche und Hinweise darin, mit denen man weiterarbeiten kann.

Geschichtenerzähler

Was ist das?

Hier geht es darum, herauszufinden, wie unterschiedliche Teammitglieder auf ein Thema schauen. Wer erzählt welche Geschichte wie?

Wo kommt es her?

Abgewandelt aus dem Buch „Systemische Intervention" von Roswita Königswieser und Alexander Egner.

Wozu ist es gut?

Lässt sich gut im Teamcoaching einsetzen.

Wie geht es – Schritt für Schritt?

- Jeder Teilnehmer erhält ein Blatt Papier mit einem Anfangssatz, z.B.: *„Mal angenommen, unser Team landete nach einem Schiffbruch auf einer einsamen Insel ..."*
- Jeder schreibt die Geschichte für sich zu Ende und sucht nach einem treffenden Symbol, mit dem er sie visualisieren kann. Dies können ein Gegenstand, ein Bild, ein Wort, ein Satz oder eine Überschrift sein.
- Die Teammitglieder lesen nacheinander ihre Geschichten vor und zeigen ihr Symbol dazu.
- Anschließend Weiterarbeit mit anderen Methoden, z.B. mit zirkulären Fragen (S. 147 ff.).

Was brauche ich dazu?

Ein Blatt mit dem Anfangssatz für jedes Teammitglied, Stifte.

Worauf achten?

Viele kreative Methoden, wie z.B. Schreiben oder Malen, lösen bei den Klienten leichte Ablehnung aus, die meist in der Sorge münden, nicht „kreativ" genug zu sein. Es ist deshalb gut, darauf hinzuweisen, dass es kein „Toll" oder „Nicht toll" gibt und alle Varianten hilfreich sind.

Flug über mein Leben

Was ist das?

Der „Flug über mein Leben" ist eine Übung, bei der mit Biografie gearbeitet wird. Die Vorstellung vom Fliegen erleichtert es dem Klienten, aus einer Metaperspektive mit Distanz auf bestimmte Ereignisse und Geschichten zu schauen.

Wo kommt es her?

Aus dem Buch „Alles, was in mir steckt" von Renate Haußmann und Petra Rechenberg-Winter.

Wozu ist es gut?

Der Klient nimmt die Vogelperspektive ein und kann dissoziiert und mit Distanz auf Erlebtes schauen.

Wie geht es – Schritt für Schritt?

- Um die Übung einzuleiten, bitten Sie den Klienten, die Aufmerksamkeit auf den Atem zu richten. Es ist hilfreich, Gedanken und Gefühle zur Ruhe kommen zu lassen, um sich auf die Übung einzulassen.

- Leiten Sie den Klienten so an: *„Schließen Sie die Augen und stellen Sie sich vor, dass Sie über Ihr Leben fliegen könnten, wie ein Vogel oder in einem sicheren kleinen Flugzeug. Sie fliegen so ganz selbstverständlich über Ihr Leben wie über eine Landschaft und sehen einzelne Situationen von oben.*
  - *Was nehmen Sie wahr?*
  - *Welches Wetter ist gerade, welche Tageszeit?*
  - *Wo möchten Sie genauer hinsehen?*
  - *Wo möchten Sie bleiben? Wo möchten Sie schnell wieder weg?*
  - *Wer begegnet Ihnen?*
  - *Was passiert?*
  - *Was können Sie lernen?*
  - *Wo können Sie Ihre Stärken einsetzen?"*

- Beenden Sie die Übung, wenn Sie das Gefühl haben, es sei genug und bitten Sie den Klienten, wieder auf der Erde zu landen.

- Fragen Sie: *„Was bringen Sie von Ihrem Flug mit?"* Daran können Sie gemeinsam weiterarbeiten.

Was brauche ich dazu?

Papier und Stift.

Worauf achten?

Nicht jeder Klient kann sich auf ein Gedankenexperiment mit geschlossenen Augen einlassen. Bieten Sie es als ein solches an und akzeptieren Sie, wenn der Klient nicht offen dafür ist.

Mein Lieblingsfilm und ich

Was ist das?

Viele Menschen lieben Filme und TV-Serien. In den Vorlieben für die darin enthaltenen Geschichten stecken viele Informationen über den, der sie liebt. Weshalb ist jemand beispielsweise nicht vom Fernseher wegzubewegen, wenn Lindenstraße, Downton Abbey, Girls, Breaking Bad oder Borgen laufen? Hat der Klient einen Lieblingsfilm oder einen Lieblingshelden in einem Film?

Wozu ist es gut?

Die Methode ist für alle möglichen Anliegen passend. Der Coach sollte den Klienten einschätzen können oder ihn fragen, ob er Filme schaut und wenn ja, welche. Der Vorteil der Methode ist, dass sofort Bilder im Kopf wachgerufen werden, die mit einer möglichen Lösung verbunden werden können.

Wie geht es – Schritt für Schritt?

Mit der Lieblingsfilm-Methode lässt sich auf unterschiedliche Weise arbeiten.

- Entweder kann der Klient sich vorstellen, eine Rolle im Film zu übernehmen und auf diese Weise Probehandeln ausprobieren.
- Der Coach kann mit zirkulären Fragen arbeiten: *„Was würde der ungewöhnlich denkende und agierende Pfleger ‚Driss' aus ‚Ziemlich beste Freunde' dazu sagen? Welche Lösungsideen für diese festgefahrene Situation hätte er parat?"*
- Oder der Coach greift eine typische Szene oder ein Symbol auf und arbeitet damit. Beispiel: *„Wie haben sich die Klingonen aus Star Trek gegen Angreifer schützen können? Mit ihrem legendären Klingonen-Schutzschild natürlich. Und wenn Sie einmal überlegen, was in dieser schwierigen Geschichte ein solches Schutzschild für Sie sein könnte?"*

Worauf achten?

Die Methode passt nur für jemanden, der mit dem Medium Film etwas anfangen kann. Allerdings: Auch wenn jemand nie Filme schaut, so ist er vielleicht andererseits ein Kunst- oder Literaturkenner. Auch mit diesen Medien funktioniert es.

Metaphern entwickeln

Was ist das?

Metaphern sind Sprachbilder – unsere alltägliche Sprache ist voll davon. Wir fühlen uns in unserem Büro wie im Gefängnis, der Chef ist ein unsensibler Klotz, die Kollegen sind Stinktiere. Metaphern beschreiben, was wir erleben und empfinden. Gleichzeitig wirken sie auf unser Erleben zurück: Wenn unsere Kollegen alle Stinktiere sind, sind wir dann noch in der Lage etwas Gutes zu riechen? In Coaching und Beratung kann man mit und an den Metaphern der Klienten arbeiten (wie, das ist auf S. 27 ff. ausführlich erklärt) oder auch neue Metaphern finden, die hilfreicher als die verwandten sind.

Wo kommt es her?

Schon lange bevor es Coaching und Beratung gab, lernten die Menschen an und mit Metaphern. So nutzte Platon ein „Höhlengleichnis" und auch die Bibel ist voller Metaphern. Viel später, als Coaching in Mode kam, entwickelten Hypnotherapeuten wie Milton Erickson oder später NLP-Vertreter Techniken, um mit Metaphern zu arbeiten. Für sie sind Metaphern nicht nur einzelne Worte, sondern auch ganze Geschichten. Sehr lesenswert sind die „Lehrgeschichten" von Milton Erickson.

Wozu ist es gut?

Die Arbeit mit Metaphern ist die Arbeit mit der bildlichen Vorstellung. Dabei gibt es verschiedene Möglichkeiten:

- Metaphern helfen, abstrakte Begriffe oder komplexe Gefühle zu veranschaulichen und zu verdeutlichen. Bilder werden außerdem besser erinnert und erreichen die Emotionen und das Unterbewusstsein unmittelbar. Beispiel – Coach: *„Wie fühlen Sie sich aktuell bei der Arbeit?"* Klient: *„Meine Arbeit ist gerade wie Stracciatella-Eis: Ich bin immer auf der Suche nach den Schokoladenstückchen und finde zu wenige."*

- „Problemmetaphern" können zu „Lösungsmetaphern" umgearbeitet werden. Beispiel: *„Mir bleibt die Spucke weg".* – *„Und wenn Sie etwas trinken?"* Oder *„Ich reite ein totes Pferd".* – *„Vielleicht simuliert es nur?"*

Wie geht es – Schritt für Schritt?

- Metaphern für abstrakte Begriffe, Gefühle, ungenaue Vorstellungen finden: Stellen Sie dem Klienten verschiedene Fragen, regen Sie ihn zum bildlichen Denken und zu Vergleichen an. Wichtig ist, dass Ähnlichkeiten in parallelen Welten möglich sind. Beispiel: *„Wie sind Sie als Führungskraft?*

  - *Welches Teil in einem Auto, Schiff o.Ä. wären Sie?*
  - *Welches Bild würde jemand von Ihnen zeichnen, der nicht sprechen kann?*
  - *Wenn Sie eine Musikrichtung wären, welche wäre das?*
  - *Welche Jahreszeit entspricht Ihnen als Person am meisten?*
  - *Wenn Sie ein Tier wären, welches wären Sie?*
  - *Wenn Sie ein Kunstwerk wären, welches wäre das?*
  - *Wenn Sie stark übertrieben, welche Karikatur käme dann dabei heraus?"*

- Von der Problem- zur Lösungsmetapher Der Coach kann auf die Metapher des Klienten reagieren, indem er den Impuls setzt, sie positiv umzudeuten. Beispiel – Klient: *„Ich fühle mich wie ein Hamster im Laufrad."* Coach: *„Ein Hamster hat ja viele Fähigkeiten, u.a. kann er gut für schlechte Zeiten vorsorgen. Wo wären Sie mit diesen Hamsterfähigkeiten denn lieber als im Laufrad?"*

Was brauche ich dazu?

Hilfreich sind Bildkarten, vgl. S. 157.

Worauf achten?

Metaphern zu entwickeln kann und muss man üben. Notieren Sie sich Metaphern, die Sie im Alltag hören. Sie werden dann sensibler dafür werden.

Rede zum 70. Geburtstag

Was ist das?

Bei der Rede zum 70. Geburtstag stellt sich der Klient vor, dass er seinen 70. Geburtstag feiert und eine gute Freundin oder ein guter Freund eine Rede für ihn geschrieben hat. Wenn der Klient deutlich jünger ist, kann es auch der 50. oder 60. Geburtstag sein.

Wozu ist es gut?

Die Rede hilft, sich vorzustellen, was alles noch passieren soll im Leben. Sie bringt Ideen gerade bei beruflicher Neu- oder Umorientierung. Welche Geschichten möchte der Klient später über sich hören? Was soll auf keinen Fall fehlen?

Wie geht es – Schritt für Schritt?

- Der Klient bekommt die Hausaufgabe, sich in die Freundin, den Freund hineinzuversetzen und eine Rede zu schreiben. Dabei gibt es keine Vorgabe, wie lang die Rede sein soll – nur sollen alle Aspekte drin sein, die ihm wichtig sind.
- Beim nächsten Termin liest der Klient die Rede vor. Was fällt ihm selbst beim lauten Lesen auf?
- Der Coach stellt Fragen und ergänzt.

Was brauche ich dazu?

Papier und Stift oder PC.

Worauf achten?

- Es geht auch hier nicht darum, möglichst schön zu schreiben oder eine Rede voller funkelnder rhetorischer Figuren zu produzieren. Das bewirkt eher Schreibblockaden.
- Alle Geschichten sind erlaubt, auch wenn sie eher unwahrscheinlich erscheinen. Auf Umsetzbarkeit lassen sie sich immer noch prüfen.

Story Cubes

Was ist das?

Story Cubes sind kleine Würfel mit Symbolen drauf, zum Beispiel ein Turm, ein Mond, ein Schlüssel. Sie sind eigentlich ein Spiel für Kinder. Die Würfel werden geworfen und dienen als Hilfsmittel, um eine neue Geschichte zu erfinden.

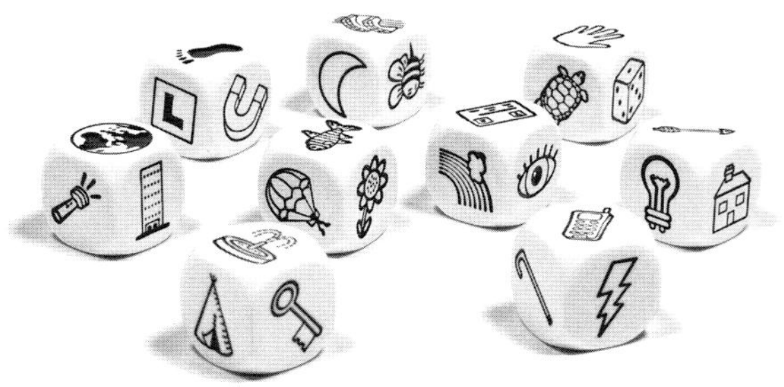

Abb.: Story Cubes

Wozu ist es gut?

Die Story Cubes sind ein kreatives Hilfsmittel, mit dem auf spielerische Art eine Geschichte zu einem Thema erzählt werden kann. In dieser Geschichte liegen Bilder, die Lösungen ohne großes Nachdenken möglich machen.

Wie geht es – Schritt für Schritt?

Der Klient wirft die Würfel und erfindet anhand der geworfenen Bilder eine Geschichte zu einem Anliegen. Zum Beispiel: *„Weitermachen oder Kündigen?“* Der Klient würfelt: Schaf – Pfeil – Flugzeug – Glühbirne – Zelt – Mond – Ungeheuer – Baum.

Er erzählt: *„Ich war lange ein Schaf und wusste nicht, wo es langgeht. Erst als ich nach Brasilien reiste, ging mir ein Licht auf. Ich war dort im tiefen Amazonasdschungel unterwegs und wir zelteten an einem Fluss. Ich lag im hellen Mondlicht wach, denn ich hatte einen Albtraum gehabt. Ich war gestorben und unter einem Baum begraben worden. Da wurde mir klar: Es würde mir schaden, wenn ich so weitermachen würde wie bislang.“*

Mit dieser Geschichte können Sie gemeinsam mit dem Klienten weiterarbeiten. Liegt darin schon die Entscheidung? Weshalb hat er die Geschichte spontan so erzählt und nicht anders?

Was brauche ich dazu?

Auf der linken Seite abgebildet sind „Rory's Story Cubes", sie sind bei Hutter Trade zu erhalten. Die Story Cubes können aber auch selbst gebastelt werden.

Worauf achten?

Die Würfel regen die Fantasie an. Das macht großen Spaß und ist gerade für kopflastige Menschen ein anderer Weg, auf Lösungen zu kommen. Doch es kann auch sein, dass ein Klient Sie eher verständnislos anschaut, wenn er plötzlich ein Spiel spielen soll. Außerdem verkrampfen manche Menschen sofort, wenn sie „kreativ" sein sollen, weil sie große Angst haben, es nicht zu können. Führen Sie es als Experiment ein. Dann darf auch alles schiefgehen – wobei nichts wirklich schieflaufen kann.

Traumtagebuch

Was ist das?

Träume erzählen Geschichten: von dem, was uns beschäftigt und darüber, was wir uns wünschen. Sie liefern viele Bilder und Symbole, mit denen man gut im Coaching arbeiten kann. Ein Traumtagebuch kann helfen, sich an Träume zu erinnern und daraus neue Erkenntnisse generieren.

Wo kommt es her?

Das Entschlüsseln von Träumen geht auf Sigmund Freud zurück. Er vermutete, dass Träume wichtige Botschaften aus dem Unterbewussten vermitteln. Heute arbeiten verschiedene Therapierichtungen mit Träumen, u.a. die Gestalttherapie. Sie versteht die Träume als szenische Darstellung und ermuntert den Klienten, mit ausgewählten Traumteilen in Dialog zu treten, um zu Lösungen von Problemen zu gelangen.

Wozu ist es gut?

In Träumen verarbeiten wir nicht nur Ereignisse, die wir am Tag erlebt haben, sondern auch das, was uns auf tieferer Ebene beschäftigt. Und selbst, wenn man Träume nur als Geschichten versteht, die der Klient kreativ erzeugt hat: Es können spannende und inspirierende Geschichten sein, die man anschauen kann wie einen Kinofilm, um auf Ideen und neue Lösungen zu kommen.

Wie geht es – Schritt für Schritt?

- Schlagen Sie dem Klienten vor, ein Notizheft neben sein Bett zu legen. Man kann sich vornehmen, sich an Träume zu erinnern. Damit die Erinnerungen nicht gleich wieder verschwinden, ist es hilfreich, sie im Heft festzuhalten.

- Der Klient soll alles aufschreiben, was ihm zu seinen Träumen einfällt, auch Gefühle, Assoziationen, Ideen. Manchmal ist es auch gut aufzuschreiben, was am Tag zuvor passiert ist, damit ein Bezug zu Ereignissen hergestellt werden kann.

- Arbeiten Sie an den Träumen wie an einer Geschichte.

- Auch Träume kann man umschreiben. Wenn der Klient mit einem Teil nicht zufrieden ist: Wie würde er den Traum umschreiben? Gäbe es einen anderen Anfang? Ein anderes Ende? Würde er jemand anderen zum Helden ernennen?

Was brauche ich dazu?

Der Klient braucht ein Notizheft und einen Stift.

Worauf achten?

Träume sind individuell. Welche Rolle eine Traumgeschichte für den Klienten spielt und was die darin enthaltenen Elemente für den Klienten bedeuten, kann nur er selbst sagen. Sie können es mit ihm gemeinsam durch Fragen herausfinden.

Vorbilder und Vorbildgeschichten

Was ist das?

Vorbilder sind positiv besetzte Bilder von einem Menschen, etwa einem Prominenten, einem legendären Wohltäter, einem genialen Erfinder etc. Was steckt in der Vorstellung von diesen Menschen und was sagt es über uns aus? Das kann im Coaching helfen, Stärken zu erkennen und auf Lösungen zu kommen, um neue Wege zu gehen. So ist es auch mit Vorbildgeschichten, wie etwa der von Bill Gates, der ohne Uniabschluss in einer Garage an Computern bastelte und der nun als einer der reichsten Männer der Welt über seine Stiftung Milliarden in gute Zwecke investiert. Oder von Joanne K. Rowling, deren Harry-Potter-Bücher zunächst von etlichen Verlagen abgelehnt wurden und die von Sozialhilfe leben musste. Sie handeln von Tälern, durch die Menschen gehen und Bergen, die sie erklimmen können und sie machen Mut.

Wozu ist es gut?

Im Coaching hilft die Vorbildmethode zum Beispiel, wenn man nach Fähigkeiten und Stärken sucht, etwa für die Potenzialentwicklung oder einen Bewerbungsprozess. Oder wenn der Klient Ressourcen für die Bewältigung einer schwierigen Situation braucht.

Wie geht es – Schritt für Schritt?

- Gemeinsam mit dem Klienten sucht der Coach nach einem Menschen, den dieser für etwas Bestimmtes bewundert oder nach einer Vorbildgeschichte, die er toll findet.

- Er fragt danach, was er genau bewundert, d.h. welche Fähigkeiten, Stärken usw. Bei der Rowling-Geschichte könnte es beispielsweise die Fähigkeit sein, auch in sehr schwierigen Zeiten durchzuhalten und an sich zu glauben.

- Meist entdeckt der Klient zumindest Ansätze davon auch bei sich. Falls nicht, hilft der Satz „Wünsche sind die Vorboten unserer Fähigkeiten“ (Goethe).

Worauf achten?

Nach Vorbildern gefragt, denken manche Klienten zunächst, es müsse die ganze Person sein, die sie bewundern. Es geht aber eher um eine Sache oder eine Geschichte, für die dieses Vorbild steht. Man muss Madonna nicht im Ganzen mögen, um zu bewundern, dass sie sich in im hart umkämpften Pop-Geschäft immer wieder neu erfand.

VI. Kapitel

Zehn Impulse für die Praxis

Schnellfinder

Impulse für die Praxis

In diesem Kapitel erfahren Sie, auf welch unterschiedliche Weise man Storytelling im Coaching und in der Beratung einsetzen kann.

Nach meinem eigenen Praxisbeispiel einer Beratung mit Storytelling erzählt Kristina Ehret, wie eine Klientin mit Methoden des Storytellings zu einem besseren Selbstwertgefühl findet.

Cornelia Hennecke, Stephan Theiling und Tom Pinkall stellen ihre eigene Reflexions- und Orientierungshilfe für narrative Gespräche vor und erläutern sie am Beispiel eines Klienten.

Hanna Milling schildert, wie sie Storytelling in der Konfliktarbeit einsetzt.

Karin Nöcker und Haja Molter schließlich berichten aus ihrer Praxis, wie sich Geschichten neu und anders erzählen lassen.

Holger Lindemann führt in seine Version der Heldenreise ein und nutzt sie in einem Fallbeispiel zum Thema Nachfolge in einem Familienbetrieb.

Mit seinem Kollegen Detlef Sauthoff beschreibt Holger Lindemann wie die Heldenreise bei einer Entscheidung über eine Erbangelegenheit unterstützt und wie die Heldenreise einem Ehrenamtlichen seinen eigentlichen Gewinn offenbart.

Janna Loske schildert, wie die Heldenreise bei der Entscheidung zu einer Lebensveränderung unterstützt.

Ein Interview mit Matthias Lauterbach zum Thema Gesundheitscoaching ergänzt die Fallbeispiele.

Fallbeispiel 1
Mit Storytelling zu neuer Kraft und Energie

Ein Licht, das heller wird

von Christina Budde

Das folgende Beispiel schildert Ihnen einen Fall aus meiner eigenen Praxis. Er zeigt, wie man verschiedene Ansätze aus dem Instrumentarium des Coachings und der Beratung mit denen des Storytellings mischen kann. Ein solcher „Mix" erlaubt ein flexibles Agieren auf das aktuelle Anliegen des Klienten. Was zählt, ist das was hilft, und das kann manchmal auch ein Mix aus verschiedenen Tools sein.

„Alles ist zu viel"

Frau M. arbeitet seit einigen Jahren freiberuflich als Coach und Trainerin. Am Telefon kündigt sie an, dass sie zu mir ins Coaching kommen möchte, weil es zur Zeit nicht „rund läuft" mit dem Geschäft. Sie möchte sich beraten lassen, was sie tun kann, damit es besser wird. Beim ersten Termin sitzt mir eine attraktive schlanke Frau mittleren Alters gegenüber, die einen sehr erschöpften Eindruck macht. Nach dem aktuellen Anlass ihres Kommens und ihrem Anliegen befragt, atmet sie tief durch und beginnt matt zu erzählen: wie schwierig es sei, sich auf dem umkämpften Markt als Coach durchzusetzen und zu halten, wie mühselig es sei, damit sein Geld zu verdienen, wenn Klienten nur alle paar Wochen kämen und dann doch wieder kurzfristig den Termin absagten. Wie aufwendig und oft unmöglich es sei, in die Coach-Poole der Unternehmen zu kommen, die sicherere Aufträge vermitteln. Je mehr sie erzählt, desto mehr spüre ich den Druck, der auf ihr lastet.

Zudem habe sich ihre ganze Situation verschärft, seitdem es der Firma ihres Mannes schlecht gehe. Sie wisse keinen Ausweg mehr, alles sei verfahren, sie selbst habe es nicht mehr in der Hand und fühle sich ohnmächtig, wie in einem „engen Korsett", das sie nicht ablegen könne und das ihr die Lust zum Atmen nehme. *„Ich habe kein Gefühl mehr zu mir, keinen Zugang zu meiner Kreativität. Wenn ich an das denke, was kommt, dann verspüre ich nur noch Angst, weil ich keine Handlungsmöglichkeiten mehr sehe."*

Noch einmal nach ihrem konkreten Anliegen und Auftrag an mich als Coach befragt, formuliert sie die Hoffnung, dass ich sie dabei unterstützen könnte, ein klareres Profil als Coach zu erlangen. Dieses wiederum werde ihr helfen, eine klarere Website zu gestalten, mehr Kunden zu finden, weil diese dann eindeutig wüssten, weshalb sie sich genau an sie wenden sollten – und eben nicht an jemanden anderen.

Wird die Geschichte auch manchmal anders erzählt?

Mithilfe einiger **lösungsorientierter Fragen** eruieren wir zunächst, was sie schon alles unternommen hat, um ihre Situation zu verbessern und was davon hilfreich und weniger hilfreich war. Ich frage Frau M., ob sie ihre Geschichte unterschiedlich erzählt, ob es dabei so etwas wie eine „Tagesform" gibt. Ziel ist hier, Unterschiede auch in den Erzählungen über ihre Lösungsversuche wahrzunehmen. Frau M. bejaht, schildert, dass es immer wieder Zeiten gegeben habe, in denen sie zum Beispiel Kolleginnen erzählt habe, wie viel Spaß ihr ihre Arbeit mache und dass sie in ihrem jetzigen Beruf genau das gefunden habe, was ihr Freude macht. In solchen Zeiten kann sie auch die unsichere materielle Situation zumindest etwas lockerer sehen.

Ich frage sie auch danach, wie ihre Klienten sie in einer solchen optimistischen Phase wahrnehmen würden und ob diese Unterschiede in ihrem Verhalten spürten, je nachdem, in welcher Phase sie sich befände und wie sie ihre Geschichte gerade erzählte. Sie bejaht dies. Sie kann jedoch nur schlecht benennen, was sie in solchen „hellen" Phasen anders macht. Es ist ein wenig, als sei dann einfach das Wetter anders und besser und damit die Stimmung – was aber in ihrer Wahrnehmung nichts mit ihr und ihrem konkreten Verhalten zu tun zu haben scheint.

Weitere **zirkuläre Fragen** ergänzen diese Coaching-Phase: etwa, was ihr Mann ihr in der aktuellen Situation raten würde, was ihr geschätzter weiser Coaching-Lehrer sagen würde etc. Direkte Fragen nach ihren Fähigkeiten und Ressourcen kann Frau M. in diesem Moment nur stockend beantworten, sie ist von der für sie schwierigen Situation emotional sehr eingenommen.

Intuitiver Zugang zu den eigenen Ressourcen

Ich schlage ihr deshalb einen anderen Schritt vor und breite die **Bildkarten** eines kleinen Bildkartensets vor ihr aus (S. 157). Frau M. soll sich spontan für eine Karte entscheiden, die sie in dem, was sie als Coach ausmacht, anspricht.

Es dauert keine Minute, da hat sie ihre Karte gefunden: ein funkelndes, sprühendes, prächtig buntes Feuerwerk. Sie nimmt die Karte auf und ist sofort sehr berührt, Tränen schießen ihr in die Augen. Danach befragt, schildert sie, wie es sie sofort „durchströmt". Sie sieht in der Abbildung des Feuerwerks eine Entsprechung der Coaching-Prozesse, die sie begleitet, eine **Metapher** für das, was sich entwickeln kann: Zunächst ist alles im Dunkeln, dann entsteht ein wenig Licht, es wird zunehmend heller, entfaltet sich, fächert sich auf und lädt sich energetisch auf.

Ich frage Frau M. danach, was ihre Kunden und Klienten sich erzählen würden, wenn sie sich träfen: Wie sie es immer wieder schafft, dass die von ihr begleiteten Coaching-Prozesse so verlaufen können. Die Begriffe, die sie nennt, schreibe ich auf Kärtchen und lege sie vor ihr im Raum aus. Sie nennt: *„vermittele Klienten, dass alles menschlich ist"* – *„bin Geburtshelferin"* – *„sehe den ganzen Menschen"* –*„habe einen roten Faden"* – *„fiebere mit"* – *bin flexibel"* – *„bereite mich gut vor"* – *„bei mir wird gelacht und geweint"* – *„achte sensibel auf Sprache und Körper"* und anderes.

Frau M. ist selbst erstaunt, wie leicht es ihr fällt, mithilfe der Feuerwerkskarte und der gestellten (zirkulären) Fragen ihre Fähigkeiten auf den Punkt zu bringen. *„Ich hab schon immer gut auf Bilder reagiert"*, sagt sie und lächelt dabei. Die Bildkarte hat Frau M.s Gefühle angesprochen und damit eine andere Ebene als die rein kognitive erreicht. Auf diese Weise fällt es ihr leichter, Zugang zu den momentan vergessenen Ressourcen zu bekommen.

Das Meta-Modell der Sprache

Natürlich fällt Frau M. auch ein „Aber" ein: Aber sie müsse strukturierter sein, so gehe es nicht weiter. Ich frage sie, wer sagt, dass sie strukturiert sein müsse? Sie stutzt. Hier wende ich das Meta-Modell der Sprache an (vgl. S. 100), denn ihr Satz enthält eine Vorannahme, die ihr selbst möglicherweise unbewusst ist. Man könnte einen Glaubenssatz vermuten, der sich in dem *„Ich muss strukturierter sein"*, spiegelt. Durch die genaue Nachfrage auf der sprachlichen Ebene versuche ich, die möglicherweise eingeengte Perspektive zu erweitern.

In einem weiteren Schritt schlage ich vor, versuchsweise das *„Ich muss strukturierter sein"*, in ein *„Ich kann Struktur"*, umzuwandeln, die Karte mit nach Hause zu nehmen und darauf zu achten, wie dieser Satz bis zur nächsten Coaching-Stunde auf sie wirkt. Sie fragt, wie ich auf den Satz komme und ich knüpfe an das an, was sie zuvor auf ihre Kärtchen geschrieben hat *„Ich habe einen roten Faden"* und *„Ich bereite mich gut vor"*: Woran sie „strukturiert" festmache, frage ich sie zum Abschluss und ob ein roter Faden und eine gute Vorbereitung keine Kriterien für Struktur seien? Sie stimmt zu.

Das Problem wird externalisiert

Im Verlauf des weiteren Coaching-Prozesses taucht das Thema „Belastung" und „Stress" mit der aktuellen finanziell prekären Situation für Frau M. immer wieder auf. In einer weiteren Coaching-Stunde schlage ich ihr vor, den Belastungen weiter auf den Grund zu gehen und nach Lösungen zu suchen, die sie in ihrer Lage entlasten. Im Hinterkopf habe ich dabei das **„Problemlösungsprozess-Modell"** (vgl. S. 138).

Ich frage Frau M. danach, wie sehr sie die Belastung im Moment im Griff hat – ich **externalisiere** das Problem damit sprachlich (vgl. die Seiten 84 und 127 f.), indem ich es personifiziere. Damit versuche ich, ihre Person und das „Problem" zu trennen. Nicht sie, die ganze Frau M., ist belastet, sondern die Belastung ist etwas Äußeres, das sie momentan erfasst und „im Griff hat". Darin steckt, dass sie sich von der Belastung lösen kann. Auf einer Skala von 1 bis 10 nennt sie die 8,5.

Als Nächstes arbeiten wir an der Zielformulierung, die hilft, aus dem Problemstatus in den Lösungsstatus zu kommen. Hier nennt sie: *„In meiner Kraft sein und klar meinen Weg sehen."* Das konkrete Ziel sei noch verwaschen, aber sie spüre, dass sich etwas in ihr tue.

Woran sie merken würde, wenn sie das Ziel erreicht habe, frage ich. Frau M. macht eine Handbewegung vom Kopf hinunter zum Bauch und beschreibt: *„Ich bin dann zentriert, bin offen für alles, aber mit innerer Führung."* Ob ihr dazu ein Bild in den Sinn käme? *„Vielleicht eine Kutsche"*, antwortet sie. *„Alle meine Partikelchen sitzen hinten und ich bin vorn im Geschirr. Ich ziehe sie in aufrechter Haltung und mit einem klar nach vorn gerichteten Blick. Ganz leicht geht das."* Für dieses Ziel schreiben wir ein Kärtchen, sie platziert es im Raum. Hierhin möchte sie gelangen und hat auf dem Weg dahin möglicherweise noch einige Hürden zu überwinden. An dieser Stelle könnte man beispielsweise auch mit der Heldenreise weitermachen (vgl. S. 36 ff. und S. 217 ff.), bei der der Held die Herausforderungen meistert, die sich ihm in den Weg stellen.

Immer, wirklich immer?

Ich frage nach Worten, die Frau M. für die momentane Belastung findet und schreibe sie auf drei Kärtchen, die sie im Raum auslegt. Sie nennt: *„immer tun" – „immer dabei" – „immer einmischen"*. Das sind die möglichen Hindernisse, die sie (noch) von ihrer Zielerreichung abhalten. Anschließend bitte ich Frau M., sich auf diese Kärtchen zu stellen und sich kurz einzufühlen. Ich frage, was ihr diese Wörter erzählen. Sie beschreibt kleine **Beispielsgeschichten**, die ihr dazu einfallen. Ich beobachte ihre Körperhaltung dabei und gebe ihr dazu Rückmeldung. Sie wirkt eher starr, schaut angespannt.

Als ich Frau M. vorschlage, das Wort „immer" vor den anderen Wörtern zu streichen, sagt sie *„aha"* und setzt das sofort um. Sie steht nun nacheinander auf den Kärtchen **„tun – dabei – einmischen"**.

Wie werden die Geschichten jetzt erzählt?

Was ihr nun für Geschichten einfielen, frage ich sie. Sie berichtet und sagt dazu: *„Ich bin auf einmal unglaublich erleichtert".* Das würde sie auch daran spüren, dass sich plötzlich ihre Arme bewegen ließen, für sie ein Zeichen dafür, dass etwas in Bewegung komme. Ihr Puls verlangsame sich, ihr Herz würde weniger schnell klopfen.

Als Nächstes frage ich Frau M. danach, mit welchen Schritten sie zum Ziel kommen kann und welche Ressourcen ihr dabei helfen können. Sie nennt den *„inneren Ruheraum, in den ich mich zurückziehen kann"*, dabei wiegt sie ihre Arme, als hielte sie ein Kind. Ich frage sie, ob sie ein Kind wiege? Sie kann damit nichts anfangen, sondern beschreibt das Bild ihres inneren Ruheraumes. Ein gutes Beispiel dafür, dass die Bildwelten des Coachs und die des Klienten nicht die gleichen sein müssen und dass es gut ist, nachzufragen und nichts vorauszusetzen.

Wir arbeiten weiter mit dem Bild des inneren Ruheraumes. Wie es ihr gelingen könne, diesen Ruheraum zu aktivieren? Freiraum gehöre dazu, antwortet sie, was besonders gut bei Spaziergängen in der Natur gelänge. Weitere Ressourcen, die ihr helfen können, sind u.a. ihr Glaube, dass alles einen Sinn hat, Menschen, die sie lebendig werden lassen, Wissbegierde und Lernen und ihr vernetztes Denken. Ganz klar und präzise kann sie diese Ressourcen benennen.

Welche Geschichte erzählt Frau M. in einem Jahr?

Im letzten Schritt bitte ich Frau M., sich vorzustellen, dass wir uns in einem Jahr durch Zufall irgendwo in der Stadt wiederträfen und sie mir die Geschichte erzählte, wie sie ihr Ziel erreicht hat. Eine eigene Geschichte zu entwickeln und laut zu erzählen, hilft der Klientin einerseits, ein inneres Bild zu entwickeln, an das sie sich gut erinnern wird, weil Bilder besser im Gedächtnis bleiben als Fakten. Auf der anderen Seite entwickelt sie noch einmal eine konkretere Vorstellung von ihrem Zielbild und welche Schritte sie dorthin geführt haben.

Sie erzählt: „Ich habe einen schrecklichen Einstieg in das Jahr gehabt: Wie ein verlorenes Kind habe ich mich gefühlt. Ich war allein im Wald und irrte herum mit dem Gefühl ‚Keiner rettet mich'. Ich hatte Hunger und Durst, die Kleidung hing mir schon in Fetzen vom Leib.

Doch dann habe ich plötzlich ein Licht gesehen, das richtig strahlt. Was ist das bloß, denke ich und gehe näher. Ich stehe davor und es erfüllt mich immer mehr. Es wärmt mich, bringt mein Blut zum Fließen. Ich kann mich wieder bewegen, ich habe ein leichtes Lächeln im Gesicht, ich kann wieder nach oben schauen und mein Blick wird weit. Vorher konnte ich nur nach unten schauen, wo ich nur den dunklen Waldboden sah. Das silbrig-weiße Licht wird immer heller, meine Füße heben sich und fangen an zu tänzeln, ganz leichtfüßig komme ich mir vor. Meine verhaltene Bewegung wird immer harmonischer, immer kraftvoller.

Allmählich werde ich immer größer, so groß, wie ich auch in Wirklichkeit bin. ‚JA', denke ich und spüre die Kraft und Energie, die auch ein Teil von mir sind. Jetzt habe ich wieder Zugang zu ihnen. Jetzt bin ich eine große Frau, die in ein Licht gehüllt ist, das ihr Zuversicht gibt. Das Licht ist von außen nach innen gewandert. Ich fühle mich gehalten. Ich halte mich selber, ich habe Haltung.

Ich gehe weiter in die Welt hinaus und sehe die Möglichkeiten, die ich habe. Sie sind da und müssen nur aufgehoben werden wie Steine. Ich kann jetzt wieder sehen, was mich interessiert und was ich kann. Mein Herz und mein Verstand arbeiten gut zusammen, aber ich befrage immer mehr mein Herz, was für mich gut ist.

In diesem Jahr habe ich mein Leben in die Hand genommen. Ich bin nun mit verschiedenen Menschen in unterschiedlichen Kontexten zusammen. Ich mache meine Sachen, habe mich weiterentwickelt, habe neue Ideen. Mein Geist ist wach und hell, aber ich bin ganz ruhig."

So weit der Ausschnitt aus den Coachings mit Frau M. Sicher ist sie eine Klientin, die einen ausgeprägten Zugang zu Bildwelten und Geschichten hat, woran wir im Coaching gut anknüpfen konnten. Ich musste ihr nicht lange erklären, was es heißen kann, ein „inneres Bild" zu finden oder eine Geschichte zu erzählen, eine Metapher zu finden etc. Andere Klienten, die eher die Zahlen-Daten-Fakten-Menschen sind, brauchen dazu mehr Unterstützung und konkrete Anleitung. Doch ich bin sicher: Für alle ist der Einsatz von Methoden des Storytellings eine hilfreiche Erweiterung und manchmal sogar eine, die richtig Spaß machen kann.

Fallbeispiel 2
Storytelling für ein besseres Selbstwertgefühl

„Wie ein Hamster im Hamsterrad" oder „Du bist Gold wert"

von Kristina Ehret

Frau L. ist Rechtsanwältin und Dozentin in einem Unternehmen für private Weiterbildung im deutschsprachigen Raum. Sie ist 48 Jahre alt, lebt allein und führt seit Jahren eine unglückliche Partnerschaft, aus der sie sich gerne lösen möchte.

Wo geht die Reise hin? Anlass und Anliegen der Klientin

Frau L. macht schon im Vorgespräch am Telefon deutlich, dass sie zeitnah einen Termin vereinbaren will, weil der Schuh drückt. Sie schildert schon viel Erfahrung mit Beratung und Therapie gemacht zu haben, vieles reflektiert und von sich selbst verstanden zu haben. Aufgrund ihrer gefühlten Überlastung hat sie entschieden, dass jetzt ein geeigneter Zeitpunkt sei, *„endlich in Veränderung zu gehen"* und *„neue Handlungsstrategien zu entwickeln"*.

Zum ersten Termin erscheint eine selbstbewusste, attraktive Frau mit offenem Blick und spürbarer Präsenz. Gleichzeitig wirkt sie gestresst und unter Zeitdruck. Die Worte sprudeln nur so aus ihr heraus und ich gebe ihr zunächst den Raum, zu erzählen und anzukommen. Frau L. beschreibt ihre aktuelle Arbeitssituation mit vielfältigen Aufgaben, einem hohen Arbeitspensum und einem Zeitaufwand, der oft bis in die späten Abendstunden geht, mit den Worten: *„Ich arbeite auch gern mal bis 24 Uhr."* Ich nutze die Skalierungsfrage, um genauer nachzufragen, wie die Klientin sich auf einer Skala von 1–10 einschätzt, *„gern bis 24 Uhr zu arbeiten, wenn 10 sehr gern und 1 eher nicht gern ist"*. Sie antwortet mit 2.

An der Stelle findet eine erste kleine Irritation bei Frau L. statt, denn die niedrige Zahl macht deutlich, dass sie nicht wirklich gern bis 24 Uhr arbeitet, so wie sie es kurz vorher noch gesagt hat. Es gelingt in Folge, das Tempo im Beratungsprozess zu reduzieren und in Entschleunigung zu gehen. Wenn „Sprache Wirklichkeit schafft" (Ludwig Wittgenstein), sind neue Formulierungen für Redewendungen von Klienten eine gute Grundlage, um veränderte Wirklichkeitskonstruktionen, d.h.

Sichtweisen und Beschreibungen, zu entwickeln, die hilfreich für den weiteren Verlauf sein können.

Frau L. erzählt, dass sie sich ihrer juristischen Fähigkeiten sehr bewusst sei und die Anforderungen vom Arbeitgeber perfekt erfülle. Genau das sei das Problem, dass sie die Erwartungen entsprechend erfüllen will und damit oft kein Ende bei der Arbeit fände. Zudem liege ihre Leidenschaft in der Dozententätigkeit, bei der sie viel positive Rückmeldung bekomme und ihre Kreativität gut nutzen könne.

Der **Anlass** zum Coaching zum jetzigen Zeitpunkt liege auf mehreren Ebenen, beschreibt Frau L. Vor allem seien ihre Zuständigkeiten im Unternehmen von drei Arbeitsbereichen auf zwölf gestiegen, was kaum zu bewältigen sei. Dozentenaufträge, die ihr bisher Freude bereitet haben, seien zeitlich gesplittet worden, was einen hohen Mehraufwand mit Anfahrt und Organisation bedürfe. Sie habe in den vergangenen Wochen festgestellt, dass sie nahezu keinen Raum mehr für private Auszeiten habe. Die Stimme der Klientin wird leise und sie sagt: *„Ich fühle mich wie ein Hamster im Hamsterrad."*

Aus meiner Erfahrung als Beraterin ist es wichtig, bei solchen Metaphern und Schlüsselwörtern nachzufragen, um sie für die weitere Prozesssteuerung nutzbar zu machen. Daraus können hilfreiche neue Geschichten erfunden oder erzählt werden. Klienten kommen mit ihren eigenen Bildern und Wirklichkeitsbeschreibungen. Als Systemische Berater erkunden wir neugierig und mit „Nicht-Wissen" diese inneren Landkarten. Wenn wir lebende Systeme nach der Systemtheorie als autopoietisch begreifen, d.h. als sich selbst erhaltend, müssen wir in der Arbeit bedenken, dass solche Systeme nicht direkt von außen beeinfluss- und steuerbar sind (vgl. F. Simon, 2007) und wir „... nur neugierig beobachten, wie sie agieren und respektvoll ihre Eigenlogik zur Kenntnis nehmen" (R. Seliger, 2006). Neugier und Nicht-Wissen sind deshalb wichtige Teile einer professionell systemischen Haltung. Wer nicht weiß, fragt und wer fragt, bietet Rahmenbedingungen, neue Perspektiven in neuen Geschichten entdecken zu können.

Nach der ausführlichen Beschreibung der Klientin bitte ich sie, ihr Anliegen für den Coaching-Prozess in konkrete Sätze zu fassen:

- *„Ich möchte wieder rausfinden, was ich genau will und wo meine Energie hingeht."*
- *„Ich möchte wieder Zugang zu meinen Ressourcen haben und meinen Selbstwert spüren, den ich vom Kopf her kenne."*

- *„Ich möchte mir klarer darüber werden, welche Aufträge ich ständig befolge und welche wirklich meine eigenen sind."*
- *„Ich will Entscheidungen treffen und dann selbstbestimmt handeln."*

Als **Auftrag** an mich vereinbaren wir, dass ich Frau L. dabei unterstütze, herauszufinden, wo ihre persönliche und berufliche Reise konkret hingehen kann, wie sie sich von Aufträgen bzw. sogenannten Erwartungs-Erwartungen abgrenzen kann, d.h. von dem, was sie denkt, was andere Menschen von ihr möglicherweise erwarten. Welche Ressourcen könnte sie zukünftig mehr nutzen, um ihren Selbstwert zu spüren und damit mehr auf ihre persönlichen Grenzen zu achten?

Auftragsklärung oder: Wer will hier was von wem?

Prozessorientiertes Arbeiten ist für mich eine wichtige Grundsäule in Coaching und Beratung, denn es kann immer anders kommen, als man denkt: Auftragsklärung bleibt ein Dauergeschäft. Dennoch ist meine Erfahrung, dass es bei manchen Klienten Sinn macht, eine grobe Vorgehensweise abzustimmen. Für die vereinbarten Coaching-Termine biete ich der Klientin als Meta-Themen an:

- eine Ressourcen-Timeline zu beschreiten,
- Aufträge bzw. Erwartungs-Erwartungen genauer anzuschauen,
- mögliche Zielideen zu klären.

Auf die Frage, was für den aktuellen Termin ein gutes Ergebnis wäre, antwortet die Kundin: *„Wenn ich nachher mit einem Gefühl von Entlastung und Zuversicht gehe."*

Nach einem kurzen Abstimmungsprozess lade ich die Kundin ein, ihre inneren Aufträge und Erwartungs-Erwartungen, mit der Methode des **Auftragskarussells** (beschrieben auf S. 116 f.) im Raum sichtbar zu machen.

Frau L. findet schnell einen Zugang zur Methode und formuliert unterschiedliche innere Aufträge, für die wir jeweils einen Stuhl in einem Stuhlkreis im Raum aufstellen: *„Du musst das schaffen", „Du musst perfekt sein", „Du musst das richtig machen".* Die Kundin ist betroffen und berührt von der Absolutheit ihrer Formulierungen. Sie beschreibt, dass diese Sätze häufig in ihrem Kopf kreisen und sie sich einen Ausweg wünscht.

Ich stelle einen weiteren Stuhl in den Kreis und stelle **zirkuläre Fragen** zum sozialen Umfeld von Frau L. Sie benennt als ihr vertraute Erwartungs-Erwartung der Mutter: *„Stell Dich nicht so an"*, vom Vater *„Du musst was erreichen"*, von dem Partner *„Kümmere dich um mich"*. Für eng vertraute Freundinnen findet sie eine Beschreibung wie *„Sorg für Dich"* passend.

Ich bitte Frau L., im Kreis Platz zu nehmen und lese ihr die von ihr formulierten „Aufträge" vor. Danach frage ich die Klientin, was sie gerade am meisten beschäftigt, wenn sie die Aufträge hört. Sie spricht schließlich darüber, dass das alte Geschichten sind, die sie belasten und traurig machen. Sie schildert, dass sie eine Lähmung fühlt, die sie oft aus dem alltäglichen Hamsterrad kennt.

Ein Sichtwechsel wird eingenommen

Wir gehen auf die andere Seite des Raumes. Über diesen Perspektivwechsel im Raum gelingt es, eine neue Sichtweise einzunehmen. Ich frage sie, was bisher hilfreich war, was neu war und was ein neuer Schritt wäre? Als hilfreich schildert die Klientin, dass die klar formulierten Aufträge zur Entschleunigung führen, was sie als entlastend empfindet, weil sie dann nicht immer noch mehr machen muss. Neu ist für sie, dass sie einen Zugang zu ihren Gefühlen spürt und Wut und Traurigkeit deutlich wahrnimmt. Das freut sie.

In Coaching-Prozessen geht es häufig darum, einen Unterschied zu machen, der einen Unterschied macht. Deshalb macht es bei einer prozessorientierten Arbeitsweise Sinn, dass wir angekoppelt an das Klienten-System Methoden so variieren, dass sie zum Klienten und dem Beratungsrahmen passen und dass wir das entsprechend mit dem Klienten rückkoppeln. Um einen Unterschied zu den wirkenden Aufträgen herzustellen, schlage ich vor, **Bildmotive** einzusetzen. Sie sollen die Klientin darin unterstützen, mögliche Lösungsideen zu finden.

Mit Bildern Möglichkeiten aufzeigen

Ich biete Frau L. an, für diese inneren und verinnerlichten Aufträge „Möglichkeitsbilder" auszuwählen und damit zu beginnen, eine neue Geschichte zu erzählen. Diese Bilder sollen die Möglichkeiten zeigen, die Frau L. auch noch hat. Dazu nutze ich ein Bildkartenset (vgl. S. 157), das ich auf dem Boden ausbreite.

Frau L. wählt ein Bild von einer Kuh mit den Worten *„Ich mache das, was ich wirklich will"*. Ein Foto von einer Kinderhand mit Abdruck kommentiert sie mit *„Das bin ich"*. Sie entscheidet sich für eine junge verspielte Katze und stellt fest *„…dass Katzen so ganz ihren eigenen Kopf haben und völlig spontan und unbekümmert entscheiden, was gerade dran ist. Manchmal sind sie ein bisschen unberechenbar, das gefällt mir"*. Auf mein Nachfragen, wie es ihr gerade geht, bemerkt sie, dass es ihr erstaunlich leicht fällt, „Zukunftsbilder" auszuwählen. Sie wirkt erleichtert und erklärt, dass sie sich über die Fotos die Erlaubnis geben kann, Bedürfnisse wahrzunehmen und sie direkt Zugang zu ihrer Kreativität hat. *„Mit den Bildern kann ich meine eigene Geschichte erzählen"*, fügt Frau L. hinzu.

„Du bist Gold wert"

Für den Auftrag der Mutter wählt sie eine gemütliche weiße Bank aus und stellt sich vor *„wie ich da sitze, es ist wohlig warm in der Sonne und ganz gelassen kann ich sagen, das ist mein Gefühl und das gehört zu mir"*. Dann wählt sie einen goldschillernden großen Fels aus und sagt strahlend: *„Du bist Gold wert."* Auf meine Nachfrage, was das für sie bedeutet, erklärt sie, dass sie schon viel erreicht hat und dass es nicht darum geht, was man noch alles erreichen kann, sondern eher den inneren Wert zu sehen, so wie man ist. *„Ich weiß, dass ich noch mehr kann, als ich manchmal denke und vor allem, dass ich dennoch weniger tun kann und trotzdem Gold wert bin"*.

Das scheint ein für die Klientin entscheidender Moment im Beratungsprozess zu sein. Sie hat die fünf Bilderkarten in der Hand und ich frage, wie sie die Bilder jetzt nutzen möchte und was mit den anderen beiden Aufträgen ist. Sie entscheidet eindeutig, dass sie für die Erwartungs-Erwartung von ihrem Partner jetzt keine Karte suchen möchte und das Thema vielleicht zu einem anderen Termin bearbeitet werden kann.

Die Aussage *„Sorg für Dich"* verändert sie durch den Satz *„Gönn Dir was"* und greift nach einem Bild mit Blick von einer Terrasse mit sommerlichen Getränken und Meerblick.

Eine Möglichkeit wäre zu dem Zeitpunkt auch, die Karten auf die jeweiligen Stühle im Auftragskarussell zu legen und mit den formulierten Sätzen zu ergänzen. Wir setzen uns wieder hin und die Kundin legt die Bildkarten in ihrer selbst gewählten Reihenfolge vor sich auf den Boden.

Was Frau L. aus dem Coaching mitnimmt

Ich frage nach, wie wir den Termin heute beenden wollen, was für sie noch wichtig ist zu benennen, was sie heute mitnimmt und was sie möglicherweise hier lassen will. Vor allem scheint mir wichtig, zu erfragen, woran sie in der nächsten Zeit bemerken könnte, dass die Beschreibung und Bedeutungen zu den gewählten Motiven Auswirkungen auf ihren beruflichen und privaten Alltag haben.

Frau L. zeigt auf die vor ihr liegenden Karten und sagt: *„Mir ist noch mal sehr bewusst geworden, dass ich selbst entscheiden darf und vor allem, dass ich mich auch gegen etwas entscheiden darf."*

Tränen fließen und sie fügt hinzu, dass sie erleichtert ist, dass sie ihre eigenen Bedürfnisse fühlen darf und sie heute erlebt hat, dass nichts Schlimmes passieren kann und dass sie sich mit großer Zuversicht auf ihren eigenen Weg macht. Das Schönste, was sie mitnimmt, ist der Satz *„Du bist Gold wert"* und dazu hat sie ganz konkrete Ideen, wie sie das Gefühl, was die damit verbindet, in ihren Alltag integrieren kann. Sie fotografiert die ausgewählten Karten für sich.

Zum Schluss wünscht sie sich eine Rückmeldung von mir, was ich denke. Ich frage neugierig, wozu es hilfreich sei, dass ich eine Rückmeldung gebe. Schließlich schlage ich Frau L. vor, ihr anstelle dessen eher eine Geschichte zu erzählen. Sie ist einverstanden und ich erzähle die Geschichte vom „Maulwurf Grabowski" (nach L. Murschetz, 1972).

Der Maulwurf Grabowski lebte am Stadtrand unter der schönen großen Wiese. Er hatte ein sehr weiches Fell, große Grabekrallen und eine rosa Nase. Der Maulwurf Grabowski arbeitete den ganzen Tag über. Er strengte sich dabei sehr an, grub Gänge in die Erde und warf viele kleine Erdhügel auf. Geschickt räumte er alle Hindernisse mit seinen Grabekrallen aus dem Weg. Abends, beim Untergang der Sonne, wenn die Lichter der Stadt in der Ferne auftauchten, genoss er die Ruhe auf seiner Wiese.

Da trat eines Tages eine Änderung in sein Leben. Auf der Wiese tauchten fremde Männer mit großen und schweren Maschinen auf und von da an war es mit seiner Ruhe vorbei. Er wich den Menschen aus und grub seine Gänge immer weiter weg, aber die Erde wurde durch die Bauarbeiten fester und die Wiese wurde kleiner und kleiner. Es wurde immer schwieriger, den großen Maschinen auszuweichen. Schließlich wurde er von der Schaufel eines Baggers erfasst und in hohem Bogen auf einen großen Erdhügel geschleudert. Von dort aus sah er dem Baustellentreiben zu. Was er sah, machte ihn traurig. Es beschloss, von seiner geliebten Wiese wegzuziehen.

Er wanderte lange, über Tage und Nächte, überquerte erst Straßen und Brücken und wanderte schließlich über Feldwege und Baumstämme. Bis er schließlich auf eine riesengroße grüne Wiese stieß, mit leichter, duftender Erde. Zufrieden fing er an zu graben und warf übermütig mehrere Hügel auf.

Als Anregung gebe ich Frau L. mit, zu überlegen, wie ihre grüne Wiese aussehen könnte, wo die Katze ihren Platz findet und was sie so alles anstellt, woran ihr Umfeld erkennen könnte, dass es ihre Wiese ist und was diese Wiese so wertvoll macht.

Wir sind ständig umgeben von Geschichten. Sie werden immer und überall erzählt. Die Methode des Geschichtenerzählens (engl. Storytelling) ist eine uralte Kommunikationsform der Menschheit, um Erfahrung, Wissen und Werte weiterzugeben. Auch heutzutage wird in Beratungsprozessen das Storytelling praktiziert, denn wo Menschen sich in Suchprozessen befinden und nach Lösungswegen Ausschau halten, können Geschichten erzählt, umgeschrieben oder neu erfunden werden.

Fallbeispiel 3
Im narrativen Gespräch die Landschaft des Klienten erkunden. Eine Reflexions- und Orientierungshilfe

„Dem Löwen einen Platz geben"

von Cornelia Hennecke, Stephan Theiling, Tom Pinkall

Wie unsere Reflexionshilfe entstand? Dazu eine kleine Geschichte: In einem unserer Grundlagenseminare zum Thema Systemisches Arbeiten hatten wir uns vorgenommen, die Teilnehmer mit narrativen Arbeitsweisen bekannt zu machen. Wir fanden es eine gute (neue) Idee, einen Film von Michael White, dem Begründer des narrativen Ansatzes, zu zeigen. Vielleicht würde durch seine engagierte Vortragspräsenz das Interesse am narrativen Arbeiten genährt – dachten wir. Es stellte sich aber heraus, dass unsere Idee nicht ausreichend anschlussfähig für die Teilnehmer war und es einige Nacharbeit brauchte. So entstand dann die hier vorgestellte Reflexionshilfe. Im Seminar verbanden wir das mit einem Ausprobieren in kleinen Gruppen. Danach schienen die gesammelten Erfahrungen bei den meisten ermutigend zu sein.

Im Folgenden möchten wir diese Reflexionshilfe vorstellen. Sie ist für uns hilfreich, wenn wir uns mit Menschen in therapeutischen oder beratenden Gesprächen auf eine erkundende narrative Reise machen. Durch ein solches Gespräch trägt uns die Hoffnung, dass es dabei würdigende, ermutigende und stärkende Entdeckungen zu machen gibt.

Ein wenig Theorie vorweg: Kollaborative, narrative Gespräche

Menschen „verkörpern" die Geschichten, die sie sich selbst und anderen über ihre Entwicklungswege erzählen. Gleichermaßen werden diese Geschichten dabei immer wieder neu konstruiert, um Stimmigkeit und Stabilität aufrechtzuerhalten bzw. neu zu erzeugen. „Menschen sind unverbesserliche und geschickte Geschichtenerzähler, und sie haben die Angewohnheit, zu den Geschichten zu werden, die sie erzählen. Durch Wiederholung verfestigen sich Geschichten zu Wirklichkeiten und manchmal halten sie die Geschichtenerzähler/innen innerhalb der Grenzen gefangen, die sie selbst erzeugen halfen." (J. Efran et al., 1992)

In diesem Sinne interessiert uns in Beratungs-, Coaching- und oder Therapieprozessen, wie Menschen ihre Geschichten und das für sie damit verbundene Erleben erzählen. In unserem Arbeitskontext verbindet sich der Plot der Geschichte oft mit Leid, Ohnmacht oder schlicht als problematisch empfundenem Erleben. Unser Anliegen, z.B. als Coach, kann es sein, im Miteinander-Sprechen eine Geschichte „entstehen" zu lassen, die den Klienten bewusst macht, dass ihr gegenwärtiges Erleben, Denken und Handeln nur eine mögliche Narration ist. Es können Freiräume für ein erweitertes (Selbst)-Verständnis eröffnet werden, die den Klienten Zugänge zu neuen Perspektiven und Handlungsmöglichkeiten geben.

Somit stellt für uns nicht die Geschichte an sich etwas Wertvolles dar, sondern die Bedeutungen und Anregung(en), die für Menschen dabei entstehen, wenn sie sich als Beobachter und Gesprächsteilnehmer für die (Aus-)Wirkungen der Geschichten interessieren. Wichtig dabei scheint uns, sich dem anderen mit echtem Interesse zuzuwenden. Gelingt es uns als Coach, uns einigermaßen von dem Druck zu befreien, dass ein gutes Gespräch am Ende vor allem mit einem nützlichen Ergebnis für unsere Kunden oder Klienten enden muss, könnte das dafür eine gute Voraussetzung sein. Die Psychologin und Therapeutin Harlene Anderson spricht dabei von „kollaborativer Praxis". Das dialogische Gespräch ist geprägt von einer Haltung des gegenseitigen Erkundens und Nichtwissens.

Narratives Arbeiten bei Michael White

Narrative Konversationen seien nicht ‚diszipliniert", sagt Michael White. „Sie verlaufen nicht in geordneter Kochbuchmanier, sondern sind irgendwie widerspenstig." (M. White, 2010) Narrative Interviews sind also etwas anderes als Alltagskommunikation. Sie sind eher eine Art Anstiftung zum „wesentlichen Sprechen". White arbeitete in seinen Gesprächen mit „Landkarten" („Maps of Narrative Practice"), die nützliche Orientierungshilfen auf der Reise durch ein Gespräch sind. Er verweist dabei auf die Unterscheidung des Psychologen Jerome Bruner in eine „Landschaft der Handlung" und eine „Landschaft des Bewusstseins": „Die Handlungslandschaft gibt den ‚Stoff' der Geschichte und bildet sich aus der Sequenz von Ereignissen, dem Plot (sjužet), und dem Grundthema (fabula). Die Bewusstseinslandschaft bildet sich aus dem, was die Akteure wissen, denken oder fühlen oder eben nicht wissen, denken oder fühlen." (J. Bruner, 1986)

Die Externalisierung des Problems, das Erspüren und Suchen nach besonderen sprachlichen Ausdrucksformen und das Benutzen von Metaphern, haben besondere Bedeutung. Klienten „haben" nicht mehr das Problem, sondern können ihr Erleben und Verhalten in problematischen Situationen nach Wirkungen erforschen, z.B. hinsichtlich ihres Denkens, (körperlichen und emotionalen) Empfindens und/oder bezüglich sozialer Beziehungen. Der Zugang zu damit verbundenen Absichten und Intentionen des Handelns kann sich dabei öffnen.

Reflexions- und Orientierungshilfe

Diese Grafik bildet den Prozess der Reflexions- und Orientierungshilfe ab, der im Folgenden beschrieben wird.

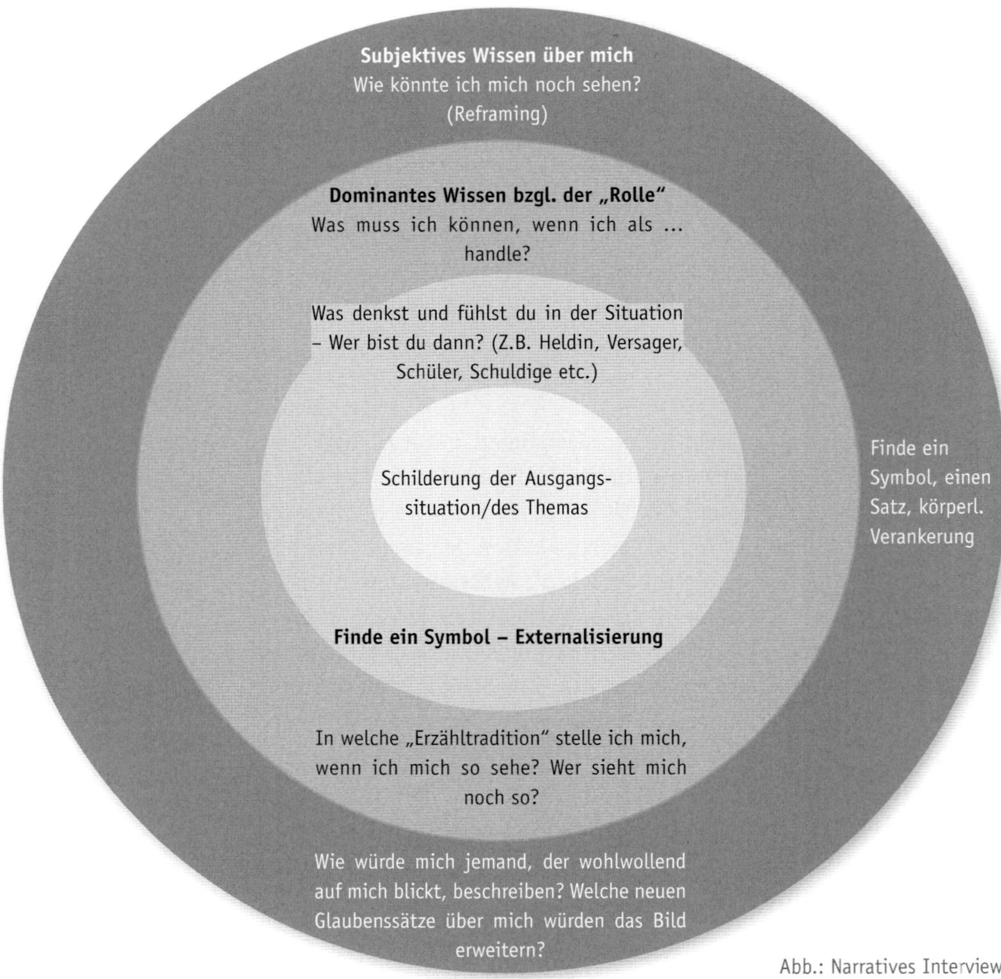

Abb.: Narratives Interview

Der in der Grafik dargestellte Prozess wird nun anhand eines (anonymisierten) Beispiels aus unserer Coaching-Praxis dargestellt, in Form von Auszügen aus einem narrativen Interview.

Ein Fallbeispiel: Anlass und Anliegen

Bei dem Coachee handelt es sich um den Geschäftsführer eines mittelständischen Betriebes mit drei Mitarbeitern im Dienstleistungssektor aus Süddeutschland. Herr M. ist 62 Jahre alt und klagt über starke Verspannungen im Nacken und Hinterkopf, die schon seit mindestens zwei Jahren andauern. Er fühle sich vielfach *„wie unter einer dumpfen Glocke"* und könne häufig seinen Kopf nicht bewegen. Er habe keinen erholsamen Schlaf, sei ständig müde, könne sich in seiner Arbeit nicht gut konzentrieren, sei vergesslich. Sein Körper sage ihm: *„Das machst du nicht mehr mit, du musst jetzt was tun."* Jahrelange Akupunktur und Physiotherapie, ebenso immer wieder medizinische Abklärungen unterschiedlicher Fach- und Ausrichtungen sowie Medikationen hätten keine wirklichen Befunde erbracht, die Symptome konnte er allenfalls kurzfristig lindern. Herr M. sieht sich am Ende seines Berufsweges. Er könne aber wegen finanzieller Probleme und Schulden nicht in den ersehnten Ruhestand gehen. Seine Ex-Frau, für die er sich nach der Trennung in 1992 noch sehr verantwortlich fühle (*„Sie würde mit ihrer aufbrausenden Art nirgendwo eine Anstellung finden"*), arbeite für ihn als Sekretärin. Er sei damals ausgezogen. Sie könne heute Berufliches und Privates nicht trennen. Ihm falle es sehr schwer, sich ihr gegenüber abzugrenzen, dies gelinge der 28-jährigen Tochter mittlerweile besser, die wegen der Übergriffigkeiten ihrer Mutter nach Brandenburg „geflüchtet" sei. Er fühle sich von seiner Ex-Frau auch heute noch vereinnahmt (*„sie beschießt mich"*). Bei Abgrenzungsversuchen bedränge sie ihn bis hin zu Suiziddrohungen.

Wirtschaftlich habe er für die Firma und seine Familie *„immer den Kopf hingehalten"*. Auch heute zahle er die Wohnung der Ex-Frau. Seit zwei Jahren habe Herr M. eine Freundin, die die Nähe zur Ex-Frau argwöhnisch beobachte, ihn aber gewähren lasse. Seine Partnerin tue ihm gut. Ausgleich fand er im Golfsport, wo er früher sehr gut und Clubpräsident gewesen sei, mittlerweile ärgere er sich über sein schlechtes Spiel so sehr, dass die Verspannungen dort maximal würden und er vor den anderen Mitspielern „ausflippe", wofür er sich schäme und verachte. Beruflich und privat gehe er die Dinge stets sachlich, bedacht und kontrolliert an. Gefühle führten zu nichts.

Herr M. möchte die möglichen Hintergründe seiner Symptome besser verstehen und sich wieder vitaler in seinen beruflichen Alltag einbringen können. Seine Art zu sprechen ist langsam, wohlbedacht und mit einem hintergründigen Humor belegt. Er schwankt in seinen Beschreibungen zwischen kritischer Selbstabwertung, Sachlichkeit und Witz. Vereinbart wurden zunächst fünf Sitzungen je zwei Stunden.

Schritt 1: Schilderung der Ausgangssituation

Zuerst sei dem Interviewer (Berater, Coach, auch Therapeut) ein mentaler Check empfohlen: Bin ich bereit, meinem Gegenüber mit echtem Interesse und einer offenen Haltung des Nicht-Wissens zu begegnen? Und ihm alle Aufmerksamkeit zu schenken, um im Hier und Jetzt ein Bild entstehen zu lassen: Von der Situation und dem, was mein Gegenüber dabei bewegt, wie genau sich das zeigt, wie es als „Problem" erlebt wird und was genau das für Auswirkungen auf das Erleben, Denken und Handeln bei ihm hat? Eine entsprechende Einladung, dieses Bild entstehen zu lassen, sollte gegenüber dem Coachee ausgesprochen und seine Zustimmung sichergestellt sein.

Während er den Prozesse beobachtet, ist es für den Coach hilfreich, die Leitunterscheidung zwischen der Ebene der Bewusstseins und der Ebene der Handlung in seiner Aufmerksamkeit zu behalten.

Coach: *„Schildern Sie doch bitte Ihr Ausgangsthema, Ihre Ausgangssituation."*

Klient: *„Ich werde immer wieder nicht ernst genommen. Ich gerate in Situationen von Unberechenbarkeit und Unkontrollierbarkeit, wenn ich mich z.B. auf private Gespräche mit meiner Ex-Frau einlasse. Was ich sage, wird einfach nicht ernst genommen. Dies erlebe ich zum Teil auch mit Geschäftspartnern, die bürsten dann einfach so über mich weg."*

Schritt 2: Externalisierung

Der Fokus liegt hier darauf, die Unterscheidung zwischen Person und Problem/Verhalten einzuführen. Es wird externalisiert: Das problematische Verhalten wird „wie außen stehend" betrachtet, als etwas, was einem widerfährt, was sich einstellt wie eine Art „unerwünschter Gast", der sich nicht einfach ignorieren lässt. Was genau tut dieser Gast (dem Erzählenden) an? Wie wirkt sich das, was dieser unerwünschte Gast tut, auf das Denken, Erleben und Sein in den sozialen Bezügen des Erzählenden aus?

„Wer sind Sie dann in solch einer Situation?", „Als wer fühlen Sie sich?" Solche oder ähnliche Fragen laden ein, nach einem passenden Wort oder Symbol zu suchen, auf das sich Erzählender und Interviewer weiter beziehen können.

- ***„Was denken Sie in der Situation über sich?"*** – *„Ich denke ‚du bist der Verlierer', wieder hast du es nicht geschafft! Und ich gerate in Selbstzweifel. Stimmt meine Position überhaupt, liege ich mit meiner Meinung richtig?"*

- ***„Was fühlen Sie dann in der Situation?"*** – *„Ich bin angespannt, werde lustlos und müde. Ich beginne stark zu schwitzen und mein Nacken verspannt total. Der Kopf beginnt zu dröhnen. Und wenn ich ganz ehrlich sein darf: Ich fühle mich angepisst von der Arroganz meines Gegenübers und da kommen auch Traurigkeit und Wut."*

- ***„Wer sind Sie dann?"*** – Nach einigem Nachdenken: *„Eigentlich wie der kleine Bub, dem, wenn er traurig oder wütend gewesen ist, die Mutter ständig sagte"*, (imitiert die Stimme der Mutter): *„‚Was willst du kleines armes Würstchen überhaupt? Was willst du Wurm?'."* Herr M.s Stimme wird brüchig, es bricht weinend aus ihm heraus. Nach einigen Minuten sehr sachlich: *„Ich habe damals den Beschluss gefasst, mit Gefühlen kommst du nicht weiter, das ist nicht konstruktiv. Das gilt bis heute, gerade im Beruf."*

- ***„Was müssen Sie können, wenn Sie, wie Sie sagen ‚als Verlierer handeln'?"*** – Grinst: *„Mich nicht so wichtig nehmen und ganz schön masochistisch sein."*

- ***„Wie sieht ein Symbol hierzu aus?"*** – Nach einer Weile: *„Ein Hamburger, der zwischen zwei Brötchenhälften eingequetscht ist."*

Schritt 3: Die Stärke der eingenommenen Rolle

Dieser Schritt lädt ein, Zugang zu den Fähigkeiten des Klienten in dieser Rolle zu finden, also mit dem handelnden, wissenden, könnenden Teil in dieser Rolle in Verbindung zu kommen:

„Wenn Sie in solchen Situationen immer wieder mit diesem ‚unliebsamen Gast', „dem Verlierer", konfrontiert werden, seine Kräfte dann in den Selbstzweifeln und (...) bemerken, die sich in Nackenverspannungen und (...) auswirken und das dazu führt, dass Sie sich als „Hamburger" erle-

ben: Welches Wissen und Können gebrauchen Sie, um sich in dieser Rolle zu bewegen? Was genau tun Sie, wenn Sie als „Hamburger" handeln?"

So könnte man den Pfad, die Orientierung für den Interviewer beschreiben, auf den die Aufmerksamkeit jetzt gelenkt wird. Der Interviewer sollte darauf vorbereitet sein, dass hier ein hartes Stück Arbeit auf beide im Gespräch zukommt, vielleicht etwas geschieht, was Michael White als „Widerspenstiges auf dem Weg" beschreibt. Sich zu öffnen und zu befragen kann jedoch auch mit neuem, angereicherten Wissen und neuen Entdeckungen verbunden sein. Beispielsweise erlebt der Klient als negativ, dass er sich zurückzieht. Darauf angesprochen, was genau er da tut, wenn er in der Rolle des Zurückziehenden handelt, erkennt er z.B., dass das geschehen kann, um etwas anderes, Schlimmeres, zu vermeiden oder etwas/jemanden/sich selbst zu schützen. Etwas, was für den Erzählenden einen hohen Wert besitzt, wird mit eben diesem Verhalten ausgedrückt und es wurde bisher lieber ein (hoher) Preis in Kauf genommen, um den Wert nicht aufzugeben.

- ***„In welche „Erzähltradition" stellen Sie sich, wenn Sie sich so sehen und beschreiben?"*** – *„Wut ist schlecht, Gefühle sind nicht konstruktiv, sie führen nicht weiter. Immer sachlich sein und bleiben. Mit Ärger kommt man nicht weiter. So lebe ich schon immer."*

- ***„Wer sieht das noch so?"*** – Ertappt: *„Meine Mutter und eigentlich mein Vater auch, der war Fleischer in der Nachkriegszeit und Gefühle waren da nicht wichtig."*

Schritt 4: Reframing

Aus den bisherigen Erkundungen verbindet sich dieser Schritt mit der Idee, die bisherige Erzählung und den damit verbundenen wertvollen Intentionen in einer problematisch erlebten Situation nun in einen anderen Bedeutungs-Rahmen zu setzen. Hier kann es ggf. eine Hilfe sein, sich zunächst eine andere, dem Klienten wohlgesonnene Person vorzustellen, die dieses Mitgefühl für den Erzählenden aufzubringen vermag.

„Wie wirkt sich diese positive Vorstellung aus? Welche wohlwollenden Perspektiven erweitern das Bild? Wie fühlt sich das im Körper an? Wie könnte das Auftreten vielleicht etwas anders aussehen, wenn in zukünftigen herausfordernden Situationen der ‚ungeliebte Gast' auftaucht und von Neuem einen Tanz der Verführung zu inszenieren beginnt, um die Regie zu übernehmen?" So ließe sich die Reflexionsanleitung für passende Nachfragen des Interviewers beschreiben.

- ***„Wie könnten Sie sich sonst noch sehen, wie sähe eine andere Perspektive bzw. Sichtweise zu Ihnen selber aus?"*** – Guckt ungläubig: *„Das wäre dann so wie eine Befreiung, wenn die Wut mal raus könnte. Es würde fließen, eine richtige Befreiung."*

- ***„Wie würde jemand, der wohlwollend auf Sie blickt, Sie dann beschreiben?"*** – Leise: *„Man würde mir auf die Schulter klopfen. Ich bekäme ein wohlwollendes Lächeln: Gut gemacht."* (Nachgefragt: *„Wer ist hier ‚man'?")* – *„Ich glaube, ich selber."*

- ***„Welche/r neue(n) Glaubenssätze würden das Bild erweitern?"*** – Spontan: *„Die bisherige Bewertung war falsch. Das mit der Wut hat auch sein Gutes"* (Anm.: Dieser Satz wurde auf einer Karte verschriftlicht und Herrn M. mitgegeben). *„Mehr lassen."*

- ***„Wie sieht ein Symbol hierzu aus?"*** – Herr M. sieht sich in den Räumlichkeiten um. Sein Blick bleibt an einer Ostheimer Löwenfigur aus Holz hängen, er lacht laut: *„Der Löwe hier und die aus dem Wasser herausragende Faust eines Ertrinkenden"*, schüttelt sich vor Lachen und nimmt den Löwen in beide Hände.

- ***„Stellen Sie sich vor, Sie würden mit Ihrem neuen Wissen, dem neuen Symbol in die o.g. herausfordernde Lebenssituation gehen und ihr begegnen – was könnte dann anders sein?"*** – Den Löwen festhaltend: *„Ich hätte kein schlechtes Gewissen mehr und könnte mich besser abgrenzen, ich würde mich nicht mehr so viel bremsen und zurücknehmen."*

Herrn M. wird angeboten, den Löwen bis zur nächsten Sitzung mitzunehmen, um diesem einen Platz in seinem täglichen Sichtfeld zu geben – er nimmt diese Anregung gerne an.

Abschluss

Jede (noch so kleine) Veränderung ist erst dann wirksam, wenn sie nicht nur „gedacht" erzählt wird, sondern auch mit einer Handlung, einem kleinen neuen Schritt verbunden ist.

Fokussiert der Interviewer abschließend auf diesen Teil, gibt das eine gute Gelegenheit, mit den selbstverantwortlichen Kräften des Klienten ein Bündnis zu schließen. Wichtig ist dabei, dass man sich tatsächlich vorstellt, was probiert, getan, aktiv beobachtet werden soll.

Fallbeispiel 4
Storytelling in der Konfliktarbeit

Eine Konfliktklärung zwischen zwei Parteien – Oder: Wie Hund und Esel über Barrieren helfen

von Hanna Milling

Die Inhaber eines alteingesessenen kleinen Familienunternehmens sind seit 30 Jahren als Ehepaar miteinander verbunden. Sie suchen externe Unterstützung zur Klärung eines Konfliktes, der anlässlich der anstehenden Übergabe des Unternehmens an ihre beiden Söhne eskaliert ist. Sehr unterschiedliche Vorstellungen bzgl. des Ablaufs der Übergabe, der Verantwortungsabgabe und der Rollenaufteilung stehen sich scheinbar unversöhnlich gegenüber. Das Ehepaar wünscht in einem ersten Schritt ihre Meinungsverschiedenheiten und Konfliktthemen noch ohne die Söhne miteinander zu klären.

Weder die verschiedenen Sachthemen der Auseinandersetzung, noch eine Nacherzählung der insgesamt fünf Sitzungen umfassenden Mediation soll in diesem Aufsatz Thema sein. Vielmehr soll der Scheinwerfer der Aufmerksamkeit auf einen kleinen Moment von großer Bedeutung gelenkt, und die kleine Geschichte eines großen Wendepunktes erzählt werden: die Geschichte, wie Hund und Esel dabei helfen, eine Barriere zu durchstoßen.

Der Konflikt präsentiert sich als unentwirrbarer Knoten

Denn zwar versuchten die Konfliktparteien, nach Schilderung der Situation und Darstellung der zu klärenden Themen „sachlich" über die unterschiedlichen Vorstellungen bzgl. des Übergabeprozesses zu diskutieren, doch jeder Satz schien ungeahntes Explosionspotenzial zu bergen. Bei jedem Thema, das besprochen wurde, kamen eine Vielzahl weiterer Themen und mit ihnen verbundene Emotionen an die Oberfläche – gleich einer Seerosenblüte, die man aus dem Wasser hebt und dabei unweigerlich ein nicht endendes, verflochtenes Wurzelwerk mit allen anderen Blütenstängeln im Schlepptau mit hinaufzieht. Berufliche und private Themen vermischten sich, Chefsessel und Wohnzimmercouch, Leitungsetage und Küchentisch – alles schien ein unentwirrbarer Knoten zu sein. (Zur besonderen Konfliktanfälligkeit und Konfliktklärung bei Familienunternehmen siehe A. v. Schlippe, 2009.) Das Anliegen der Konfliktparteien, sachlich die Unternehmensübergabe zu besprechen, zerschellte an den Verletzungen und Emotionen, die sich in 30 Ehejahren angestaut hatten und die sich nun wie ein giftiger Dampf in jedes noch so kleine zu klärende Thema mischten. Die in vielen Jahren angestaute Wut war greifbar zu spüren und machte sich immer und immer wieder in gegenseitigen Vorwürfen und Angriffen Luft: *„Genauso, wie du dich jetzt mit der Übergabe verhältst, war es auch bei der Erziehung unserer Kinder! Ich habe immer alle Arbeit gemacht, und wenn es um wichtige Entscheidungen ging, hatte ich nichts mehr zu sagen!"*, waren zum Beispiel die Worte der Ehefrau, woraufhin der Mann wie aus der Pistole geschossen erwiderte: *„Ich habe dir den Raum gegeben, dich entspannt um die Kinder kümmern zu können und dir den Rücken von diesen belastenden Entscheidungen freigehalten! Wie gerne hätte ich auch mal so viel Zeit mit unseren Kindern verbracht!" – „Wie bitte?"*, folgte sogleich ihre Entrüstung, *„Du mir den Rücken freigehalten? Ich habe dir den Rücken freigehalten, damit du dich in unserer Firma austoben kannst!"*. Und er: *„Austoben? Mit Kusshand hätte ich mehr Unterstützung von dir in der Firma entgegengenommen!"* Usw.

Die Situation war festgefahren. Alles Moderieren, Spiegeln und Fragen der Mediatorin vermochte es hier nicht mehr, die unfruchtbare Dynamik zu durchbrechen. Denn während das Dickicht der angestauten Emotionen der Eheleute ein konstruktives Klären der Sachthemen und unternehmerischen Fragen blockierte, konnten sich die scheidenden Unternehmensleiter ebenso wenig auf die Einladung der Mediatorin einlassen, dieses Dickicht der Emotionen genauer anzusehen und ihnen explizit Raum zu geben. Schließlich waren sie nicht zu einer Paartherapie gekommen. Während die Mediatorin dem Pingpong der soeben beschriebenen gegenseitigen Vorwürfe einen Moment lang seinen Lauf ließ und – ein Gefühl von Hilflosigkeit im eigenen Inneren wahrnehmend – nach einer hilfreichen Interventionsmöglichkeit suchte, kam ihr die rettende Eingebung: eine Geschichte!

Der narrative Rettungsanker – Storytelling in der Mediation

Denn – so weiß sie aus langjähriger Erfahrung – das Erzählen einer geeigneten Geschichte kann in der Konfliktarbeit Wunder bewirken, insbesondere dann, wenn die rein sachliche Berichterstattung nicht weiterführt und starke Emotionen sowie Widerstände gegen das explizite Ansehen der emotionalen Ebene und das Eintauchen in die Hintergründe des Konfliktes das Gespräch blockieren. Als Medium der Mehrebenenkommunikation haben Geschichten das Potenzial, die Konfliktparteien sowohl auf der Ebene des Verstandes als auch auf der

Ebene des Herzens und des Bauches zu erreichen und damit Blockaden aufzuweichen, die durch die in Konflikten so typische Perspektivenverengung und durch Widerstände gegen das Berühren von Gefühlen und Emotionen entstehen. Genau diese Barriere der verhärteten Emotionen, die unterschwellig jedwede konstruktive Konfliktlösung blockieren, muss jedoch in der Konfliktarbeit überwunden werden, um eine nachhaltige und tragfähige Lösung erarbeiten zu können. Indem die Konfliktparteien der Mediatorin in die Welt einer geeigneten Geschichte folgen, gehen sie nicht selten unmerklich und weich gebettet einen großen Schritt über das Hindernis.

Einleitung der Geschichte – darf ich?

„Entschuldigung wenn ich Sie unterbreche", sagt die Mediatorin mit einem humorvollen Augenzwinkern und verschafft sich durch entschiedenes Vorbeugen des Oberkörpers Raum, lehnt sich dann entspannt wieder zurück und fährt fort: *„Aber als ich Ihnen gerade so zuhörte, ist mir eine Geschichte in den Sinn gekommen. Die würde ich Ihnen gerne erzählen, darf ich?"* Alternative Einleitungsmöglichkeiten wären z.B. *„Kennen Sie die Geschichte von …? Die fiel mir soeben ein, möchten Sie sie hören?"*, oder aber *„Das mag Ihnen jetzt vielleicht komisch erscheinen, aber ich würde Ihnen dazu gerne eine Geschichte erzählen, einverstanden?".* Der österreichische Mediator und Geschichtenerzähler Ed Watzke wählt gerne die humorvolle Version: *„Mir fällt da gerade eine Geschichte ein. Die hat bestimmt gar nichts mit Ihnen zu tun, aber ich würde sie gerne erzählen …"* Welche Variante auch immer gewählt wird, wichtig dafür, dass die Konfliktparteien sich wirklich auf das Zuhören einlassen können, ist das Abholen ihres Einverständnisses.

Das Erzählen der Geschichte – Es war einmal …

Nachdem die Konfliktparteien etwas erstaunt zugestimmt haben, beginnt die Mediatorin zu erzählen. Sofort ist eine spürbare Entspannung im Raum festzustellen, die Körperhaltung und Gesichtszüge der Konfliktparteien entspannen sich in ein aufmerksames Lauschen hinein.

Ein Hund und eine Eselin, die verlieben sich unsterblich ineinander und feiern schließlich im Kreise ihrer Freunde ihre Hochzeit. Alle geladenen Tiere nehmen teil an dem berauschenden Fest und sind sich einig, kaum je ein schöneres, glücklicheres Brautpaar erlebt zu haben. Das Fest ist vorüber, das strahlende Paar bezieht frohen Mutes seine Hütte, um fortan zusammen zu leben. Die Jahreszeiten ziehen ins Land und ein Jahr darauf kommt der Dachs in die Gegend der beiden, der auch Hochzeitsgast gewesen ist. Er kommt zu deren Hütte, betritt diese und ist beim Anblick der beiden tief erschrocken. Sie geben ein Bild des Jammers ab. Total geschwächt und bis auf die Knochen abgemagert, kauern sie auf dem Boden, ringen um Atem, siechen dahin.

Der Dachs wendet sich zutiefst besorgt an den Hund und flüstert ihm ins Ohr: „Was ist nur deiner ehemals blühenden Braut widerfahren, dass ich sie in diesem Zustand sehen muss?“ – „Ich habe keine Ahnung, ich bin völlig verzweifelt. Sie wird weniger und weniger, obwohl ich ihr immer die besten Knochen und das beste Fleisch überlasse.“ Der Dachs stellt daraufhin der Eselin die Frage, was mit dem Hund geschehen sei. Darauf die Eselin: „Es ist ganz schrecklich, mein Gemahl wird immer schwächer und kränker, obwohl ich ihm immer das duftigste Heu und die feinsten Disteln überlasse.“
(*Nach E. Watzke, 2008*)

Im Anschluss an die Geschichte – Wie die Geschichte wirkt

Als die Geschichte beendet ist, blickt die Mediatorin in zwei nachdenkliche, aber deutlich entspannter wirkende Gesichter. Schweigen. Die Mediatorin hält den Moment des Schweigens bewusst aus, schlägt dann eine kurze Pause vor und bietet einen Tee an, den die Eheleute schweigend zu sich nehmen.

Kaum sitzen sie wieder, beginnt der Mann: „*Das mit der Geschichte … da ist etwas dran. Manchmal wird man sich erst zu spät bewusst, was man sich eigentlich gewünscht hätte, oder man wusste es und hat es nicht kommuniziert. Vielleicht habe ich das nie zum Ausdruck gebracht, dass ich mir eine ausgeglichenere Rollenverteilung in Firma und Familie gewünscht hätte. Und ich dachte, ich tue alles, um es meiner Frau leichter zu machen. Nun erfahre ich, dass ich ihr etwas ermöglicht habe, was ich mir selbst an ihrer Stelle gewünscht hätte, was sie sich aber gar nicht wünschte. Das macht mich sehr traurig.*“

Die Mediation nimmt an dieser Stelle eine entscheidende Wendung. Es entsteht ein ehrlicher Austausch darüber, was jeder gebraucht hätte. Rechtfertigungen und Angriffe werden immer weniger und bleiben schließlich aus. Es fließen Tränen. Der Übergang vom Sprechen über die Geschichte zum Sprechen über den eigenen Konflikt ist fließend. Am Ende kann konstruktiv in die Zukunft geblickt werden, mit der klaren Entscheidung, sie nun nach den kommunizierten Bedürfnissen beider zu gestalten.

So konnte an dieser Stelle eine Geschichte das bewirken, was alles Spiegeln und alle klugen Fragen nicht vermochten. **Die Geschichte diente als Spiegel und Mittler** und erleichterte so die Kommunikation über schwierige Gefühle und dahinter verborgene Bedürfnisse.

Da die Geschichte vollkommen losgelöst von der unmittelbaren Erfahrungswelt der Streitenden ist, konnte sie ihnen helfen, eine in mancher Hinsicht veränderte Beziehung zu ihrem Konflikt zu gewinnen. Zum einen ermöglichte sie ein vorübergehendes Heraustreten aus ihrem emotionalen Konflikterleben und damit eine Distanzierung von ihrer Problemfokussierung. Zum anderen erleichterte die bildhafte Darstellung der Geschichte die Identifikation mit ihren Figuren und Handlungen. So konnten beide Konfliktparteien ihre Bedürfnisse auf die Geschichte übertragen und benennen. Denn im anschließenden Assoziieren zu der Geschichte sprachen sie letztlich über sich selbst, über ihren Konflikt, über ihre verletzten Gefühle und ihre Bedürfnisse und Wünsche. Die Geschichte wurde zu einem Spiegel, dessen Spiegelbild reflektiert werden konnte. Das Assoziieren zur Geschichte fiel wesentlich leichter als direkt anzusprechen, was im eigenen Inneren vor sich ging.

Auch übernahm die Geschichte hier die Funktion des „Normalisierens". Sie macht deutlich, dass ähnliche Themen und Probleme auch andere Menschen beschäftigen, sodass sie sogar den Weg in eine Fabel gefunden hatten. Die Geschichte wurde zum Mittler, der es ermöglicht, frei von den bis dahin dominierenden Widerständen und konfliktfokussierten Schutzmechanismen in einen konstruktiven Austausch zu treten.

Die Geschichte regte die Kreativität der Konfliktparteien an, ermöglichte ihnen Perspektivwechsel und legte so die eigenen Konfliktlösungsressourcen frei.

Der mediative Ansatz der Konfliktbewältigung folgt der Annahme, dass Menschen prinzipiell die Fähigkeit besitzen, ihre Schwierigkeiten und Konflikte zu überwinden und zu lösen. Voraussetzung ist, dass die eigenen Ressourcen freigelegt sind und der Blick offen für alternative Möglichkeiten und neue Denkwege ist. Ganz im Sinne dieses ressourcenorientierten Ansatzes konnte die Geschichte dabei helfen, den Prozess des Umdenkens anzustoßen. Denn sie bot ein Gegenkonzept zu den gewohnten Denkbahnen und lud dadurch zum Experimentieren mit ungewohnten Konzepten und Lösungsmöglichkeiten ein. Die bisher vertrauten Gedankengänge, Wünsche und Vorstellungen erschienen durch die in gewisser Hinsicht provokative Geschichte – welche in systemischem Sinne ein Verschlimmerungsszenario aufzeigte – in einem neuen Licht. Die eigene Situation konnte plötzlich unter einem anderen Blickwinkel gesehen werden, der ihr zugleich einen anderen Charakter verlieh und den Blick für bisher unsichtbare Lösungen öffnete.

Die Geschichte löste Suchprozesse aus und wirkte im Unterbewussten nach.

Menschen lernen durch übergreifende Muster, indem sie überlieferte und erlebte Erfahrungen bewusst oder unbewusst auf neue übertragen. Indem die Konfliktparteien aufmerksam der Geschichte lauschten, wurden unwillkürlich Suchprozesse in ihnen ausgelöst und – zugleich bewusst denkend und intuitiv erfassend – Bezüge zu ihrem eigenen Leben, ihrem aktuellen Konflikt und ihrer persönlichen Geschichte hergestellt (vgl. E. Watzke, 2008).

Dadurch, dass der Aha-Effekt von Geschichten über die rein rationale Ebene des Verstandes hinausgeht, besteht eine wesentlich größere Chance, dass tatsächlich Handlungs- und Haltungsänderungen eingeleitet werden (vgl. E. Watzke, 2008, N. Peseschkian, 1989), wie es in diesem Beispiel geschah.

Durch die anschauliche Bildhaftigkeit der Geschichte prägte sie sich überdies leichter ein als dies abstrakte Diskussionen über die Problematik vermocht hätten. Gleich einem gesäten Samenkorn konnte sie ihre Wirkung noch lange nach dem Hören weiterentfalten und die Konfliktparteien kamen in den folgenden Sitzungen noch mehrfach auf das Fabelbild als Metapher zu sprechen. *„Disteln mit Knochen verwechseln"*, wurde zu einem geflügelten Begriff in diesem Konfliktklärungsprozess und immer wieder wurde darüber gesprochen, wo wer eines anstelle des anderen erhalten hatte, was wessen „Disteln" und „Knochen" seien und wie man dieses Wirrwar zur größeren Zufriedenheit aller wieder sortieren konnte.

Was es zu beachten gilt – Goldene Fäden und Fallstricke

Entscheidend dafür, dass die Konfliktparteien sich im Mediationsprozess auf eine Geschichte einlassen können und diese frei wirken kann, ist, dass sie ohne moralisierende Zuschläge und belehrenden Charakter erzählt wird. Dies wiederum setzt voraus, dass die Haltung des Erzählers von Wertfreiheit, Offenheit und Empathie geprägt ist. Insbesondere wenn eine Geschichte als belehrende Botschaft an nur eine Konfliktpartei aufgefasst werden kann, ist große Vorsicht geboten und sie sollte nicht im Beisein beider erzählt werden. Denn dies könnte nicht nur Widerstände erzeugen, sondern auch als Parteilichkeit des Vermittelnden gedeutet werden und somit zum Vertrauensverlust der betroffenen Konfliktpartei führen. Fällt dem Mediator eine geeignete Geschichte ein, mit der er gerne arbeiten würde, die tendenziell jedoch an nur eine Konfliktpartei adressiert ist, ist es u. U. hilfreich, eine jeweilige Einzelsitzung anzuberaumen und dort mit der Geschichte zu arbeiten.

Die Geschichten, die in der Konfliktarbeit erzählt werden können, müssen dabei selbstverständlich nicht dem reichen Schatz alter Fabeln, Weisheitsgeschichten und Märchen entspringen. Auch Geschichten aus dem eigenen Leben oder aus der eigenen Fantasie können dieselbe Wirkung entfalten.

Wann und wie eine Geschichte erzählen?

Wann genau nun aber welche Geschichte erzählt werden kann, dazu gibt es keine rationalen, vom Verstand festlegbaren Regeln. Hier ist die Intuition des Erzählers gefragt, die sich entwickelt, umso mehr man sich selbst auf die Welt von Geschichten einlässt und sich von ihnen berühren lässt. Dasselbe gilt für die Kunst, Geschichten so zu erzählen, dass sie die Zuhörer geistig und emotional in die Welt der Geschichte zu entführen vermögen. Dies gelingt, wenn der Erzähler mit seinen Worten Bilder, Töne, Geschmack, Gerüche, Empfindungen und Gefühle wachzurufen versteht. Eine „multisensorische Sprache", d.h. ein harmonisches Ensemble aus Worten, Stimme, Mimik, Gestik, Blickkontakt, Rhythmus, Tempo und Lautstärke, hilft dabei, nicht bloß die Vernunft, sondern auch Herz, Bauch und Gefühl der Medianten anzusprechen. Und dies wiederum setzt ein bildhaftes inneres Erleben des Erzählers voraus.

Nach dem Erzählen einer Geschichte ist es wichtig, zunächst den häufig auftretenden Moment des (nachdenklichen) Schweigens auszuhalten. Erfolgen direkte Reaktionen der Medianten, sollte diesen Raum gegeben werden. Häufig entspinnt sich dadurch ein sehr fruchtbares Gespräch über Kernpunkte des Konfliktes und der Übergang vom Sprechen über die Geschichte ins Sprechen über den eigenen Konflikt ist fließend. Damit kann die Geschichte mit ihren Bildern zu einem goldenen Faden werden, der langsam in die eigene Konfliktgeschichte gewoben werden kann und der den Anstoß zum Umstricken der bisherigen Erzählstränge gibt (vgl. zur narrativen Arbeit an den Konfliktgeschichten der Klienten H. Milling, 2013 und J. Winslade; G. Monk, 2001).

Wenn das Schweigen nach dem Erzählen der Geschichte anhält, kann eine kurze Pause eingeleitet werden, in der die Geschichte „sacken" kann. Anschließend sollte den Medianten die Möglichkeit gegeben werden, auf das Gehörte zu reagieren. Aber auch am Ende einer Mediationssitzung kann eine Geschichte „mit auf den Weg" gegeben werden. Die Klienten kommen häufig in der Folgesitzung selbst nochmals auf sie zurück.

Technische Hinweise

Um geeignete Geschichten erzählen zu können, bedarf es keines besonderen Materials, wohl aber eines guten Gedächtnisses und einiger Übung im multisensorischen Erzählen von Geschichten. Es gibt zahlreiche Bücher mit Sammlungen alter Weisheitsgeschichten aus der ganzen Welt, die als Anregung und Quelle dienen mögen. Umso geübter man im Erzählen dieser Geschichten wird, desto mehr wird man sie individuell an Situation und Kontext anpassen, verändern und nach und nach eigene Geschichten erfinden oder aus eigenen Erlebnissen formen. Übung macht auch hier den Meister.

Wer sich wohler damit fühlt, Geschichten vorzulesen, kann sich alternativ eine kleine Geschichtenbibliothek im Beratungsraum einrichten und bei Bedarf eine Geschichte aus einem Buch direkt vorlesen. Auch hier können Stimme, Mimik und Gestik sehr schön in die Welt der Geschichte hineinführen. Jedoch sollte auf regelmäßigen Blickkontakt zum Zuhörer geachtet werden, um die Beziehung zwischen Vorlesendem, Geschichte und Zuhörer sicherzustellen.

Das Erzählen von Geschichten in professionellen Kontexten, in denen wir meinen, dass vornehmlich unsere Rationalität gefragt ist, ist für uns häufig mit einiger Überwindung verbunden. Wir glauben, es sei unangebracht oder trauen uns nicht zu, eine Geschichte angemessen wiederzugeben. Dabei haben wir alle viel mehr Potenzial zum Geschichtenerzählen, als wir glauben. Und während Geschichten, wie Jorge Bucay so schön sagt, Kindern gern beim Einschlafen helfen, helfen sie uns Erwachsenen nicht selten, aufzuwachen.

Probieren Sie es aus.

Fallbeispiel 5
Geschichten neu und anders erzählt

Zu neuen Ufern aufbrechen

von Karin Nöcker und Haja Molter

Narrative Denkansätze gehen davon aus, dass sich Menschen ihre eigene Geschichte durch eine besondere Erzähltradition aufbauen. Sie entscheiden, was für sie bedeutsam ist und selektieren auf diese Weise Erlebtes und die dazu gehörenden Ereignisse.

Unsere Erfahrung zeigt, dass es in Beratung und Coaching hilfreich sein kann, Geschichten neu zu erzählen bzw. zu dekonstruieren (vgl. dazu auch S. 84, S. 123). Dominante Erzählungen zu dekonstruieren, bedeutet, die Gesamtheit einer Geschichte in einzelne Erzählstränge zu zerlegen. Dadurch verändert sich für den Erzähler der Sinn dieser bisher vertrauten und gewohnten Geschichte. Neue Sinngebungen entstehen auch, wenn widersprüchliche, lückenhafte Erzählungen vervollständigt und festgefahrene Geschichten geöffnet werden. Es geht nicht darum, positiv erzählte Geschichten in den Vordergrund zu stellen oder negativ erlebte und erzählte Geschichten auszublenden oder sie ungeschehen zu machen. Vielmehr geht es darum, sie mit neuen Bedeutungen zu belegen, damit sie hilfreich, konstruktiv, ressourcenfördernd, weniger belastend erlebt und gelebt werden können.

Eine Grundaussage von Hans Gadamer, dem Begründer der universalen Hermeneutik, ist: „Nicht wir führen das Gespräch, sondern wir werden vom Gespräch geführt." Wenn uns also auch im Coaching oder in der Beratung das Gespräch leitet: Können Kunden dann noch bei „ihren" Themen bleiben oder ist das Gespräch nicht eine Ko-Kreation von Coach und Klient? Wer leitet wen? Hat unser Wort als „Leitung" im Gespräch mehr Gewicht als das der Kunden, da wir in ihren Augen schließlich die Experten sind?

Wenn es uns scheinbar nicht gelingt, ein Gespräch zu „führen", so glauben wir doch, dass es möglich ist, Rahmungen für konstruktive Kommunikation zur Verfügung zu stellen. Diese Rahmungen könnte man auch als Landkarten bezeichnen. Unser Erleben gleicht nicht dem Erleben des anderen, so wie kein Ei dem anderen gleicht. Wir können uns über die Landschaft verständigen, wissen allerdings nicht, mit welcher Aufmerksamkeitsfokussierung wir und andere hinsehen, um sich zu orientieren. Der von uns nachfolgend vorgestellte Leitfaden zur Dekonstruktion und Neukonstruktion stellt solch eine mögliche Landkarte für den Inhalt eines Gesprächs dar.

Auftragsklärung

Herr B., 38 Jahre, promovierter Wirtschaftswissenschaftler, verheiratet, zwei Kinder im schulpflichtigen Alter; Ehefrau Frau B., 35 Jahre, berufstätig als Lehrerin in einer Grundschule. Herr B. kommt auf Empfehlung seiner Ehefrau zu uns ins Coaching. Herr B. ist der für Marketing zuständige Abteilungsleiter eines weltweit operierenden amerikanischen Konzerns. Er wird von seinem CEO in Deutschland, der an die Konzernspitze wechselt, als sein Nachfolger vorgeschlagen.

Anlass des Coachings ist die ambivalente Haltung des Kunden gegenüber diesem Angebot, das für ihn einen Karrieresprung bedeuten würde. Der Kunde ist sich sicher, den neuen Posten mit seinen Kompetenzen und Qualifikationen gut ausfüllen zu können. Seine Sorge und Ambivalenzen beruhen auf der Befürchtung, am alten CEO gemessen zu werden, der ein hohes Ansehen bei den Mitarbeitern und der Konzernspitze genießt. Die von ihm vermuteten „Erwartungs-Erwartungen“, also das, was er glaubt, was andere von ihm denken, verunsichern ihn und lassen Zweifel aufkommen, ob er dieses Angebot annehmen soll.

Der Kunde **formuliert** sein Anliegen folgendermaßen: *„Bitte unterstützen Sie mich darin, dass ich trotz Ambivalenz den neuen Job annehmen kann.“* **Unser Anliegen** im Coaching-Prozess ist es, Kunden in Bezug auf ihre Ziele und beim Finden von Lösungsmöglichkeiten zu unterstützen, d.h., wir sind den Ideen und Prozessen der Kunden gegenüber wohlwollend neutral. Wir unterstützen sie bei möglichen Suchprozessen und treten in dem Moment in den Hintergrund oder ein Stück zur Seite, wenn es darum geht, dass der Kunde für sich eine Entscheidung trifft und/oder eine Lösung findet. Da das vom Kunden formulierte Anliegen mit unserem Anliegen kompatibel erscheint, entwickeln wir einen **gemeinsamen Zielraum** für den Coaching-Prozess: die Auseinandersetzung mit den Ambivalenzen und den darin enthaltenden möglichen Ressourcen, um den neuen Job sicher und entspannt beginnen zu können. Auf die Frage, wie zuversichtlich er auf einer Skala von 1–10 sei (1 = niedrig; 10 = hoch), dass ihm dies gelingen werde, gibt der Kunde spontan 6,5 an.

Ein **Auftrag** formuliert das ursprüngliche Anliegen der Kunden zu einer operablen gemeinsamen Zielsetzung um. Er definiert nicht nur das Thema der Kommunikationen, sondern er grenzt auch den Bereich ein, in dem der Coach beauftragt ist, zu handeln. Er gibt einen Hinweis darauf, ob die Wahl der möglichen Intervention, hier Storytelling, passend ist und enthält die Bedingungen, die erfüllt werden müssen, damit das Coaching beendet werden kann. Und er ermöglicht eine Evaluation des Coaching-Prozesses.

Der weitere Coaching-Verlauf

Herr B. ist irritiert über die Ambivalenzen, die das ausgesprochene Angebot bei ihm auslösen. Er arbeitet seit Abschluss seines Studiums im Konzern, hat dort schnell Karriere gemacht und ist mit 35 Jahren Abteilungsleiter geworden. Auf Nachfrage bestätigt er, dass er sich im Konzern beheimatet fühle und sich gegebenenfalls einen Auslandsaufenthalt vorstellen könne. Das aktuelle Angebot entspricht seinen Karrierevorstellungen.

Da wir in der komfortablen Situation sind, Coaching-Prozesse zu zweit durchführen zu können, können wir reflektierende Positionen in den Gesprächsverlauf mit einbauen. So regen wir neue hilfreiche Selbstkonstruktionen an, zum Beispiel eine neue oder anders erzählte Geschichte. Das bedeutet, dass wir vor Herrn B. das von uns Gehörte reflektieren und überlegen, welche hilfreiche Methode wir anbieten können. Eine unserer Hypothesen ist, dass die Art, wie Herr B. seine aktuelle Situation erzählt, eine „Anleitung zum Unglücklichsein" werden könnte. Eine weitere Hypothese ist, dass die Art der Erzählung auch den Zugang zu seinen Ressourcen versperrt und diese somit ungenutzt bleiben.

Das Storytelling erscheint uns in diesem Fall als Methode hilfreich und wir bieten diese Möglichkeit an, Herr B. stimmt dem zu.

Storytelling auf unsere Art

Um eine Dekonstruktion einer erzählten Geschichte einzuleiten, setzen wir Metaphern und Sprachspiele als verstörende Elemente ein. Wie schon oben beschrieben, sehen es Systemische Berater und Coachs als eine ihrer Aufgaben an, Rahmungen für Kommunikation zur Verfügung zu stellen. Wir laden ein, neue Geschichten zu erfinden, wenn die alten destruktiv wirken. Dazu bieten wir neue Rahmungen für diese Geschichten an. Dies wirkt ähnlich wie bei einem neuen Bilderrahmen, der die Gesamtkomposition eines Bildes verändern kann (vgl. „Reframing", S. 88, S. 140). Verhalten und Ereignisse bekommen damit einen anderen Sinn. Manchmal geben wir Kommentare zum Gesagten ab. Hierbei wird auf den Verlauf der Sitzung und die bereits erarbeiteten Informationen und Deutungen Bezug genommen. Wir bieten dem Kunden eine andere Wirklichkeitsbeschreibung an.

Ein wichtiger Aspekt ist für uns die soziale Anwendung von Sprache als Mittel zum Diskurs. Der narrative Ansatz beschäftigt sich neben den individuell erzählten Geschichten auch mit der sozial konstruierten Wirklichkeit. Nicht nur die eigene persönliche Geschichte mit dem Zeitkontinuum von Vergangenheit, Gegenwart und Zukunft bestimmt unser Sein, sondern auch die Erwartungs-Erwartungen, d.h., was wir glauben, wie uns andere Menschen sehen (wollen). Somit ist persönliche Identität auch eingebettet in soziale Konstruktionen.

Auch Herr B. scheint sehr mit den Erwartungs-Erwartungen innerhalb der Firma beschäftigt zu sein. Er geht davon aus, dass die Mitarbeiter ihn mit seinem ehemaligen Vorgesetzten vergleichen werden. Er denkt, dass die Chefetage erwartet, dass er die Erfolgsgeschichte seines Vorgängers mit dessen Führungsstil weiterführt. Und er scheint den Eindruck zu haben, dass die Mitarbeiter nicht wünschen, dass er vom vertrauten Kurs abweicht.

Durch seine Beschreibungen entwickeln wir gemeinsam eine Idee von seinem Wirklichkeitsraum, in dem sich seine aktuelle Sinngebung zeigt. Der Wirklichkeitsraum ist Teil des von uns entwickelten Raummodells, das aus Wirklichkeitsraum, Möglichkeitsraum und Zielraum besteht (s. *www.molter-noecker.de*). Hier beschreibt der Kunde, wie seine subjektive Wirklichkeit aktuell aussieht und wie er den Status quo erlebt.

Wenn wir die Methode des Storytellings anbieten, benutzen wir zur Konstruktion neuer Geschichten einen von uns entwickelten **Fragenpool**, den wir dem Kunden zur Verfügung stellen. Nicht alle Fragen sollen im Coaching-Prozess bearbeitet werden. Um Selbstorganisation anzuregen, bitten wir den Kunden, sich alle Fragen durchzulesen und dann eine Reduktion vorzunehmen, sodass eine Orientierung für den Kunden und uns entsteht. Nicht wir entscheiden über die Relevanz der Fragen, sondern der Kunde selbst. Dadurch beginnt sich ein mehrdimensionales Bild zu entwickeln.

Selbstorganisation und Sprache

Wir wissen, dass gestellte und nicht gestellte Fragen starke Interventionen sein können und den Diskurs mitbestimmen. Daher beziehen wir unsere Kunden bei der Auswahl möglicher hilfreicher Fragen mit ein. Der Kunde entscheidet auch mit, wie nützlich das Eröffnen neuer Handlungsräume für ihn ist.

Sprache ist und kann nicht universell sein, weil sie mit inneren Bildern gekoppelt ist. „Die Information einer Beschreibung hängt von der Fähigkeit eines Beobachters ab, aus dieser Beschreibung Schlussfolgerungen abzuleiten." (H. von Foerster, 2004) Da die Realität nie unabhängig vom Beobachter ist, besteht die Gefahr, dass wir als Berater und Coachs unsere Bedeutungsgebung in den Vordergrund stellen oder Klienten und Kunden, wenn auch nur aus Höflichkeit, diese für wahr und richtig halten.

Systemische Berater und Coachs – uns eingeschlossen – versuchen, über veränderte Bedeutungsgebungen und die Art und Weise, wie darüber gesprochen wird, neue Handlungsspielräume zu ermöglichen. Nicht die Veränderung von Beziehungen steht im Vordergrund, sondern die Verwandlung der unterschiedlichen Problembeschreibungen der Systemmitglieder in andere, neue Bedeutungen, was schließlich in neue Kommunikationsformen münden soll.

Fragenpool

- Wie und auf welche Art und Weise wird die Geschichte im Unternehmen, unter Kollegen, vom Chef, vom Kunden erzählt?
- Wie erzähle ich?
- Was könnte der größte Nutzen sein, wenn die Geschichte so erzählt oder beschrieben wird?
- Welche Auswirkungen haben diese Geschichten auf mein jetziges Berufsleben/Privatleben und an welchen Stellen ist dies wie bemerkbar?
- Welchen Einfluss hat die durch die erzählte Geschichte konstruierte Wirklichkeit auf das Denken, Fühlen und Handeln sowohl bei mir als auch bei anderen?
- Welche Teile der Geschichte erlebe ich konstruktiv, positiv und hilfreich?
- Welche Teile der Geschichte erlebe ich weniger konstruktiv, positiv und hilfreich?
- An welchen Stellen verspüre ich eher Mut und Zuversicht und was löst eher Hoffnungslosigkeit und Resignation aus?
- Welche Ressourcen, Hindernisse und Herausforderungen sehe ich?

- Welche Anteile der Geschichte halten mögliche Problembeschreibungen eher aufrecht?
- Was braucht es, um eine neue Geschichte und damit verbunden neue Bilder und Wirklichkeiten entstehen zu lassen?
- Wie könnte es noch erzählt und beschrieben werden ?
- Welche „dramaturgischen" Elemente der Geschichte möchte ich anders erzählen?
- Welchen Stellenwert sollte die Geschichte in meinem Berufsleben/ privaten Leben haben oder erhalten?
- Wie will ich die Geschichte in Zukunft erzählen?
- Was verändert sich in meiner Anliegen- und/ oder Problembeschreibung durch die neue Erzählung?

Wir stellen Herrn B. die Fragen zur Verfügung und bitten ihn, sechs davon auszuwählen. Danach bitten wir ihn, eine weitere Reduktion vorzunehmen, indem er aus diesen Fragen wiederum drei Fragen auswählt. Er entscheidet sich für folgende Fragen:

- Wie und auf welche Art und Weise wird die Geschichte im Unternehmen, unter Kollegen, vom Chef, vom Kunden erzählt?
- Welchen Einfluss hat die durch die erzählte Geschichte konstruierte Wirklichkeit auf das Denken, Fühlen und Handeln sowohl bei mir als auch bei anderen?
- Was braucht es, um eine neue Geschichte und damit verbunden neue Bilder und Wirklichkeiten entstehen zu lassen?

An dieser Stelle nutzen wir noch einmal das **Reflecting-Team**. Fragen, die wir zur Verfügung stellen, sind von Hypothesen geleitet, die auch unsere Vorstellungen und Wertungen beinhalten. Um unsere Aufmerksamkeit und Wachsamkeit für die Wirklichkeitsbeschreibung und Logiken von Herrn B. nicht zu verlieren, stellen wir unsere Hypothesen zum Prozess zur Verfügung, um sie nicht zu „heiraten" und daraus Wahrheitshypotheken werden zu lassen. Da Herr B. die Definitionshoheit besitzt, kann er darüber entscheiden, ob das Gesagte hilfreich oder weniger hilfreich ist.

Herr B. beginnt seine Erzählung anhand der gewählten Fragen zu modifizieren, nach noch nicht genutzten Ressourcen zu forschen, seine Erwartungs-Erwartungen zu überprüfen. Er tauscht Erzählelemente aus und gibt seinen Ambivalenzen eine neue Bedeutung. Wir fragen ihn noch einmal nach der Zuversicht, sein oben genanntes Ziel zu erreichen. Seine Antwort lautet 8,5.

Wer mit der Methode Storytelling arbeitet, ist immer wieder auf der Suche nach Geschichten, Anekdoten oder Witzen, die in Beratungs- und Coaching-Prozessen eingesetzt werden können. Dazu zum Abschluss eine Keuner-Geschichte von Bertolt Brecht:

Überzeugende Fragen

„Ich habe bemerkt", sagte Herr K., „dass wir viele abschrecken von unserer Lehre dadurch, dass wir auf alles eine Antwort wissen. Könnten wir nicht im Interesse der Propaganda eine Liste der Fragen aufstellen, die uns ganz ungelöst erscheinen?"

Das Arbeiten mit der Heldenreise

von Holger Lindemann

Es gibt viele Möglichkeiten, die Heldenreise im Coaching zu nutzen. Die Arbeitsweise, die in den nachfolgenden Fallbeispielen ausgeführt wird, weicht in den verwendeten Stationen und in den Rollen von der Darstellung im vorderen Teil des Buches (vgl. S. 38 ff.) ab. Die nachfolgende Darstellung der Heldenreise bezieht sich auf ihre Grundformen, wie sie bei Joseph Campbell und Christopher Vogler beschrieben sind (J. Campbell, 1999; C. Vogler, 1998). Eine ausführlichere Erläuterung der Stationen, Rollen und der Arbeit mit der Heldenreise findet sich in den Buch „Die große Metaphern-Schatzkiste" (H. Lindemann, 2014).

Der Einstieg in die Arbeit mit der Heldenreise

Die Arbeit mit der Heldenreise lädt Klienten dazu ein, ihr Anliegen aus der Perspektive des Helden zu betrachten. Sie können, bezogen auf ihr Anliegen, Gefahren und Gefährten benennen und ihr eigenes Drehbuch für die Überwindung von Problemen schreiben. *„Wie wäre es, wenn Sie sich als Held Ihres eigenen Lebens sehen? Herausforderungen meistern und Widerstände bezwingen?"*

Möglicher Einstieg: *„Stellen Sie sich vor, das Anliegen, mit dem Sie heute hierher gekommen sind, wäre eine Heldengeschichte, in der Sie die Hauptperson sind! Ich würde Sie gerne dazu einladen, diesen Termin aus der Perspektive einer Heldengeschichte mit Ihnen zu gestalten und Sie durch die einzelnen Stationen zu begleiten, die zu jeder dieser Geschichten gehören. Hieraus können Sie wichtige Erkenntnisse und Impulse gewinnen, die Ihnen dabei helfen. Ihre geplanten Vorhaben umzusetzen und Ihre Probleme zu lösen!"*

Methodisch nutzen alle nachfolgenden Beispiele Elemente der Aufstellungsarbeit: Während Coach und Coachee beispielsweise auf zwei Stühlen sitzend über die einzelnen Stationen der Heldenreise spre-

Bodenanker unterstützen die Arbeit mit der Heldenreise

chen, werden die Stationen nach und nach als „Bodenanker" im Raum ausgelegt. Zu diesen Bodenankern können Kärtchen gelegt werden, auf denen zentrale Aussagen notiert sind, die der Coachee zur jeweiligen Station gemacht hat. Auf diese Weise entsteht eine begehbare Heldenreise.

Dadurch hat der Coach die Möglichkeit, den Coachee in einzelnen Beratungsphasen oder zum Abschluss aufzufordern, sich auf eine bestimmte Station zu begeben oder einen bestimmten Abschnitt abzuschreiten. Hierdurch kann der Coachee zwischen der Position des Erzählers („Ich sitze auf einem Stuhl und erzähle über die Heldenreise") und der Position des Helden („Ich befinde mich in der Heldenreise und erlebe, wie es sich anfühlt, an dieser Station angekommen zu sein") wechseln. Dieser Wechsel zwischen einer dissoziierten (Erzähler) und einer assoziierten (Held) Auseinandersetzung mit der Heldenreise ermöglicht eine tiefergehende Einsicht des Coachees in seine Reise und lässt ihn kognitiv-entwickelnde Aspekte und emotional-intuitive Aspekte seiner Geschichte verbinden. Auf diese Weise werden wichtige Hinweise gewonnen, die das Scheitern oder Gelingen seiner Reise beeinflussen. Ein weiterer Bodenanker, der ausgelegt werden kann, besteht in einer neutralen Meta-Position, von der aus sowohl der dissoziierte Erzählprozess als auch das assoziierte Einnehmen von Stationen der Heldenreise reflektiert werden können.

Der Wechsel zwischen den Rollen „Erzähler" und „Held"

Mögliche Einführung in das methodische Vorgehen: *„Während ich Sie durch die einzelnen Stationen der Heldenreise begleite, werde ich diese als Bodenanker im Raum auslegen. Alles, was Sie dann zu den einzelnen Stationen sagen, werde ich stichpunktartig auf Moderationskarten notieren und dazulegen. Im Verlauf der Beratung werde ich Sie vielleicht bitten, sich auf eine der ausgelegten Stationen zu stellen, die Augen zu schließen und sich vorzustellen, wie es ist, dort zu sein. Welche Gefühle und Bilder steigen dann in Ihnen auf? Diese Wahrnehmungen können Ihnen wichtige Hinweise auf Hindernisse und Gelingensbedingungen Ihres Vorhabens geben."*

Fotoprotokoll

Zusätzliche Vorteile der Arbeit mit Bodenankern und Moderationskarten bestehen darin, dass von dem Coaching-Prozess ein Fotoprotokoll angefertigt werden kann und dass längere Unterbrechungen eingelegt werden können, etwa wenn über mehrere Sitzungen gearbeitet wird. Die Karten können dann vor dem nächsten Termin wieder ausgelegt werden und bilden so den Anknüpfungspunkt für die Weiterarbeit.

Möglicher Einstieg in die Weiterarbeit: *„Wenn Sie nun, mit dem Abstand einiger Tage, auf den Teil der Heldenreise schauen, den wir bisher erarbeitet haben: Was würden Sie gerne ergänzen oder verändern? Was ging Ihnen in der Zwischenzeit durch den Kopf?"*

Die Stationen der Heldenreise

Die Heldenreise in der ursprünglichen Form nach Joseph Campbell, einem amerikanischen Professor der Mythologie, besteht aus insgesamt 17 Stationen. Christopher Vogler hat diese in seinem Buch über das Schreiben von Drehbüchern zu 12 Stationen zusammengefasst. Die hier dargestellten 10 Stationen fassen die Heldenreise nochmals zusammen. Dadurch wird zwar auf einige Feinheiten des Modells verzichtet, es wird aber für die praktische Arbeit im Rahmen eines Coachings handhabbarer. Die zehn Stationen lauten:

1. Station: Die gewohnte Welt
2. Station: Der Ruf des Abenteuers
3. Station: Die Weigerung
4. Station: Die Begegnung mit dem Mentor
5. Station: Das Überschreiten der ersten Schwelle
6. Station: Bewährungsproben, Verbündete und Feinde
7. Station: Die entscheidende Prüfung
8. Station: Die Belohnung
9. Station: Der Rückweg
10. Station: Der neue Alltag

Diese Struktur ist in den meisten Büchern und Filmen zu finden, im Coaching folgt der Ablauf einer Heldenreise allerdings nur selten dieser Reihenfolge. Die Abweichungen im Coaching zeigen die nachfolgenden Praxisbeispiele sehr eindrücklich. An mindestens zwei Stellen der Heldenreise ist es sinnvoll, Stationen vorzuziehen. Schließlich soll mit dem Coachee eine Geschichte entworfen und nicht chronologisch erzählt werden. So folgt nach der Weigerung (3.) ein Ausblick auf die Belohnung (8.) und nach der Belohnung (8.) ein Ausblick auf den neuen Alltag (10.). In der Arbeit mit Bodenankern ergibt sich dann das folgende Bild.

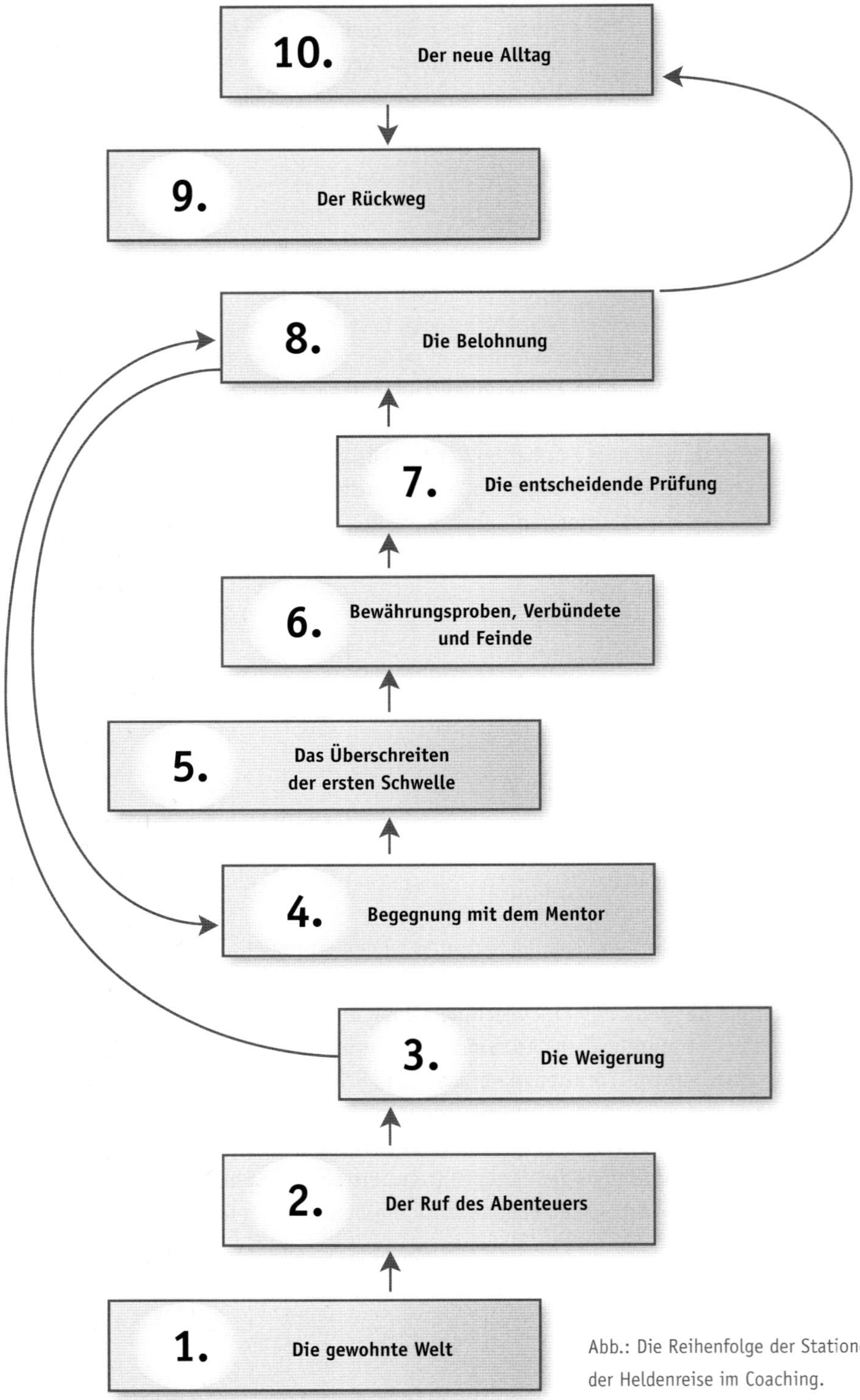

Abb.: Die Reihenfolge der Stationen der Heldenreise im Coaching.

Zunächst wird der Coachee aufgefordert, seiner Heldenreise einen Titel zu geben und das Genre zu benennen, aus dem sie stammt. Hierdurch wird ein Rahmen geschaffen. Der Coach erhält durch das benannte Genre die Möglichkeit, an die Metaphern anzuknüpfen, die darin enthalten sind.

Mögliche Fragen: *„Stellen Sie sich vor, Ihr Anliegen wäre ein Buch oder ein Film. Welchen Titel würde es tragen? Welchem Genre würden Sie es zuordnen: Drama, Fantasy, Science Fiction, Komödie ...?"*

1. Station: Die gewohnte Welt

Depositphotos: ©pjhpix

Der Coachee soll sich, also den Helden, in seiner gewohnten Umgebung beschreiben. Erzählen, wie er lebt, welche Annehmlichkeiten und Unannehmlichkeiten sein Alltag bietet. Die gewohnte Welt kann ebenso ein beschauliches Idyll sein, wie auch eine gefahrvolle Hölle, der es zu entrinnen gilt.

Mögliche Fragen: *„Welche Personen, Orte und Gegenstände gibt es in der gewohnten Welt? Welche Probleme bestehen dort? Welche Freunde gibt es dort und welche Feinde? Was verbinden Sie mit dieser Heimat?"*

2. Station: Der Ruf des Abenteuers

Depositphotos: ©Wavebreakmedia

Der Ruf des Abenteuers kann ein äußerer Ruf sein, eine innere Stimme oder auch ein bestimmtes Ereignis. Der Held soll oder muss seine gewohnte Welt verlassen. Für den Coachee bedeutet diese Station eine Auseinandersetzung mit dem äußeren und inneren Drang nach Veränderungen. In der Heldenreise wird dieser Ruf durch die Rolle des „Herolds" verkörpert. Dieser Herold muss aber keine reale Person sein, sondern kann auch in Form bestimmter Ereignisse oder innerer Stimmen in Erscheinung treten. Näheres zur Figur des Herolds finden Sie bei der Beschreibung „Die Rollen der Heldenreise" (S. 228 ff.).

Mögliche Fragen: *„Wer oder was ruft Sie zu diesem Abenteuer? Gibt es innere oder äußere Stimmen, die Sie zum Aufbruch rufen? Wer hört noch den Ruf zum Abenteuer? Für wen wäre Ihr Aufbruch in dieses Abenteuer von Vorteil?"*

Depositphotos: ©tlorna

3. Station: Die Weigerung

Unmittelbar mit dem Ruf zum Abenteuer ist die Weigerung des Helden verbunden. Diese Weigerung kann mit dem Wunsch nach Beständigkeit oder auch nach Annehmlichkeiten begründet sein, aber auch mit der Furcht vor Neuem, dem Gefühl, nicht „der Richtige" zu sein. Hier erstellt der Coachee, nachdem er die Gründe für die Reise benannt hat, die „Gegenrechnung" zum Ruf des Abenteuers und beschreibt die äußeren und inneren Kräfte, die ihn zurückhalten. Alle Argumente und Gefühle der Weigerung deuten auf den Widersacher des Helden und seines Abenteuers hin: den Schatten. Der Schatten ist die Personifikation aller Selbstzweifel, Hindernisse, Verlockungen und Unzulänglichkeiten, die das Gelingen der Heldenreise gefährden. Nach einer Beschreibung der Weigerung bietet es sich daher an, den Coachee schildern zu lassen, was sein Schatten ist, den es im Verlauf der Heldenreise zu bezwingen gilt. Näheres zur Figur des Schattens finden Sie bei der Beschreibung „Die Rollen der Heldenreise" (S. 228 ff.).

Mögliche Fragen: *„Was befürchten Sie? Was wären gute Gründe in der gewohnten Welt zu bleiben? Für wen wäre Ihr Aufbruch in dieses Abenteuer von Nachteil? Welche Personen aus Ihrer Umgebung würden Ihnen von diesem Abenteuer abraten? Was würden Sie als Gründe aufführen?"*

Depositphotos: ©papa42

Ein erster Ausblick in die Zukunft – 8. Station: Die Belohnung

Nach der Auseinandersetzung mit Ruf und Weigerung hat es sich bewährt, die Station der Belohnung vorzuziehen. Der dazugehörige Bodenanker wird mit ausreichendem Abstand zur Station 3 „die Weigerung" ausgelegt, sodass die Stationen 4 bis 7 noch dazwischenpassen. Durch dieses Vorziehen der Belohnung kann der Coachee eine Antwort auf die Stimmen seiner Weigerung finden. Er weiß dann, wofür sich das Abenteuer lohnt.

Möglicherweise zieht der Held aus, um einen materiellen Schatz zu erlangen. Letztlich gewinnt er in der Regel jedoch noch etwas ganz anderes. Eine Heldenreise ist immer auch eine persönliche Entwicklung; der Versuch, bestimmte Bedürfnisse zu befriedigen oder Werte zu verfolgen. Der Lohn für seine Mühen ist dem Helden zu Beginn oft noch gar nicht bewusst. Nach diesem Ausblick wird der Coachee sich daher erneut mit der Belohnung auseinandersetzen, wenn er die anderen Stationen auf dem Weg dorthin konkretisiert hat.

Mögliche Fragen: *„Was können Sie auf dieser Reise gewinnen? Worum werden andere Sie am Ende Ihrer Heldenreise beneiden? Was stünde auf einer Urkunde, die Ihnen am Ende Ihrer Reise verliehen wird? Was für eine Person werden Sie sein, wenn Sie die Reise abgeschlossen haben? Was werden andere Personen dann über Sie sagen?"*

Anmerkung: Bei längeren Coaching-Prozessen oder auch wenn mit Gruppen oder Teams gearbeitet wird, ist hier eine gute Stelle für eine Pause. Das Coaching kann hier auch für längere Zeit, wie einige Tage oder gar Wochen, unterbrochen werden. Für den Coachee kann es wichtig sein, aus einem positiven Aspekt seiner Heldenreise heraus eine Pause zu machen.

Sollte im Rahmen des Coachings aus zeitlichen Gründen bei der Auseinandersetzung mit Stationen wie „der Weigerung" oder später dem „Überschreiten der ersten Schwelle", den „Bewährungsproben, Verbündeten und Feinden" oder der „entscheidenden Prüfung" unterbrochen werden, sollte dem Coachee eine „Hausaufgabe" gegeben werden, die ihm eine strukturierte Auseinandersetzung mit dieser Position oder der nächsten positiven Station erlauben: *„Wir sind nun bei ‚der Weigerung' angelangt. Bis zum nächsten Termin möchte ich Sie bitten, schon einmal einen Blick auf ‚die Belohnung' zu werfen. Schreiben Sie auf, wofür sich diese Reise lohnt."*

Auch bei späteren Unterbrechungen und Pausen sollte sich der Coach gut überlegen, in welchem Zustand, bei welcher Station und mit welchen Aufgaben er den Termin mit dem Coachee beendet. Gegebenenfalls haben sich auf einer Position wichtige Einsichten ergeben und ein Termin sollte etwas früher beendet werden: *„Wir sind jetzt bereits bis zur Belohnung gekommen. Ich denke, das ist ein guter Punkt, um den Termin zu beenden. Überlegen Sie bitte bis zum nächsten Mal, welche Mentoren Sie bei Ihrer Reise unterstützen könnten. Welche Gaben oder Ratschläge könnten Ihnen reale oder auch fiktive Mentoren mit auf den Weg geben?"*

Fotolia: ©Robert Kneschke

4. Station: Die Begegnung mit dem Mentor

Mentoren sind reale oder auch erfundene Personen, die dem Helden Vorbild und Ratgeber sind. Sie unterstützen ihn bei seiner Reise, statten ihn mit wichtigen Gegenständen, Ratschlägen und mit Selbstvertrauen aus. Zu dieser Station kann der Coachee immer wieder zurückkehren, um Mentoren hinzuzufügen und Gaben zu ergänzen, die ihm im Verlauf des weiteren Abenteuers hilfreich zur Seite stehen können. Näheres zur Figur des Mentors finden Sie auf S. 228.

Mögliche Fragen: *„Wer oder was unterstützt Sie bei Ihrem Vorhaben: Personen, frühere Lehrmeister, ein Krafttier, eigene Stärken und Ressourcen? Stellen Sie sich vor, es gäbe ‚magische' Hilfsmittel, die Ihnen auf der Reise helfen. Wie könnten diese aussehen? Angenommen, drei gute Hexen träten zu Beginn der Reise auf Sie zu und jede würde Ihnen eine Gabe mit auf den Weg geben, die Ihnen hilft, das Abenteuer zu bestehen. Welche Gaben wären das?"*

Depositphotos: ©londondeposit

5. Station: Das Überschreiten der ersten Schwelle

Diese Station markiert den „Point of no Return". Ab hier gibt es kein Zurück mehr. Der Held hat sein Bündel geschnürt und begibt sich auf die Reise. Er nimmt Abschied und lässt die gewohnte Welt – oder Teile von ihr – hinter sich. An dieser ersten Schwelle, der weitere folgen werden, sieht sich der Held zum ersten Mal mit der Funktion des Schwellenhüters konfrontiert. Er muss eine Aufgabe, ein Rätsel oder eine Mutprobe bestehen, um die Schwelle überschreiten zu können. Der Coachee beschreibt hier die ersten (kleinen) Schritte zu seinem Ziel und legt bestenfalls fest, wann und wie er diese gehen möchte. Näheres zur Figur des Schwellenhüters finden Sie auf S. 231.

Mögliche Fragen: *„Was wollen Sie sich aus der ‚gewohnten Welt' bewahren? Was oder wen nehmen Sie mit auf Ihre Reise? Was soll zurückbleiben? Von wem müssen Sie sich verabschieden? Wem wird Ihr Aufbruch ins Abenteuer am schwersten fallen? Wer könnte versuchen, Sie zurückzuhalten?"*

Anmerkung: Das Überschreiten von Schwellen ist ein durchgehendes Element der Heldenreise. Sie stehen für Hindernisse, wichtige Ereignisse und Meilensteine. Die Elemente „Schwelle" und „Schwellenhüter" können daher bis zum Schluss immer wieder auftauchen.

6. Station: Bewährungsproben, Verbündete und Feinde

Fotolia: ©Kara

Der Weg des Helden zu seiner entscheidenden Prüfung ist eine Abfolge von Herausforderungen und Ruhepolen. Er muss verschiedene Schwellen überschreiten, Feinde überwinden und dabei auf Verbündete vertrauen. Alle Feinde können letztlich in einen Zusammenhang mit dem Schatten gestellt werden. Sie sind mehr oder weniger direkt seine Diener und versuchen, den Helden schon vor der entscheidenden Prüfung zum Straucheln zu bringen. Sowohl die Feinde als auch die Verbündeten können dabei als „Gestaltwandler" die Seiten wechseln, ein Verbündeter kann sich als Feind entpuppen oder umgekehrt. Auch können weitere Mentoren und Herolde auftauchen, Unterstützung bieten, neue Wagnisse ankündigen oder zur Überwindung von Hindernissen rufen.

Mögliche Fragen: *„Welche Hindernisse und Schwellen muss der Held noch überwinden? Wer oder was wird sich ihm in den Weg stellen? Welche Ruhepunkte gibt es auf Ihrem Weg zum Ziel? Wer gewährt Ihnen unterwegs einen Unterschlupf?"*

7. Station: Die entscheidende Prüfung

Fotolia: ©alphaspirit

Bei der entscheidenden Prüfung geht es letztlich darum, den Schatten zu besiegen. Nachdem der Held an der Auseinandersetzung mit Hindernissen und Feinden gewachsen ist, kann sein gereifter Charakter nun dem Schatten selbst oder seinem mächtigsten Stellvertreter gegenübertreten. Es geht hierbei nicht unbedingt darum, den Schatten endgültig zu erledigen, sondern darum, dessen Einfluss aus der Welt des Helden zu entfernen. Die entscheidende Prüfung ist die letzte Schwelle, die den Helden von seiner Belohnung trennt. Der Schatten selbst oder sein Stellvertreter erscheinen hier als letzte Schwellenhüter.

Mögliche Fragen: *„Welches ist der letzte Schritt, den Sie vor Ihrer Belohnung gehen müssen? Wer wird darüber entscheiden, ob Sie die entschei-*

dende Prüfung erfolgreich gemeistert haben? Wie genau könnten Sie diese ‚Meisterprüfung' bewältigen? Welche Gaben und Ratschläge Ihrer Mentoren sind hierbei hilfreich? Welche Verbündeten stehen Ihnen bei der großen Prüfung zu Seite?"

Depositphotos: ©papa42

8. Station: Die Belohnung

Die Belohnung wurde durch den Coachee bereits als ein „erster Ausblick in die Zukunft" beschrieben. Möglicherweise sind während der Heldenreise weitere Belohnungen hinzugekommen. Wenn der Coachee erneut zu dieser Station gelangt, sollte er auf jeden Fall die Möglichkeit erhalten, diese Position assoziiert zu erfahren, indem er sich auf den entsprechenden Bodenanker stellt.

Mögliche Anleitung: *„Nachdem Sie nun in Ihrer Heldenreise bis zur Belohnung gelangt sind, möchte ich Sie einladen, sich einmal in diese Situation hineinzuversetzen. Stellen Sie sich auf den Bodenanker der Belohnung und schauen Sie auf den Weg, der hinter Ihnen liegt. Schließen Sie dann die Augen und stellen Sie sich vor ...",* beschreiben Sie dem Coachee nun alle Aspekte, die er selbst zuvor als Belohnung benannt hat. Auf diese Weise muss der Coachee nicht selbst reden und kann sich auf seine Empfindungen beim Empfangen der Belohnung konzentrieren.

Eine andere Form, den Coachee auf dieser Position in einen assoziierten Kontakt mit seiner Heldenreise zu bringen, besteht darin, mit ihm von Beginn an alle Stationen abzulaufen, ihn auf jeder Station innehalten zu lassen und die vorher erarbeiteten Aspekte der einzelnen Schritte für ihn zusammenzufassen. Auf diese Weise kann der Coachee zuhören und empfinden, ohne die durch ihn benannten Aspekte der einzelnen Stationen selber zusammenfassen zu müssen.

Depositphotos: ©.shock

Ein zweiter Ausblick in die Zukunft – 10. Station: Der neue Alltag

Nachdem der Held seine Belohnung erhalten hat, ist seine Reise noch nicht beendet. Er kehrt zurück in seine gewohnte Welt, lässt sich anderswo nieder oder kommt auf eine andere Weise zur Ruhe. Dieses „Ziel nach dem Ziel" erfordert einen anderen Helden. Er muss sich überlegen, wie er seine Persönlichkeit und die Errun-

genschaften seiner Heldenreise in einen neuen Alltag integriert. Der Coachee soll hier einen Ist-Zustand beschreiben, wie er ihn sich nach dem Höhepunkt seines Abenteuers vorstellt. Dies kann auch ein neues Abenteuer sein, dem lediglich eine kürzere Ruhephase vorausgeht.
In diesem Fall ginge es dann darum, diese Ruhephase genauer zu beschreiben.

Der Bodenanker dieser zehnten Station der Heldenreise sollte so im Raum ausgelegt werden, dass die neunte Station noch Platz findet.

Mögliche Fragen: *„Wie wird Ihr Leben aussehen, nachdem Sie das Abenteuer bestanden und die Belohnung erhalten haben? Wenn Sie diesem neuen Alltag eine Überschrift oder ein Motto geben, wie würden diese lauten? Welche Routinen und welche Abläufe wird es in Ihrem neuen Alltag geben? Welche davon werden Sie genießen, welche davon werden Sie möglicherweise langweilen?"*

9. Station: Der Rückweg

Depositphotos: ©sergwsq

Der Rückweg ist eine wichtige Station der Heldenreise. Viele Helden – und eben auch Coachees – machen sich keine Gedanken darüber, was nach dem Höhepunkt ihrer Anstrengungen folgt („der neue Alltag") und schon gar nicht, was sie tun müssen, um diesen neuen Alltag Wirklichkeit werden zu lassen. Nachdem der Coachee im vorgezogenen Schritt schon Ideen entwickelt hat, wie sein Leben nach seinem Abenteuer aussehen soll, stellt sich hier die Frage, was er tun, beziehungsweise auch lassen muss, um das zu erreichen. Auf diesem Rückweg können neue Schwellen liegen, Mentoren, Verbündete und Feinde können eine Rolle spielen und der Schatten kann sich ein letztes Mal zeigen.

Mögliche Fragen: *„Was genau müssten Sie tun und was müssten Sie lassen, damit der neue Alltag einkehren kann? Wer fürchtet sich am meisten davor, dass wieder Ruhe einkehrt? Wer würde sich am meisten darüber freuen? Wer unterstützt Sie dabei, Ihren neuen Alltag zu gestalten? Wer könnte versuchen, Sie daran zu hindern?"*

Die Rollen der Heldenreise

Jede Heldenreise ist bevölkert von alten und neuen Weggefährten, sowie alten und neuen Widersachern. Es können reale Personen sein – wie ein guter Freund oder ein konkurrierender Kollege – oder fiktive Figuren und innere Aspekte des Helden, wie die eigene Gelassenheit oder der innere Schweinehund. Alle realen und fiktiven Personen und Persönlichkeitsaspekte lassen sich verschiedenen Rollen oder Archetypen zuordnen, die zu jeder Heldenreise gehören. Für ein Verständnis dieser Rollen ist es wichtig zu wissen, dass eine Person oder ein Persönlichkeitsaspekt im Laufe einer Heldenreise verschiedene Rollen verkörpern kann. Ein Mentor kann sich beispielsweise an einer anderen Stelle als Herold oder Schwellenhüter zeigen oder zum Gestaltwandler werden. Eine gute Übung, sowohl für das Verständnis der Stationen als auch der Rollen der Heldenreise, besteht darin, diese in Filmen oder Büchern zu identifizieren.

Depositphotos: ©hjalmeida

Die Heldin/der Held

Der Held – und damit der Coachee – ist die wichtigste Person der Heldenreise. Aber was für ein Held ist er? An einer passenden Stelle der Arbeit mit der Heldenreise ist es lohnenswert, den Coachee beschreiben zu lassen, welche Art Held er ist, beziehungsweise sein möchte. Es kann auch hilfreich sein, den Coachee eine ganz individuelle Heldenpose einnehmen zu lassen und ihm diese als Erinnerungsfoto zur Verfügung zu stellen. Eine gute Position hierfür ist der erste Ausblick auf die Zukunft, wenn sich der Coachee auf den Bodenanker der Belohnung stellt und sich vorstellt, wie es sein wird, das Ziel seiner Reise erreicht zu haben.

Depositphotos: ©jerax

Mentorinnen und Mentoren

Mentorinnen und Mentoren können in vielen verschiedenen Gestalten auftreten. Neben Magiern, Feen, Hexen oder weisen Männern und Frauen, die den Helden mit magischen Hilfsmitteln oder Fähigkeiten ausstatten, können sie auch – je nach Genre – ganz andere Formen annehmen. Aus Agentenfilmen wie James Bond kennt man beispielsweise die Gestalt des Ausstatters bzw. „Quartiermeisters" („Q"), eine Person, die technische und materielle Hilfsmittel zur Verfügung stellt. Ein Mentor unterstützt beispielsweise so: *„Am besten, du läufst einfach mal eine Woche bei mir mit und schaust mir über die Schulter.“*, *„Mit dieser Software sparst du dir im Controlling eine Menge Arbeit.“*

Mentoren können aber auch als Antreiber in Erscheinung treten, der strenge Anforderungen stellen und den Helden an die Grenze seiner Leistungsfähigkeit bringen will: *„Sie haben genau eine Stunde, um einen ersten Entwurf zu erstellen. Ich hätte Sie nicht dafür ausgewählt, wenn ich nicht wüsste, dass Sie das schaffen.“*

Helferinnen, Helfer und Verbündete

Fotolia: ©Kzenon

Helfer und Verbündete sind „die kleinen Helfer der Mentoren“. Sie können Wegbegleiter sein, einen Unterschlupf gewähren, Fremdenführer sein, oder den Helden mit Nahrung, Informationen, Kleidung oder anderem versorgen. Helfer sind oft nur für einen kurzen Zeitpunkt oder eine bestimmte Aufgabe beim Helden. Verbündete bleiben oft bis zum Ende bei ihm. Verbündete treten etwa so in Erscheinung: *„Ich führe dich mal herum und mache dich mit allen bekannt.“*, *„Also hier in der Kantine isst eigentlich keiner, aber es gibt hier eine paar Restaurants.“*, *„Solange du noch keine Wohnung hast, kannst du mein Gästezimmer bekommen.“*

Der Schatten

Depositphotos: ©aetb

Der Schatten ist der größte Gegner des Helden. Er ist nicht zwingend eine reale Person, sondern kann auch eine innere Stimme, ein Persönlichkeitsanteil oder ein Bedürfnis des Helden sein. Den Schatten zu überwinden, bedeutet für den Helden in aller Regel auch, gegen eine eigene innere Angst anzutreten oder einen eigenen Persönlichkeitsanteil zu überwinden: „Die ‚inquisitorische‘ Chefin“, „Die Angst, vor Gruppen zu sprechen“, „Das schlechte Gewissen gegenüber der Familie“, „Der innere Schweinehund“, „Das Streben nach Macht“, „Die Eifersucht“.

Der Schatten kann sich aber auch in einer positiv besetzten Person, inneren Stimme, einem Persönlichkeitsanteil oder einem Bedürfnis des Helden zeigen. Diese stehen dann aber der Erledigung einer Aufgabe und der Weiterentwicklung des Helden im Weg: „Die Familie, die Veränderungen vermeiden möchte", „Die Liebe der Eltern, die eine Ablösung vom Elternhaus vermeidet", „Die Vernunft, die emotionale Anteile einer Entscheidung verbietet", „Die Treue, die zur Anklammerung wird".

Depositphotos: ©Giulio Fornasar

Feindinnen und Feinde

Sie sind „die kleinen Helfer der Schattens". Sie legen dem Helden, seinen Helfern und Verbündeten Steine in den Weg oder machen ihnen das Leben alleine dadurch schwer, dass sie sie ignorieren: *„Natürlich könnte ich mir den Vorgang durchsehen, bevor Sie ihn einreichen – aber warum sollte ich das tun?", „Ach, habe ich tatsächlich vergessen, Sie über den Termin zu informieren?"* Ein weiteres Beispiel wäre ein Geschäftspartner, zu dem man aufgrund seiner Erfolge aufschaut, den man aber auch misstrauisch und eifersüchtig beäugt. Dadurch werden Misstrauen und Eifersucht genährt.

Depositphotos: ©konstantynov

Gestaltwandlerinnen und Gestaltwandler

Diese besondere Gruppe von Personen kann sowohl zu den Freunden zählen als auch zu den Feinden. Die Person zeichnet sich dadurch aus, dass sie entweder unvorhergesehen „die Seiten wechselt" oder aber ein geheimer Spion war, der nur so getan hat, als wäre er für oder gegen den Helden. Auch ist es denkbar, dass sich ein Gegenspieler des Helden kurzzeitig mit diesem verbündet, um dadurch gemeinsam eine Aufgabe zu bestehen oder ein Ereignis abzuwenden, das beide bedroht. *„Tut mir leid, aber so ist nun mal das Geschäft, die Geschäftsführung hat mir hier ein Angebot gemacht, das ich nicht ablehnen konnte ... da konnte ich auf unsere Freundschaft keine Rücksicht mehr nehmen.", „Dieses Mal wurde ich auch bei den Prämien übergangen. Ich biete Ihnen trotz unserer bisherigen Konkurrenz an, von jetzt an zusammenzuarbeiten."*

Weitere Figuren, die in der Heldenreise vorkommen und für einzelne Stationen von großer Bedeutung sein können, sind:

Heroldinnen und Herolde

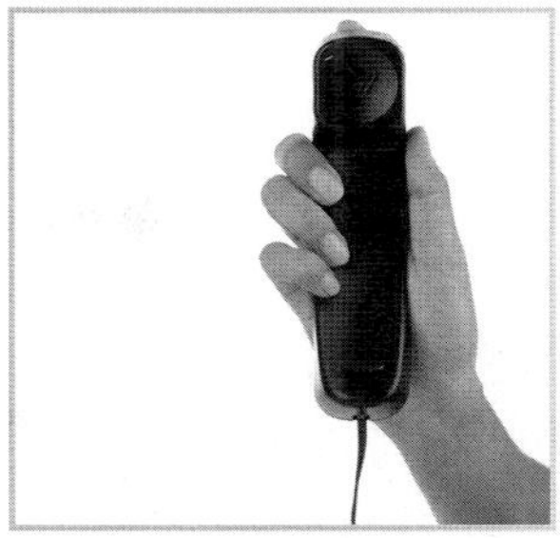

Depositphotos: ©odua

Herolde kündigen Gefahren an, überbringen Neuigkeiten oder rufen zu einer Aufgabe. Die Identifikation von Herolden ist für den Coachee wichtig, da sie ihm sagen, wann es Zeit ist, etwas Bestimmtes zu tun. Sie informieren ihn, halten ihn auf dem Laufenden und dringen auf die Einhaltung von Terminen.

„In zwei Wochen muss der Antrag eingereicht sein! Wenn die Bereichsleitung ihn noch einmal durchschauen soll, muss der in drei Tagen vorliegen, da sie dann ihn Urlaub geht!", „Denk daran, dass uns kommendes Wochenende meine Eltern besuchen!"

Schwellenhüterinnen und Schwellenhüter

Depositphotos: ©dbriyul

Schwellenhüter bewachen und kontrollieren die Übergänge zwischen verschiedenen Orten, Situationen und Ereignissen. Oft muss der Held Aufgaben und Rätsel lösen oder Gefahren bestehen, um die Schwelle zu überschreiten. Ähnlich einem Türsteher, erwartet der Schwellenhüter die Erfüllung bestimmter Voraussetzungen, um dem Helden Einlass zu gewähren.

„Sicher können wir Sie bei dem neuen Auftrag berücksichtigen, vorausgesetzt, dass die Ergebnisse Ihres aktuellen Projektes zufriedenstellend sind.", „Ich lasse Sie dieses Vorhaben nur unter einer Bedingung durchführen: Sie müssen ..."

Närrinnen und Narren (Trickster)

Depositphotos: ©vlue

Narren oder „Trickster" bringen neue Wendungen in die Heldenreise, indem sie etwas Unvorhersehbares, möglicherweise auch etwas Riskantes, Ungeschicktes oder Dummes tun. Durch ihre Aktionen werden „die Karten neu gemischt", der Held muss sich in seinem aktuellen Handeln oder in seiner Strategie neu orientieren. In der Arbeit mit der Heldenreise lassen sie sich daher nur schwer einplanen oder gar bestimmten Stationen zuordnen.

Es gibt jedoch gute Fragen, die helfen, den Umgang mit Narren zu reflektieren: *„Stellen Sie sich vor, in dieser Situation würde etwas absolut Unvorhersehbares geschehen. Was wäre das und wer wäre dafür* *verantwortlich?"* Letztlich zeigen sich Narren aber immer erst, wenn es zu spät ist, noch etwas an ihrer Handlung zu ändern: *„Ich habe das Bewerbungsschreiben bei der Konkurrenz auf dem Kopierer liegen lassen!"*, *„Verdammt, jetzt habe ich die E-Mail ‚an alle' gesendet!"*

Abschluss

Viele Facetten der Arbeit mit der Heldenreise erlebt man erst, wenn man mit ihr arbeitet und sieht, wie einzelne Coachees oder Gruppen dieses Grundmuster mit Leben füllen. Es müssen auch nicht immer alle Stationen ausgearbeitet werden. Nicht alle Archetypen müssen auftauchen. Die nachfolgenden Beispiele geben hierfür einen guten Einblick. Letzten Endes zeigen sich die wertvollsten Erkenntnisse, wenn man es wagt, auf eigene Heldenreisen zu gehen.

Fallbeispiel 6
Heldenreise: Nachfolge in einem Familienbetrieb

Drei Seelen wohnen, ach, in meiner Brust

von Holger Lindemann

In einer Einrichtung der Jugendhilfe mit mehreren Standorten in Mitteldeutschland, geht es darum, die Nachfolge in der Leitung und Geschäftsführung sicherzustellen. Das familiengeführte Unternehmen ist über die Jahre stetig gewachsen und die Mutter und Geschäftsführerin will sich nun langsam aus den Geschäften zurückziehen. Nachdem eine der Töchter des geschäftsführenden Ehepaares bereits die Leitung einer Einrichtung des Unternehmens übernommen hat, steht es für sie nun an, den lange aufgeschobenen Studienabschluss in Angriff zu nehmen. Dieser ist zwingend notwendig, damit sie die Geschäftsführung und pädagogische Leitung des Unternehmens übernehmen kann. Versuche, den Abschluss zu erreichen, sind schon mehrfach gescheitert, beziehungsweise gar nicht erst in Angriff genommen worden und auch mehrere Fristen der Mutter sind ergebnislos verstrichen. Um nun einen umsetzbaren Plan zu erstellen, nimmt die Tochter ein Einzelcoaching in Anspruch.

Das Coaching dauert 120 Minuten. Die einzelnen Stationen der Heldenreise werden Schritt für Schritt mit Bodenankern im Raum ausgelegt und wichtige Kernbegriffe werden auf Moderationskarten notiert daneben gelegt.

Die gewohnte Welt

Frau D., die sich nun auf den Weg machen soll, um in die Fußstapfen ihrer Mutter zu treten, lebt mit ihrem Lebensgefährten in einer familienanalogen Wohnform mit fünf Kindern, die dort getrennt von ihren Herkunftsfamilien untergebracht sind. Zusammen mit den drei Mitarbeiterinnen, die dort im Schichtdienst tätig sind, kann in dem alten Bauernhaus eine wohnliche Atmosphäre geschaffen werden, die sowohl den Kindern als auch den Erwachsenen einen geregelten Tagesablauf und eine Heimat bietet. Der Lebensgefährte von Frau D. hat seine eigenen beruflichen Ziele als Maschinenbauingenieur nicht weiter verfolgt, da die aktuellen Aufgaben im Zusammenhang mit der Hausleitung und der anstehenden Übernahme der Geschäftsführung zu viel Zeit und

Energie kosten. Auf die Frage, welchen Titel ihr Abenteuer trägt und aus welchem Genre es stammt, sagt Frau D. in resigniertem Tonfall: *„Die Fußstapfen meiner Mutter. Ein Familiendrama."*

Der Ruf des Abenteuers

Der Ruf des Abenteuers erschallt zunächst vonseiten der Mutter: *„Werde fertig, ich will mich zurückziehen!"* Unterstützt wird dieser Ruf durch eine innere Stimme der Klientin, die drängt: *„Werde mal langsam fertig, du Bummelstudentin! Es sind ja nur noch ein paar Scheine und die Abschlussarbeit!"*

Die Weigerung

Die Gründe, warum das Studium derzeit nicht abzuschließen sei oder warum es zumindest schwierig ist, dieses Projekt „gerade jetzt" anzugehen, sind für die Klientin zahlreich: *„Wenn ich mich voll und ganz auf das Studium konzentriere, geht das hier mit den Kindern und den Mitarbeitern schief."; „Ich kann die Kinder ja nicht vernachlässigen!"; „Und wenn ich dann fertig wäre, müsste ich die Hausleitung aufgeben. Damit würde ich die Kinder enttäuschen!"; „Außerdem habe ich zurzeit kein eigenes Auto zur Verfügung, um flexibel zu den Seminarzeiten zur Uni fahren zu können!"; „Und der Gedanke an die Seminare ist mir ein Graus! Ich sitze dann da als erfahrene Praktikerin und komme mir wieder vor wie in der Schule!"*

Der „Schatten" der Heldin zeigt in diesen Weigerungen sein Gesicht. Er ruft: *„Wenn du das tust, bist du eine schlechte Mutter!"; „Wie kannst du den Kindern das nur antun?"; „Wenn du das tust, bist du wieder ein kleines Mädchen!"* Die Namen des Schattens lauten „Verantwortung für andere übernehmen", „Beständigkeit" und „Erwachsensein". Das erstaunliche an diesen Schatten ist, dass sie genau das darstellen, was die Klientin für erstrebenswert hält. Aber für ihre jetzt anstehende Aufgabe stehen ihr diese Werte im Weg und hindern sie daran, die Reise zu beginnen. Sie muss eben diese Teile ihrer selbst für den Zeitraum ihrer Reise aufgeben, um ihr Ziel erreichen zu können. Sie muss Verantwortung für andere abgeben, sich auf Veränderung einlassen und wieder ein Stück Erwachsensein abgeben. Bei allen Herausforderungen, die die Heldin zu bestehen hat, wird sie sich diesen Aspekten ihrer Weigerung stellen müssen, in der Hoffnung diese, zunächst für ihre Weiterentwicklung hinderlichen, Persönlichkeitsaspekte und Werte später wieder zu erlangen.

Die Belohnung

An dieser Stelle scheint es – wie so oft nach der Weigerung – sinnvoll, zunächst einen Blick auf die Belohnung zu werfen: *„Angenommen, Sie hätten das Studium abgeschlossen. Was wäre dann für Sie anders? Welchen Gewinn würde das für Sie und andere beinhalten?"* Neben dem Gewinn für die Mutter (Rückzug von der Geschäftsführung), nennt Frau D. den Umzug in eine eigene Wohnung mit dem Partner, mehr Gehalt und eigene Kinder. An dieser Stelle der Erzählung wird Frau D. sehr still und beginnt dann zu schluchzen.

Auf eine neutrale Meta-Position außerhalb der ausgelegten Bodenanker und Moderationskarten gebeten, berichtet Frau D. von dem Druck, den sie verspürt. Denn eigentlich hält sie ihre eigene Belohnung schon jetzt in Händen. Sie wohne mit ihrem Partner zusammen, das Gehalt reiche aus und Kinder seien auch im Haus. Sie müsse für dieses Abenteuer ihre eigenen Belohnungen regelrecht aufgeben, um die Wünsche der Mutter zu befriedigen und sei sich nicht sicher, ob es ihr dann gelänge, „das eigene Glück" neu zu erschaffen. Vor allem die Idee, die Kinder zu enttäuschen, mache ihr zu schaffen. Beim Gedanken an die Belohnung tritt also sofort wieder ihre Weigerung in den Vordergrund.

Die Begegnung mit dem Mentor

Darauf angesprochen, dass ihre Mutter in der Doppelrolle als „Mutter" und „Geschäftsführerin" bisher weniger als Mentorin denn als Heroldin und Antreiberin aufgetreten sei (*„Werde endlich fertig!"*), frage ich die Klientin: *„Welche Botschaften müsste ‚die Mutter' Ihnen senden, damit Sie sie als Mentorin empfinden können?"* Und: *„Welche Botschaften müsste ‚die Geschäftsführerin' Ihnen senden, damit Sie sie als Mentorin empfinden können?"* Frau D. gibt folgende Antworten:

Die Mutter müsste sagen:

- *„Egal, was du tust, es ist in Ordnung!"*
- *„Geh deinen eigenen Weg!"*
- *„Um Abstand zur Arbeit zu bekommen, kannst du in die Ferienwohnung ziehen!"*

Die Geschäftsführerin müsste sagen:

- *„Für die Zeit, die du brauchst, stellen wir eine Vertretungskraft ein!"*
- *„Du kannst für das Schreiben der Abschlussarbeit Sonderurlaub bekommen!"*

Frau D. fällt auf, dass es in den bisherigen Gesprächen zwischen ihr und der Mutter/Geschäftsführerin immer wieder zu Vermischungen und „seltsamen Überlagerungen“ kam, da beide Rollen durch eine Person eingenommen werden, oft ohne das klar ist, welche der Rollen gerade spricht (zur Arbeit mit sogenannten Persönlichkeitsanteilen siehe F. Schulz von Thun, 1998; J. Peichl, 2012; K. Fritzsche, 2013; T. Holmes, 2013). Eine wichtige Erkenntnis für die Klientin ist es, dass es hilfreich ist, die Kommunikation mit ihrer Mutter von der Kommunikation mit der Geschäftsführerin zu trennen. So kann sie als „Tochter“ mit der „Mutter“ sprechen und als „Hausleitung“ mit der „Geschäftsführung“.

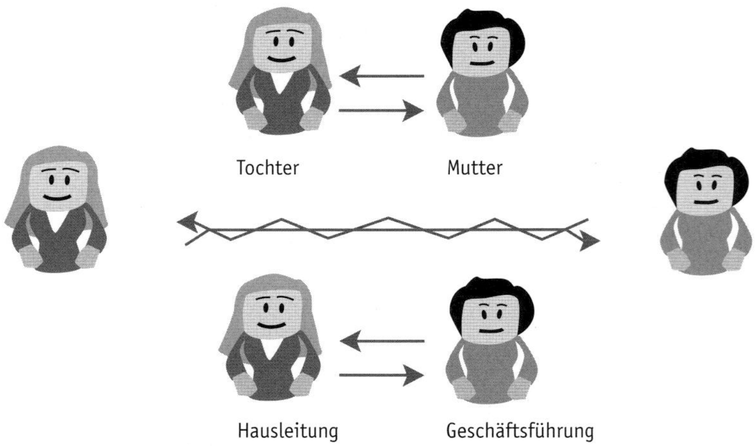

Abb.: Die Aufteilung der Rollen in der Kommunikation zwischen Mutter/Geschäftsführerin und Tochter/Hausleitung.

Zwischenspiel Teilearbeit: Weitere Rollenklärung

An die „Begegnung mit dem Mentor“ anschließend, werden die verschiedenen Rollen von Frau D. – „Tochter“ und „Hausleitung“ – noch genauer betrachtet: Welche der beiden Rollen hat welchen Anteil des Abenteuers zu bestreiten? Hierbei kommt es für die Klientin zu der entscheidenden Einsicht, dass auch noch eine dritte Rolle bezogen auf dieses Abenteuer in ihr steckt: Eine Mutterfigur, für die in Obhut genommenen Kinder und für die gewünschten eigenen Kinder. Diese „innere Mutter“ hat ebenfalls ein Abenteuer zu bestreiten.

Aufgrund dieser Rollenklärung ist es nun möglich, getrennt mit „der Tochter“, „der Hausleitung“ und „der inneren Mutter“ weiterzuarbeiten. Alle drei haben ganz unterschiedliche Aufgaben der Heldenreise zu bestreiten. Nun aber nicht mehr in einer Überlagerung und Verwirrung, sondern als Heldinnengruppe, die als Team – wie drei Schwestern – das Abenteuer bestehen kann.

Die **Hausleitung** hat die Aufgaben: Vertretungen zu organisieren, ihre Abwesenheit zu erklären, sich von den Kindern zu verabschieden und erst später zu entscheiden, ob sie die Geschäftsführung übernehmen möchte. Hierzu will sie von der Geschäftsführung ein „Übernahmeangebot" einfordern. Sie müssten die Übernahme vertraglich vereinbaren.

Die **Tochter** hat sich folgende Aufgaben gesetzt: einen „Reststudienplan" erstellen, die Nutzung der Ferienwohnung zu klären und diese entsprechend auszustatten. Auch gehört es zu dieser Rolle, die eigene Mutter beim Übergang in den Ruhestand zu unterstützen.

Der **inneren Mutter** kommt die Aufgabe zu, eigene Kinder zu bekommen und sich hierzu von der mütterlichen Fürsorge in der Arbeit mit den Kindern der Wohngruppe zu verabschieden. Auch gehört zu dieser Rolle die Beziehung zu ihrem Lebensgefährten in den Blick zu nehmen: Der Wunsch nach einer Hochzeit ist schon lange ausgesprochen, jedoch ist der richtige Zeitpunkt bisher nie da gewesen. Die Paarbeziehung rückt somit ebenfalls in den Fokus der Beratung.

Ich frage Frau D., ob sie ihrem Abenteuer nun einen neuen Titel geben und ein anderes Genre wählen würde. Nach kurzer Pause sagt sie: *„Die Reise der drei Schwestern. Eine Geschichte vom Ausbrechen und Ankommen."* Nach einer weiteren Pause ergänzt sie: *„Eine Selbstfindung."* Darüber muss sie etwas nachdenken und sagt letztlich: *„Spannend. Es geht ja weder um meine Mutter noch um ihre Fußstapfen, sondern um mich. Wie ich mich entwickeln möchte. Wie ich all diese Anteile in mir zusammenführen kann."*

Das Überschreiten der ersten Schwelle

Das Überschreiten der ersten Schwelle ist zuvor die belastendste Station der Heldenreise gewesen, da sie für die Klientin mit einer Mischung aus den verschiedenen Aufgaben der einzelnen Rollen verbunden ist. Die von ihr geschilderten Vermischungen und Rollenüberlagerungen führen zu verworrenen Gefühlen, die ihr keine emotionale Distanz ermöglichen und sie handlungsunfähig machen. Schon häufiger ist sie vor dem ersten Schritt zurückgeschreckt und hat diesen Schritt zu ihrem Ziel verdrängt.

In dieser Phase ist es eine besondere Erfahrung, dass es der Klientin wesentlich einfacher fällt, das „Überschreiten der ersten Schwelle" und die nachfolgenden Schritte getrennt für die drei Rollen „Hausleitung", „Tochter" und „innere Mutter" zu entwerfen. Jede von ihnen muss sich anderen „Bewährungsproben, Verbündeten und Feinden" stellen und eine andere „entscheidende Prüfung" bestehen.

Die Klientin entdeckt hierbei, dass sich ihre drei Rollen auf ihren getrennten Wegen gegenseitig unterstützen können. So werden die „drei Schwestern" jeweils zu Mentorinnen der anderen. Es bleibt aber die Gefahr bestehen, dass sich die Schwestern im Verlauf der Heldenreise als Gestaltwandlerinnen und Närrinnen oder sogar als Feindinnen gegenseitig in die Quere kommen. Diese Gefahr besteht immer dann, wenn sie ihre eigenen Wege, ihre eigenen Gefühle, ihre eigenen Ziele aus dem Blick verlieren und „sich vermischen".

Bewährungsproben, Verbündete und Feinde und die entscheidende Prüfung

Eine große Herausforderung ist es also, die folgenden Schritte der Heldenreise als „Team der drei Schwestern" zu bestehen, sich gegenseitig zu stützen und sich nicht „selbst ein Bein zu stellen". Die „innere Mutter" entdeckt hierbei den Lebensgefährten als wichtigen Wegbegleiter („der zukünftige Vater"), ebenso wie „die Tochter" ihn als „Schwiegersohn meiner Mutter" an ihrer Seite hatte, wenn Gespräche mit der Mutter anstanden. Für die „Hausleitung" wird klar, dass sie Beruf und Privatleben lieber stärker voneinander trennen möchte. Sie will den Lebensgefährten aus ihrer Heldenreise entlassen und ihn als „Partner" an der Seite haben, der „auf eigenen Beinen steht" und ihr auf Augenhöhe begegnen kann. Die verschiedenen Rollen, die ihr Lebensgefährte als „Team der drei Gefährten" (Schwiegersohn, zukünftiger Familienvater, Partner) einnehmen könnte, werden genauer beschrieben, damit das Paar seine Beziehung klarer und unterstützender gestalten kann.

Abb.: Die Aufteilung der Rollen unter Einbeziehung des Lebensgefährten.

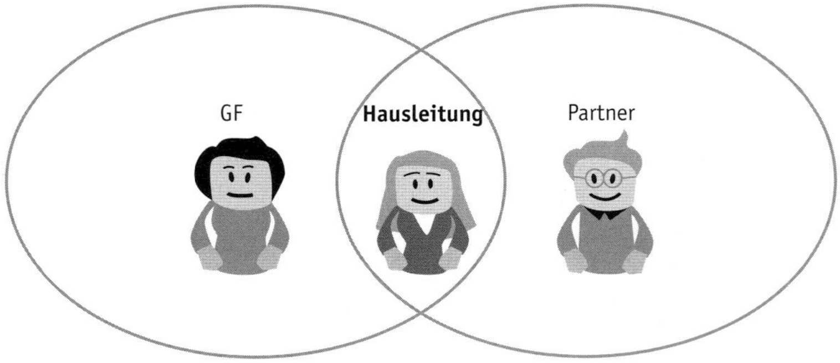

Die „Bewährungsproben" und „entscheidenden Prüfungen" sehen für die drei Schwestern ebenfalls sehr unterschiedlich aus:

- **Tochter:** Das Studium abschließen und die Mutter in den Ruhestand begleiten.
  - Herausforderung: Sich dem Erwachsenwerden stellen, Fürsorge für die Mutter übernehmen.

- **Hausleitung**: Sich von der Hausleitung zur Geschäftsführerin entwickeln.
  - Herausforderung: Weniger direkte pädagogische Arbeit, mehr Führung und Management.

- **Innere Mutter**: Sich von Heimat und Kindern verabschieden, um eine neue Heimat zu finden und eigene Kinder zu bekommen.
  - Herausforderung: Sich von Heimat und Kindern verabschieden und dann warten, bis Tochter und Hausleitung ihre Aufgaben erledigt haben.

Für ein gutes Teamwork der drei Schwestern ist es wichtig, die zeitliche Reihenfolge einzelner Reiseetappen und Bewährungsproben gut aufeinander abzustimmen, damit sich die drei immer wieder gegenseitig unterstützen können und sich bei der Erledigung ihrer Aufgaben nicht im Weg stehen. In nachfolgenden Terminen werden daher drei parallele Entwicklungswege für die drei Persönlichkeitsanteile nebeneinander ausgelegt. Ein Termin findet mit Frau D. und ihrer Mutter, der Geschäftsführerin, statt, zwei weitere mit Frau D. und ihrem Lebensgefährten. Einen Termin nimmt sie abschließend alleine in Anspruch, um die eigenen Gedanken zu klären und die Wege ihrer Heldenreise zu sortieren.

Der neue Alltag

Danach befragt, wie sie sich denn ihr Leben vorstellt, wenn all das abgeschlossen sein wird, antwortet die Klientin mit einem klaren Zukunftsbild: Die „neue Frau D." findet nach dem Aufgeben von Haus, Familie und beruflicher Position, ein „neues Zuhause", eine „neue Familie", eine „neue berufliche Position". Sie ist endlich angekommen, ohne die Gefahr, allzu schnell wieder zu einem neuen Abenteuer aufbrechen zu müssen. Sie darf dann Mutter sein und bleiben. Der Schatten aus „Verantwortung für andere übernehmen", „Beständigkeit" und „Erwachsensein" ist dann in ihren Alltag und ihre Persönlichkeit integriert.

Der Rückweg

Um nach dem Ende ihrer Reise zu einem neuen Alltag zu finden, will Frau D. besonders darauf achten, ihre verschiedenen Rollen auseinanderzuhalten. Sie muss versuchen, den Schatten, der ihr bei ihrer Reise im Weg stand, in ihre Persönlichkeit zu integrieren: Eine neue „Verantwortung für andere" wartet auf sie in Form der Fürsorge für die Mitarbeiterinnen der Einrichtung und der eigenen Kinder. Als Leitung und Mutter braucht sie ebenfalls „Beständigkeit". Vor dem „Selbstzweifel", nicht zu genügen, andere zu verlassen oder selbst verlassen zu werden, muss sie sich weiter in Acht nehmen. Dabei, sagt sie, kann ihr nur die Erfahrung helfen, dass sie kein „kleines Mädchen" mehr ist, sondern eine erwachsene, verantwortungsbewusste Frau. Vielleicht müsse sie auch darauf achten, nicht zu starr an Bestehendem festzuhalten und offen zu sein für weitere Veränderungen, die vielleicht noch kommen mögen.

Fallbeispiel 7
Heldenreise: Eine Zukunftsentscheidung fällen

Mein Haus, kein Haus, unser Haus: Von der Erbschaft über den Verkauf zum Familienstammsitz

von Holger Lindemann und Detlef Sauthoff

Ein 42-jähriger Architekt aus der Schweiz bringt im Rahmen eines Übungsworkshops zum Thema Zielklärung ein eigenes Coaching-Thema ein. Er hat das Haus seiner Großeltern geerbt. Das Haus befindet sich schon lange im Familienbesitz und ist ihm aus seinen Kindheitstagen sehr vertraut. Er will sich zwischen den vielen Optionen entscheiden, die sich ihm durch das Erbe eröffnen: verkaufen, renovieren, selber nutzen, Büroräume einrichten und vermieten.

Das nachfolgend geschilderte Coaching dauert mit allen Elementen und Pausen drei Stunden. Die einzelnen Stationen der Heldenreise werden Schritt für Schritt mit Bodenankern im Raum ausgelegt.

Die gewohnte Welt

Herr M. ist alleinstehend und arbeitet als Architekt. Er berichtet zunächst von seiner Kindheit, die er mit dem geerbten Haus verbindet. In dem Haus befand sich damals ein etabliertes und gut angesehenes Restaurant, welches zu seinen Lieblingsplätzen als kleiner Junge zählte. Über die Jahre wurde das Restaurant aufgegeben und auch ein Nachpächter konnte es nicht wieder zum Laufen bringen, sodass die Räume seit einiger Zeit leer stehen. Das Leben, das er als Kind an diesem Haus genossen hatte, verschwand zunehmend aus dem Gebäude und es blieben ihm nur die Erinnerungen an vergangene Zeiten. Auf die Frage nach dem Titel seiner Heldenreise, antwortet Herr M. mit einem verschmitzten Lächeln: *„Das Haus meiner Ahnen. Eine Alpen-Familien-Saga."*

Der Ruf des Abenteuers

Die Erbschaft: Plötzlich hat Herr M. die Verantwortung für die weitere Geschichte des Hauses. Was soll er mit dem Haus anfangen? Herr M. berichtet über ein Gespräch mit seinem Vater. Diese Gespräche seien eher selten. Sein Vater teilte ihm in diesem Gespräch mit, dass die Großeltern mit dem Erbe eine Erwartung an ihn als Enkel verbunden hätten. Er solle etwas für die Familie, ja sogar für den Erhalt der Familie, tun. Er solle so etwas wie einen Familiensitz schaffen und aufrechterhalten. Aufgrund dieses Gesprächs und seiner eigenen Erinnerungen und Erfahrungen benennt Herr M. mehrere Herolde, die ihn zum Abenteuer rufen: Seine (verstorbenen) Großeltern als Herolde rufen: *„Führe unser Vermächtnis fort! Mach was draus!"*. Die Familie als Herold ruft: *„Halte das Haus!"*, Seine Kindheitserinnerungen rufen als Herold: *„Schau, wie schön es damals war! Mach, dass es so wird wir damals!"*, Eine weitere innere Stimme ruft: *„Eröffne dort ein Restaurant das genauso erfolgreich ist wie damals!"*

Die Weigerung des Helden

Herr M. erlebt die Situation als Druck vonseiten der Familie, die das Haus gerne erhalten sehen möchte. Die damit einhergehende finanzielle Belastung lässt ihn schwanken: *„Warum sollte ich dieses Risiko auf mich nehmen? Der sicherste Weg wäre doch, alles zu verkaufen."* Ein Berater seiner Bank rechnet ihm zudem die hohen und nicht sicher kalkulierbaren Kosten vor und hält das Risiko für zu groß. Er ist nicht bereit, für das Vorhaben einen günstigen Kredit zu ermöglichen und rät ihm ernstlich davon ab, das Haus zu halten. Auch der Zeitaufwand wäre immens. „Die Bank" zeigt sich hier als wichtiger Schwellenhüter, der durch gute Argumente oder ein gutes Finanzierungskonzept überzeugt werden muss, den Durchgang für die Reise des Helden freizugeben.

Die innere Stimme von Herrn M., die sich von diesen äußeren (erwachsenen) Anforderungen am stärksten verschrecken lässt, ist sein inneres Kind. Das Kind, das er mal war, wird zwar durch die Stimmen seiner Familie in der Durchführung seines Vorhabens bestärkt, fühlt sich aber auch klein und dumm. Die Schatten, denen sich Herr M. stellen muss, sind „die Vernunft" und „die Sicherheit". Sie versuchen ihn davon zu überzeugen, dass seine Vision ein Hirngespinst ist, er der Vergangenheit nachhängt und sein Vorhaben zum Scheitern verurteilt ist.

Die Begegnung mit dem Mentor

Mit Mentoren kommt der Coachee zunächst nur über das Gespräch mit seinem Vater in Kontakt. Es sind seine Großeltern, die ihm „das Vermächtnis" mit auf den Weg geben. Zunächst vielleicht eher eine Bürde als eine Gabe. In ihr aber steckt auch eine Macht: die Macht, zum „Oberhaupt und Bewahrer der Familie" zu werden.

Das Überschreiten der ersten Schwelle

Die erste Schwelle ist laut Herrn M. die gerade stattfindende Beratung selbst, an deren Ende eine Entscheidung stünde, welchen Weg – oder welches Abenteuer – er eingehen möchte. Auch der Gang zur Bank ist bereits ein erster Versuch gewesen, die Schwelle zu überschreiten. Der wichtigste Schwellenhüter ist die Bank. Sie verkörpert den Schatten der Vernunft und Sicherheit, der den Mut und die Kreativität von Herrn M. zu ersticken droht.

Bewährungsproben, Verbündete und Feinde

Eine entscheidende Bewährungsprobe besteht darin, die noch lebende direkte Familie (Vater, Schwester und Bruder) in das Abenteuer einzubinden, sie zu Verbündeten zu machen. Auch wenn er seine Familie als Verbündete gewinnen möchte, so ist er sich doch auch darüber im Klaren, dass sie ihn nicht finanziell bei seinem Vorhaben unterstützen können. Er will den „Segen der Familie". Herr M. braucht zudem einen Wegbegleiter, der in der Lage ist, den Aufbau der Gastronomie in die Hand zu nehmen: von der Einrichtung bis zur Suche nach einem geeigneten Pächter. Die dritte Bewährungsprobe stellt die Finanzierung dar: Ist das mit der Hausbank zu machen? Zu welchen Konditionen? Wer könnte dabei noch eine Rolle spielen?

Die Instandsetzung des Hauses, von der Planung bis zu den Handwerkern und deren Anleitung, stellt für Herrn M.– auf Nachfrage – keine Bewährungsprobe dar. Diese Aspekte gehören zu seiner „gewohnten Welt" als Architekt. Aber eine weitere Bewährungsprobe kommt ihm dabei in den Sinn: die zeitliche Planung. Von der gerade stattfindenden Beratung Anfang des Jahres bis zum Sommer sollte das Projekt abgeschlossen sein.

Nach einer „weiteren Weigerung", basierend auf der Angst, ihm würde das alles über den Kopf wachsen, wurden die Aspekte der Heldenreise mithilfe einer Strukturaufstellung sichtbar gemacht, um weitere Informationen über die komplexen Zusammenhänge zu gewinnen.

Zwischenspiel: Eine Strukturaufstellung

Der Raum wird in drei Zonen unterteilt: Vergangenheit, Gegenwart und Zukunft. Aus der Gruppe der anderen Workshop-Teilnehmer werden Stellvertreter für die relevanten Personen der Heldenreise gewählt: für Herrn M. selbst, seinen Vater, die Schwester, den Bruder, den Gastronomie-Fachmann, den Banker und für die Option „Verkaufen". Nach einer ersten Platzierung der Stellvertreter wurde auch noch ein Stellvertreter für die Großeltern auswählt. Die entscheidende Information, die Herr M. durch das Befragen der Stellvertreter gewinnen konnte, war, dass der Banker als Einziger kein Interesse an der Gesamtsituation hat. Während er nur die Teilaspekte des Geldes und der Risiken betrachtet, vereint alle Familienmitglieder eine große Teilhabe, Befürwortung und Unterstützung des Vorhabens. Nach der Befragung des aufgestellten Systems wurde den Stellvertretern gedankt und die Aufstellungssequenz wurde beendet.

Die entscheidende Prüfung

Zunächst muss ein Gastronomie-Fachmann gefunden werden, der als zentrale Person identifiziert wurde. Dieser muss nicht nur „Feuer und Flamme" für die Idee sein, sondern auch helfen, die Bedenken der Bank aus dem Weg zu räumen. Eben dies stellt die entscheidende Prüfung für Herrn M. dar: die Sicherstellung der Finanzierung. In der Vorstellung, wie denn das Gespräch mit dem Banker aussehen würde, rekapituliert Herr M. die erste Erfahrung mit diesem: *„Er wird versuchen, mir mit aller Macht das Vorhaben auszureden und die Konditionen so schlecht gestalten, dass es mich abschreckt. Er wird völlig überzogene Sicherheiten einfordern."*

Die Bank, verkörpert durch den Banker, der ihn eingangs beraten hat, stellt sich nachdrücklich als die entscheidende Hürde dar, die es zu überwinden gilt. Nicht nur der Bank als Personifikation des Schattens gilt es entgegenzutreten, sondern auch dem eigenen Sicherheitsdenken. Sich selbst zu versichern, dass sein Vorhaben keine reine Wunschvorstellung ist, sondern ein ernsthaftes Geschäftskonzept, ist ein notwendiger Schritt, bevor Herr M. erneut an die Bank herantritt. Erst muss er den Schatten des Sicherheitsdenkens in sich selbst besiegen, bevor er der äußeren Erscheinungsform des Schattens, der Bank, die Stirn bieten kann. An diesem Punkt, der Auseinandersetzung mit überzogenen Sicherheitsforderungen, zeigt sich die familiäre Unterstützung, die Herr M. in der Aufstellung wahrgenommen hat, sehr deutlich: Seine Familienangehörigen können hier als Mentoren auftreten und ihm den Rückhalt bieten, den er braucht. In ihrer Funktion als Mentor hat die Familie Herrn M. in vielerlei Hinsicht einen Auftrag erteilt und steht ihm als „Geist der Familie" zur Seite. Bezogen auf die Herausforderung, Sicherheiten bieten zu können, fällt Herrn M. ein, dass seine Familie zwar kein eigenes Geld beisteuern könne, sein Vorhaben aber dadurch absichern könnte, dass sie für einen Kredit mit ihren eigenen, bereits vorhandenen Immobilien als Bürgen eintreten.

Die Belohnung

Als es um die Belohnung der Heldenreise geht, ändern sich die Erzählweise und die Körperhaltung von Herrn M. Seine bisherige Anspannung verwandelt sich zu einer ruhigen, sicheren nahezu weichen Art, in der er berichtet, dass es um die Erfüllung eines Kindheitstraumes geht. Damit meint er keinen Traum, den er als Kind gehabt habe, sondern einen Traum über seine Kindheit: Die Wiederherstellung oder Neuerschaffung der Welt seiner Kindheit. Seine Idee ist es, den Großeltern dadurch etwas zurückgeben zu können, für die schöne Kindheit, die er bei ihnen hatte, und für den guten Start, den sie ihm von dort ausgehend ermöglicht haben.

Der Rückweg und der neue Alltag

Bei der Frage nach dem neuen Alltag geht es für Herrn M. zunächst nicht um den Alltag nach dem Abenteuer, sondern um den Alltag der gewohnten Welt, in die er schon am selben Abend zurückkehren wird. Jetzt aber mit einem klaren Ruf zum Abenteuer, gestärkt durch Mentoren und mit einem klar beschriebenen Hindernis vor Augen, das es zu überwinden gilt. Das Ganze getragen von der inneren Gewissheit, dies alles innerhalb eines halben Jahres bewerkstelligen zu können. Über den neuen Alltag nach dem Abenteuer und auch seinen Rückweg möchte er sich jetzt noch keine Gedanken machen.

Auf den Hinweis, dass in seinem neuen Alltag, nach dem Abenteuer, eine neue Rolle auf ihn wartet, nämlich die des Familienoberhauptes, wird Herr M. für eine kurze Zeit still. Immerhin geht es um eine „Familien-Saga", also um eine Geschichte über mehrere Generationen. Damit müsse er sich tatsächlich noch auseinandersetzen, all das in seinen Alltag zu integrieren. Er ist gerührt von dem Gedanken, Familienfeste auszurichten und vielleicht anderen Kindern aus seiner Familie etwas von dem zu geben, was er damals erlebt hat. Dem damit verbundenen Gefühl lassen wir ihn eine Weile nachspüren, bevor wir zum Abschluss des Coachings übergehen.

Abschluss: Eine Timeline

Abschließend wird das gesamt Know-how der Gruppe genutzt, um eine sechsmonatige Timeline der Arbeitsschritte bis zur Eröffnung des Restaurants zu erstellen. Die über sechzig einzelnen Moderationskarten, die dabei gesammelt werden, könnten erschlagend wirken. Für Herrn M. als gelernten Architekten sind sie jedoch weniger bedrohlich als seine Unschlüssigkeit zu Beginn des Coachings, als er mit der Entscheidung haderte, sich überhaupt auf diesen Weg zu machen. Die tatsächliche Eröffnung feiert er fünf Monate nach dem Coaching.

Fallbeispiel 8
Heldenreise: Eine neue Herausforderung annehmen

Der Einzelkämpfer, die siebenköpfige Hydra und ein verdeckter Gewinn

von Holger Lindemann und Detlef Sauthoff

Die Beratung findet in einem Coaching-Workshop zur Bearbeitung persönlicher Anliegen statt und dauert 90 Minuten. Die einzelnen Stationen der Heldenreise werden dabei Schritt für Schritt mit Bodenankern im Raum ausgelegt (siehe „Arbeiten mit der Heldenreise" S. 217).

Herr K. ist lange in verschiedenen Funktionen für ein erfolgreiches, weltweit agierendes Familienunternehmen tätig gewesen, zuletzt als verantwortlicher Personalchef. Nach seinem Ausstieg aus dem Berufsleben besuchte er, gemeinsam mit einem guten Freund, verschiedenste Seminare und Workshops. Zu diesem Coaching-Workshop hatte sein Freund ihn überredet. Herr K. hat zunächst kein Anliegen. Nach einigem Nachfragen sagt er: *„Wenn ich überhaupt ein Thema habe, dann ist es eine mir bevorstehende Moderation in einer großen Gruppe. Das stellt für mich eine Herausforderung dar."*

Intuitiv entsteht die Idee, das Anliegen im Rahmen einer Heldenreise zu bearbeiten. Herrn K.s lakonische Antwort lautet: *„Ach wissen Sie, eine Heldenreise in meinem Alter? Ich weiß nicht, ob das mit über 60 das Richtige für mich ist. Wir können es ja mal versuchen."* Für Herrn K. ist das gesamte Prozedere eines Coachings neu. Karten auf dem Fußboden auszulegen, ist neu. Sich im Rahmen einer Beratung im Raum zu bewegen, ist neu. Sich auf einen Bodenanker zu stellen, um eine Station der Heldenreise assoziiert zu erleben, ist neu. Trotz all dieser unbekannten Faktoren arbeitet Herr K. mit und lässt sich von dem, was passiert, überraschen. Als ersten Schritt sucht er für den Bodenanker der gewohnten Welt einen für ihn passenden Ort im Raum und stellt sich darauf.

Die gewohnte Welt

Im Rahmen eines Ehrenamtes, das er seit gut einem Vierteljahr innehat, ist Herr K. für sieben Kindergärten in einem Pfarrbezirk zuständig. Als Kindergarten-Beauftragter nimmt er an den monatlichen Leitungsrunden teil. Auf der Suche nach seiner Funktion oder einem Impuls für diese Arbeit kommt ihm die Idee, dass es gut sei, wenn die Mitarbeiterinnen von Verwaltungsaufgaben befreit würden und sich mehr auf das pädagogische Geschäft konzentrieren könnten. Dieser Impuls korrespondierte mit Klagen, die er aus der Runde gehört hat. Herr K. hat dies für sich als Auftrag angenommen. Er hat sich mit der für den Bezirk zuständigen Sozialdezernentin in Verbindung gesetzt, um zu klären, ob eine Entlastung im Bereich der Verwaltungsaufgaben, etwa im Umfang einer vollen Stelle, möglich sei. Im Rahmen dieses Gespräches erhält Herr K. eine positive Rückmeldung. Die Sozialdezernentin sagt ihm, sie bräuchte einen Antrag, um im Sinne einer Entlastung tätig werden zu können.

Diese vermeintlich „gute Nachricht", gemeinsam mit der Ankündigung, die Verwaltungstätigkeiten zu digitalisieren und zu vereinheitlichen, verkündet Herr K. auf der nächsten Leitungsrunde. Statt Lob und Anerkennung erntet Herr K. Bedenken und Widerspruch: *„Das machen wir doch ohnehin schon alles!", „Wenn wir das selbst machen, geht es schneller!", „Wir haben gar kein gemeinsames PC-Programm dafür und dann muss ich das alles wieder neu lernen!", „Wir brauchen etwas anderes viel dringender!"* und dergleichen mehr. Nach dem Titel und dem Genre seiner Heldenreise befragt sagt Herr K.: *„Die Einigkeit der Leitungsrunde. Vielleicht ein Drama. Oder auch eine Komödie."*

Der Ruf des Abenteuers

Herr K. hat für sich einen Auftrag gefunden: *„Kläre das Anliegen der Leitungsrunde! Finde heraus, ob sie eine Entlastung durch eine weitere Verwaltungskraft wünschen oder nicht!"* Herr K. weiß nicht, wie seine Moderation der Gruppe zu diesem Thema aussehen wird. Er, der eigentlich klare Entscheidungen liebt – und auch trifft – sieht hierin tatsächlich ein Abenteuer. Er befindet sich in einer Situation, die er nicht planen und eigenständig umsetzen kann. Aber er hat dieses Ehrenamt angenommen und möchte die Aufgabe gut machen. Eine weitere innere Stimme sagt: *„Mache einen guten Job!"*

Auf die Frage nach Verbündeten benennt Herr K. einen Freund, mit dem er das alles besprechen kann. Ansonsten sieht er sich aber als Einzelkämpfer, der dieses Abenteuer alleine bestehen muss.

Die entscheidende Prüfung

Die entscheidende Prüfung wird es laut Herrn K. sein, sich den Ablehnungen der Leitungen zu stellen und herauszufinden, was denn nun für Bedürfnisse und Schwierigkeiten hinter dieser Abwehr stecken.

Ihm erscheinen die vielen verschiedenen Aussagen und Bedürfnisse der Leitungen wie eine Hydra: Wenn er einen Kopf abschlägt, wachsen zwei neue nach – wenn er einer ablehnenden Aussage begegnen kann, erscheinen sofort zwei neue. Die „vielköpfige Hydra der Ablehnung" spricht mit jedem Kopf etwas anderes und alle reden durcheinander:

- *„Das machen wir doch ohnehin schon alles!", „Wenn wir das selbst machen geht es schneller!"*
- *„Wir haben gar kein gemeinsames PC-Programm dafür und dann muss ich das alles wieder neu lernen!"*
- *„Für dieses Jahr gibt es gar kein Budget mehr für neue Hard- und Software! Und das sind ja sowieso auch alles unterschiedliche Haushalte!"*
- *„Wir arbeiten alle viel zu individuell! Und unsere Voraussetzungen sind ganz verschieden! Und dann wären wir ja vergleichbar! Wollen wir das denn?"*
- *„Wir brauchen etwas anderes viel dringender! Wenn wir Geld für Personal bekommen können, dann doch eher für pädagogisches Personal!"*
- Herr K. vermutet auch folgende verdeckte Ablehnung: *„Jetzt kommt hier der Mann aus der Industrie und will uns sagen, wie man's richtig macht! Das kann er vergessen!"*
- Und eine Leitung sei auch schon über 50 und hätte gar keine Lust mehr auf Veränderung ...

Die Widerrede der Leitungen und ihre Unzufriedenheit verwehren ihm die Anerkennung und den Erfolg. Diese Hydra ist ein Schwellenhüter, an dem nur schwer vorbeizukommen ist. Einen Kopf abzuschlagen ist das eine, aber alle Angriffe abzuwehren ... unmöglich!

Die Weigerung

Erst an dieser Stelle fragt sich Herr K., warum er sich das alles denn angetan habe und warum denn gerade er dieses Ehrenamt ausfüllen müsse. Da werde er wohl kaum Erfolg haben. Vielleicht hätte es da für ihn eine viel, viel bessere Tätigkeit gegeben.

Die Belohnung

Herr K. hatte bisher auf alles eine Antwort und wusste gut formuliert Auskunft zu geben. Als er sich auf die Station der Belohnung stellt, schweigt er lange. Dann sagt er: *„Die Belohnung? Also die Belohnung könnte sein, dass ich nicht mehr so negativ und voller Vorurteile auf die beteiligten Personen schaue. Dass mir ein Perspektivwechsel gelingt.*

Dass ich sie verstehe. Höre, was das Anliegen ist.“ Herr K. wird, während er das so sagt, immer zögerlicher. Und sagt dann, nach einer weiteren Pause: *„Das ist ja spannend! Mir geht es um eine wertschätzende Begegnung. Bisher musste ich als Entscheider immer schnell handeln und plötzlich habe ich die Freiheit, Menschen zu begegnen, Dialoge zu gestalten, ohne zu wissen: Das ist mein Vorhaben, das mein Ziel und so werde ich es erreichen.“* Bemerkenswert ist auch die Veränderung in der Körperhaltung von Herrn K. Von einer eher angespannten und gedrückten zu einer offenen und beweglichen Haltung. Bei ihm kommt buchstäblich ganz viel in Bewegung. Es gilt nicht nur, sich der vielstimmigen Hydra zu stellen, sondern seine frühere Haltung zu überwinden. Die „neue Haltung“, die Herr K. bei dieser Station gefunden hat, wird ihm bewusst gespiegelt und vergegenwärtigt, um auch einen körperlichen Anker für den Gewinn, in Form seiner Körperhaltung, zu setzen.

Erst hier zeigen sich die Schatten: Es sind die „Ergebnisorientierung“ das „Alleinentscheidertum“. Eben diese stehen Herrn K. im Weg bei dem Ziel, die Leitungsrunde bei einer guten Lösung ihrer Probleme zu unterstützen. Auf die Frage, ob er den Titel und das Genre seiner Heldenreise nun anders formulieren würde, sagt Herr K.: *„Vom Macher zum Mentor. Ein Entwicklungsroman.“*

Der neue Alltag

Herr K. ist auf dieser Position ganz bewegt davon, dass es nicht darum geht, anderen zu helfen oder einen Kampf zu gewinnen, sondern darum, sich selbst weiterzuentwickeln. Er, der ehemalige Macher, soll jetzt Mentor sein, für das Abenteuer anderer. Zunächst hat er versucht, „das Problem“ mit seinem alten Rollenbild zu lösen und dabei nicht gemerkt, dass er nun eine andere Rolle braucht, um *„einen guten Job zu machen“*. Neben dem Eindruck eines großen „Aha-Erlebnisses“ verbindet Herr K. mit dieser Perspektive Hoffnung und Neugier.

Der Rückweg

Für Herrn K. ist nun klar: Er muss eine andere Rolle üben und einnehmen, die für das Bestehen seiner Bewährungsproben und der entscheidenden Prüfung wichtig ist. Diese innere Haltung würde er sich gerne auch nach dieser Episode seines Heldenlebens bewahren. Er fragt sich, wo in seinem neuen Alltag er diese Rolle noch anwenden könnte. Wie er seine neue Rolle in seinen Alltag integrieren kann. Er spricht kurz das Verhältnis zu seinen Kindern, Schwiegerkindern und Enkeln an. Darüber möchte er sich außerhalb des Coachings Gedanken machen.

Abschluss auf der Meta-Position

In der abschließenden Reflexion auf einer Position außerhalb der Heldenreise berichtete Herr K. von dem für ihn unerwarteten Verlauf des Coachings und vom dem großen Gewinn, den er für sich dabei entdeckt hat. Eigentlich sei es ihm ja um einen Gewinn für die Kindertagesstätten gegangen. Nach der anschließenden Mittagspause kommt Herr K. nochmals vorbei, um sich dafür zu bedanken, dass er es erleben darf, eine Heldenreise *„trotz seines Alters von über 60 Jahren"*, so erfolgreich zu bestehen.

Fallbeispiel 9
Heldenreise: Einen Neuanfang wagen

Die neuen Abenteuer des Konrad W.

von Janna Loske

Herr W. (42 J.) ist als Lehrer an einer Förderschule tätig. Er nimmt in unregelmäßigen Abständen Coaching-Gespräche in Anspruch, um seine berufliche Situation zu reflektieren. In diesem Rahmen thematisiert er seine Überlegung, in eine 500 Kilometer entfernte Stadt zu ziehen. Dort lebe die Frau, mit der er seit zehn Monaten eine neue Beziehung habe und mit der er sich eine gemeinsame Zukunft wünsche. Er erwartet sich von dem Coaching eine Unterstützung bei der Umsetzung seiner Pläne, denn eigentlich sei der Umzug eine „beschlossene Sache" – nur würde er immer wieder von seiner qualvollen Ambivalenz daran gehindert, konkrete Schritte zu gehen. Seine Schwierigkeit damit, Entscheidungen zu treffen und vom Grübeln ins Tun zu kommen, ist schon bei anderen Gelegenheiten im Coaching aufgetaucht und bearbeitet worden.

Das Coaching dauert 90 Minuten. Die einzelnen Stationen der Heldenreise werden Schritt für Schritt mit Bodenankern im Raum ausgelegt und wichtige Kernbegriffe werden, auf Moderationskarten notiert, daneben gelegt.

Ich stelle Herrn W. als mögliche Methode für die Auseinandersetzung mit seinem Anliegen die „Heldenreise" vor. Seine Neugier ist geweckt und ihm gefällt der Gedanke, „Held der eigenen Geschichte" zu sein. Befragt dazu, was dies denn für eine Geschichte sei und ob ihm spontan ein Titel dafür einfiele, findet er für seine Heldenreise die Überschrift *„Die neuen Abenteuer des Konrad W.: Ein Erlebnisbericht"*. Da die Formulierung „neue Abenteuer" die Existenz von zu früheren Zeitpunkten bereits bestandenen Abenteuern impliziert, lasse ich ihn von diesen berichten. Es geht dabei um einen Umzug in der Vergangenheit, der ebenfalls mit einem Arbeitsplatzwechsel verbunden war. Es stellt sich heraus, dass sich hier bereits Ressourcen für die Station „Begegnung mit dem Mentor" finden lassen, nämlich seine von dieser Erfahrung genährte Zuversicht, dass er schon eine passende Arbeitsstelle findet.

Die gewohnte Welt

Doch bevor wir uns der Zukunft zuwenden, lade ich Herrn W. ein, einen guten Platz für die Karte „die gewohnte Welt" im Raum zu finden. Von diesem Platz aus startet jede Heldenreise und von hier aus reflektiert Herr W., unterstützt von Fragen, über sein gegenwärtiges Leben. Er berichtet von Freud und Leid an seiner Schule, von seinem Kollegium und der Schülerschaft. Er erzählt von seinem Tennisverein, von Freunden und den Besonderheiten seiner Wochenendbeziehung. Er beschreibt seine Wohnung und seinen Tagesablauf.

Der Ruf des Abenteuers

Wer oder was ruft ihn heraus aus dieser Welt, was lockt ihn, drängt ihn oder zieht ihn fort? Als „Ruf des Abenteuers" identifiziert Herr W. zunächst eine innere Stimme, die ihm sagt: *„Worauf wartest du noch?"* Dieser innere Herold, den er als ausgestattet mit Wanderrucksack und -stab, mit einer Schirmmütze aus einem früheren Auslandsaufenthalt von ihm und mit einem erwartungsvollen Gesichtsausdruck beschreibt, erhält Gesellschaft: Seine Freundin steht daneben, lockt ihn mit sehnsuchtsvollen Anrufen und Liebeserklärungen und breitet die Arme aus. In einigem Abstand stehen noch zwei andere, denen der Sinn nach Veränderung steht: Die Unzufriedenheit, die die langen Fahrtzeiten satt hat und die Erschöpfung, die sich über Missstände an seinem Arbeitsplatz empört.

Die Belohnung

Hier knüpfen sich Fantasien über „die Belohnung" für seine Heldenreise an. Herr W. findet für diese Karte einen Platz, der sich in einiger Entfernung von den ersten beiden Stationen befindet, sodass Raum bleibt, um später die dazwischenliegenden Stationen zu positionieren.

Herr W. nimmt sich Zeit, um auf dem Platz der Belohnung den Gefühlen und Vorstellungen nachzugehen, die er mit dem Erreichen seines Zieles verbindet. Er findet hier Formulierungen wie „Ankommen und zur Ruhe kommen", „Lebensfreude und Vitalität", „Zufriedenheit" und „Fülle". Mittels Fragestellungen wie z.B. *„Woran merken Sie, Ihre Kollegen beziehungsweise Ihre Freundin, dass Sie zufrieden sind?"*, *„Wenn die Lebensfreude sprechen könnte, was würde Sie erzählen?"*, oder *„Wenn die Fülle ein Musikstück wäre, was für eines wäre das?"*, erhält Herr W. Unterstützung, um seine Vorstellungen von der Belohnung zu konkretisieren und mit individuellen Inhalten zu füllen. Sein Blick richtet sich hier schon auf den „neuen Alltag", der aus einem gemeinsamen Leben mit seiner Freundin und einer größeren Arbeitszufriedenheit besteht.

Die Weigerung des Helden

Bezugnehmend auf seine beschriebene Ambivalenz gegenüber der geplanten Veränderung, wird Herr W. nun angeleitet, einige Schritte zurück auf der im Raum ausgelegten Spur der Bodenanker zu gehen und einen Platz für „die Weigerung des Helden" zu finden. Welche Widerstände gibt es, dem „Ruf des Abenteuers" zu folgen? Herr W. beschreibt „querschießende Gedanken" wie *„Es ist doch eigentlich gar nicht so-ooo schlimm"*, oder *„... in der neuen Stadt ist es dann bestimmt auch bald so wie hier"*. Er würde manchmal den mit dem Umzug und der Arbeitssuche verbundenen Aufwand scheuen und mit Kopfschmerzen reagieren, wenn er über eine Zukunft in der anderen Stadt nachdenke. Scheuen würde er auch die dann anstehende Auseinandersetzung mit seiner Freundin über die zu wählende Wohnform – er wisse nicht, ob eine gemeinsame oder eine eigene Wohnung das Beste für ihn sei und er wolle seine Freundin mit seinen Überlegungen nicht verletzen.

Herr W. wirkt zunehmend hilflos und nachdenklich auf dieser Position. Befragt nach seinen Körperempfindungen, beschreibt er die bekannten Kopfschmerzen und eine empfundene Schwäche in den Beinen: Er stehe nicht gut. Es scheint wichtig, der Frage nach der zu wählenden Wohnform nachzugehen und ich biete ihm diesen „Ausflug" an, sobald er sich wieder sicherer fühle.

Ein Schatten, dem sich Herr W. stellen muss, ist die Angst, in seiner neuen Beziehung zu scheitern. Ein gemeinsames Leben nicht zufrieden leben zu können. Ein weiterer Schatten besteht aus der Unsicherheit, ob er in einem neuen Tätigkeitsfeld bestehen kann. Um diese Schatten zu überwinden, fehlen ihm Mut und Selbstvertrauen.

Die Begegnung mit dem Mentor

Doch zunächst ist es Zeit, dass er sich Unterstützung an die Seite holt und so sucht er einen weiteren Platz im Raum für „die Begegnung mit dem Mentor". Hier sammelt Herr W. eine Fülle von äußeren und inneren Stimmen, die ihn stützen und stärken. Unter anderem gibt es einen ehemaligen Psychotherapeuten, der inzwischen zwar verstorben ist, dessen ermutigende Aussagen jedoch in ihm weiterleben würden und in schwierigen Situationen „abzurufen" seien. *„Du kannst auf dein Bauchgefühl vertrauen"*, sei eine solche Aussage. Des Weiteren ist hier seine Freundin – das Planen einer gemeinsamen Zukunft sei aufregend und mache Spaß. Außerdem findet sich auf diesem Platz sein eigenes altes Ich, das solche Situationen in der Vergangenheit bereits erfolgreich gemeistert hat und ihm Mut zuspreche. Es gibt Freunde und Kollegen, die sich mit ihm über seine neue Liebe freuen und ihm Glück wünschen.

Herr W. erhält Zeit, seinen Körperempfindungen auf diesem Platz nachzuspüren: Er steht wieder sicherer, seine Atmung ist sichtbar tiefer geworden und der Kopfschmerz sei fort. Offensichtlich genießt Herr W. diese Station auf seiner Heldenreise und ich bitte ihn, herauszufinden, ob es eine Stelle in seinem Körper gebe, wo er die Stärkung und Ermutigung besonders stark spüre. Er schließt die Augen und beschreibt schließlich eine Stelle in seiner Brust, die sich anfühle wie ein „Kraftzentrum".

Das Überschreiten der ersten Schwelle

Herr W. schwelgt einige Augenblicke lang in dem Gefühl und ich schlage ihm vor, seine Hand auf die Brust zu legen, wenn er seine Heldenreise nun fortsetzt. Er legt eine Hand auf seine Brust und fühlt sich gewappnet, in dieser Haltung die Station „das Überschreiten der ersten Schwelle" aufzusuchen. Auf dieser Station ist die lähmende Ambivalenz überwunden – doch was bedeutet das konkret? Was ist ein erster Schritt? Woran werden er und andere merken, dass er sich tatsächlich auf den Weg gemacht hat?

Herr W. macht seinen Aufbruch daran fest, dass er nicht mehr nur nach Stellenangeboten schauen, sondern tatsächlich erste Bewerbungen losschicken würde. Befragt nach Fristen, setzt er sich selber einen Zeitpunkt für diesen Schritt. Es scheint wichtig und entlastend für ihn zu sein, herauszuarbeiten, dass eine Bewerbung auf eine Stelle immer noch alle Entscheidungsoptionen offen lässt. Als weiteres „Überschreiten der ersten Schwelle" würde er eine Entscheidung bezüglich der Wohnform empfinden: Seine Freundin und er müssten darüber reden, ob sie einzelne Wohnungen haben oder zusammenleben möchten. An dieser Stelle ist Herr W. sehr hin- und hergerissen und ich komme auf mein Angebot zurück, dieser Frage nachzugehen: Wir legen Bodenanker für die Varianten „alleine wohnen" „gemeinsam wohnen" und „zusammen und alleine" aus. Herr W. stellt sich nacheinander auf die jeweiligen Positionen und beschreibt seine wechselnden Körpergefühle, Empfindungen und Gedanken. Er macht dies in mehreren Durchgängen und kommt zu dem Schluss, dass er eigentlich gerne mit seiner Freundin zusammenleben würde, ihn das aber sehr viel Mut kosten würde aufgrund früherer schlechter Erfahrungen (eine gescheiterte Ehe).

Die weiteren Stationen

Die Stationen „Bewährungsproben, Verbündete und Feinde", „Die entscheidende Prüfung" und „der Rückweg" explorieren wir zu diesem Zeitpunkt nicht weiter – hierzu gibt es noch keine Fantasien. Wir überlegen gemeinsam, ob es sich hier vielleicht um Bewährungsproben im gemeinsamen Zusammenleben handeln könnte oder darum, bei einer neuen Stelle nicht „in alte Fahrwasser" zu geraten. Es wird das Angebot gemacht, dass er zu einem späteren Zeitpunkt diese Stationen auch gemeinsam mit seiner Freundin erarbeiten kann. Die damit nahegelegte Wendung, dass sich Herr W. dann nicht mehr alleine auf seiner Heldenreise befinden, sondern eine Gefährtin an der Seite haben wird, freut ihn. Dies bestärkt seine Zuversicht in die errungene Einsicht, ein gemeinsames Wohnen wagen zu wollen. Er wirkt erleichtert und wir beenden die Heldenreise an dieser Stelle.

Abschluss

Abschließend resümiert Herr W., wie hilfreich das Coaching bezogen auf sein Anliegen war. Er äußert, dass er sich darüber klar geworden sei, einen Neuanfang wagen zu wollen und dies auch zu schaffen glaubt. Hilfreich sei für ihn dabei besonders die Auseinandersetzung mit seinen Ängsten bezüglich der möglichen Wohnformen gewesen und die übersichtliche Struktur der Methode mit den ausgelegten Bodenankern. Große Klarheit hatbe er nun, dass er zunächst nur den Mut aufbringen muss, die erste Schwelle zu überschreiten.

„Wie seekrank" – Storytelling im Gesundheitscoaching

Interview mit Dr. Matthias Lauterbach

Im Gesundheitsbereich wie auch in allen anderen Bereichen des Coachings ist die Arbeit mit Metaphern ein Teilaspekt. Sie hat sich im Gesundheitscoaching bewährt, weil der Gesundheitsbegriff ja nicht so eindeutig definiert ist. Je nachdem, welchem Modell von der eigenen Gesundheit ein Klient folgt, zum Beispiel einem biologisch-medizinischen, können Metaphern helfen, den Gesundheitsbegriff greifbar zu machen. Im Gesundheitscoaching ist die Frage dann: Was prägt das Bild von Gesundheit beim Klienten? Wenn jemand zum Beispiel von seiner Gesundheit als Batterie spricht, kann die Frage den Anschluss bilden, wie man die Batterie wieder aufladen kann. Oder wenn jemand seine Gesundheit als biologisches Modell versteht, dann kann es um Vernetzung gehen.

Wie genau arbeiten Sie damit?

Häufig bitte ich meine Klienten, ein Bild, eine Landkarte ihrer Gesundheit zu malen. Das Malen ist ein guter Weg, möglichst viele Bilder zu erzeugen. Dazu mache ich wenige Vorgaben, denn es geht für den Klienten darum, sich in die eigene Bilderwelt hineinzuspinnen. Auf diese Weise entstehen dann unterschiedliche Metaphoriken, mit denen man im Coaching gut weiterarbeiten kann. Manchmal sind es Wetterkarten, auf denen Blitze und Donner, Hagel und Einschläge, aber auch sonnige Flecken sichtbar werden. Oder es zeigen sich Landschaften mit Wegen oder es werden Reisen abgebildet. Wenn das Bild fertig ist, frage ich offen: *„Was ist für Sie wichtig in diesem Bild?"* So kommt das Coaching-Gespräch schnell zu den Themen gesundheitliche Ressourcen und Risiken.

In anderen Fällen arbeite ich auch mit der Timeline (s. S. 144 ff.) oder mit dem Lebenszyklus nach Hale (M. Lauterbach, 2005). Ich nutze gern geometrische Metaphern, die man gut im Raum darstellen kann. Der Lebenszyklus-Kreis mit den vier Feldern „Bei sich selbst sein" –

„Aktiv mit anderen sein“ – „Dazugehören und beginnen wegzugehen“ – „Nicht dazugehören in der alten Art“ wird von vielen Klienten als hoffnungsvoller erlebt als die Linie, die bei einer Timeline entsteht.

Der dritte Zugangsweg ist die Begrifflichkeit, die jemand für die aufgetretene Symptomatik nutzt. Wenn sich jemand beispielsweise von seinen Gefühlen „abgeschnitten“ fühlt, dann kann ich nach dem Abschneiden fragen oder wer oder was die Wunde nähen kann. Aus den Metaphern lassen sich hilfreiche Fragen und Lösungen entwickeln. Der Vorteil ist, dass man indirekt spricht und über einen anderen Lebensbereich als über das akute Problem.

Es kann durchaus auch hilfreich sein, Metaphernfelder zu wechseln. Wenn also jemand sein Unternehmen bisher als „Maschine“ bezeichnet hat, dann kann ich als Berater anbieten, nach einem anderen, für die aktuelle Situation passenderen Begriff zu suchen, zum Beispiel von einem Fluss zu sprechen. Das verändert sofort die Bedeutung und die darauf resultierenden Aufgaben. Denn wenn etwas in Fluss ist, dann muss ich mich anders um Veränderungen kümmern, als wenn meine Aufgabe ist, das reibungslose Funktionieren einer Maschine zu gewährleisten.

Können Sie ein konkretes Fallbeispiel schildern?

Eine männliche Führungskraft mit Tinnitus und Schwindel gebraucht die Metapher, dass er sich wie seekrank fühle. In der Beratung sprechen wir über die Seekrankheit und alles, was damit verbunden ist, wie etwa über das Schiff, auf dem sich der Mann als Kapitän befindet. Er sagt, dass er eigentlich auf die Brücke gehöre, sich aber stark mit den Mitarbeitern im Maschinenraum verbunden fühle. Immer wenn er den Platz wechsele, werde ihm schlecht. Wir können im weiteren Verlauf des Coachings Lösungen dafür entwickeln, an welcher Stelle des Schiffes er sich aufhalten kann, damit ihm nicht mehr übel ist.

Gibt es Anliegen, Situationen, Klienten, in/bei denen die Methode besonders gut funktioniert und solche, in/bei denen vielleicht sogar Vorsicht geboten ist?

Die Arbeit mit Metaphern passt eigentlich immer, denn Menschen leben in Metaphern. Wenn sie nicht metaphernfähig wären, könnten sie nicht leben. Schon die Uhrzeit besteht aus Metaphern: halb vier, viertel vor fünf – das ist nichts anderes. Wir haben uns auf diese

Begrifflichkeiten geeinigt und jeder versteht sie. Manchmal, wenn Klienten sehr rational sind, ist die Bilderwelt etwas verarmt und es ist ungewohnt für sie, damit zu arbeiten. Sie können sich dafür aber wieder öffnen, wenn man sie in einem Gespräch dahin führt. Sicher gibt es Metaphern, die sich besonders gut eignen, zum Beispiel die der Reise, des Weges, der Weggabelung. Darin liegt ja schon der Fortschritt, die Prozesshaftigkeit. Im Gesundheitsbereich sind aber auch alle Begriffe und Bilder ergiebig und nutzbar, die der Volksmund nutzt, wie etwa „die Nase voll haben", „einen dicken Hals haben", „Gift und Galle spucken", das Herz „bricht" oder es „wird weit" usw. Schon die Alltagssprache ist reich an Metaphern, mit denen wir in der Beratung arbeiten können.

Ihre Tipps für andere Coachs und Berater?

Die Arbeit mit Metaphern setzt beim Berater voraus, dass er aufmerksam für die Sprachbilder ist, die ein Klient verwendet und in die er seine Fragestellung einkleidet. Daran lässt sich gut anknüpfen. Alles Weitere entwickelt sich situativ. Man bekommt innerhalb der Beratung schnell ein intuitives Gespür dafür, wann die Arbeit mit einer Metapher keine weitergehenden Erkenntnisse bringt. Eine gute Vorbereitungs-Übung für Coachs und Berater dafür ist, sich zu fragen, welche Metapher sie selbst für die eigene Gesundheit verwenden.

VII. Kapitel

Geschichten für alle Fälle

Schnellfinder

Geschichten zum Thema Führung

In diesem Unterkapitel finden Sie kurze und längere Geschichten, die Sie bei Coaching-Anlässen rund um das Thema Führung erzählen können. Ihren Einsatz können Sie unterschiedlich gestalten: Entweder erzählen Sie die Geschichten oder lesen sie vor und lassen sie dann wirken, ohne damit weiter direkt zu arbeiten. Auf diese Weise kann der Klient „seine" Botschaft heraushören. Oder Sie arbeiten mit den Geschichten und stellen Fragen, die sich auf das aktuelle Anliegen des Klienten beziehen.

Wer anderen nichts zutraut, unterschätzt sie leicht

Willie Haughey, ein schottischer Unternehmer und Selfmademan, erzählte auf der 3. internationalen Storyline-Konferenz 2006 eine kleine Geschichte zum Thema „Motivation" aus seiner Schulzeit:

Ich hatte einen Mitschüler, dessen Mathematikkenntnisse als sehr begrenzt galten. Eines Tages bekam der Lehrer mit, wie dieser Schüler gemeinsam mit ein paar Mitschülern an einer Rechenaufgabe saß. Als der Lehrer nachfragte, was sie denn da machen, berichtete der Schüler, dass sein Vater am Abend zuvor je ein Pfund auf drei Pferde gesetzt habe und jedes Mal gewonnen habe. Jetzt seien sie dabei, den Gewinn auszurechnen. Der Lehrer war verblüfft: „Wie – du kannst 4 und 5 nicht zusammenzählen, aber du kannst den Gewinn bei einer Quote von 47 zu 93 berechnen?"

Quelle Willy Haughie auf der 3. internationalen Storyline-Konferenz 2006 in Glasgow, mit herzlichem Dank an Dr. Ulf Schwänke.

Stichworte Motivation, Vertrauen, Lernen

Fragen zur Reflexion

- Wie gehen Sie mit „Vor-Einstellungen" zu Mitarbeitern um?
- Wie motivieren Sie?
- Was trauen Sie Ihren Mitarbeitern zu?
- Welche Geschichte erzählen Sie darüber, dass Sie schon einmal von Mitarbeitern so richtig überrascht worden sind?

Druck hilft nicht beim Lernen

Aus der neurobiologischen Forschung ist bekannt, dass Druck und Strafen zwar beliebte, aber schlecht wirksame Motivatoren sind, weil mit den gelernten Inhalten zugleich auch die negativen Emotionen, die damit verknüpft waren, aktiviert werden. Und wer erinnert sich schon gern an unangenehme Situationen?

Der britische Pädagoge John MacBeath, der viele Jahre als Ordinarius für Erziehungswissenschaft in Cambridge lehrte, war als Schüler in Canada zur Schule gegangen. Dort lernte er mehrere Jahre lang Latein, allerdings zu einer Zeit, als die Lehrer noch daran glaubten, man müsse den Schülern die Sprache einprügeln. Nach dem Abitur musste MacBeath für ein Sprachstudium Kenntnisse in einer klassischen Sprache nachweisen. Es wäre ein Leichtes gewesen, für die verlangte Übersetzung seine beachtlichen vorhandenen Lateinkenntnisse zu nutzen. Aber aus Abscheu vor den mit dem Lateinlernen verbundenen Erinnerungen nahm er davon Abstand. Stattdessen lernte er Griechisch von Grund auf und bestand die Klausur mit Bravour.

Quelle

Persönliche Mitteilung von Prof. John MacBeath, mit herzlichem Dank an Dr. Ulf Schwänke.

Stichworte

Motivation, Druck, Freiraum

Fragen zur Reflexion

- Wie motivieren Sie?
- Was würden Ihre Mitarbeiter sagen, wie viel Freiraum Sie ihnen lassen?
- Wie üben Sie Druck aus?
- Wie gehen Sie mit Druck um?
- Wie viel Freiraum geben Sie? Wie viel Freiraum brauchen Sie?

Gefahren der Osterhasenpädagogik: Löcher in der Straße

Der britische Pädagoge Fred Rendell (1931–2011) war lange Jahre Dozent am Jordanhill College of Education in Glasgow. Er hat den Storyline-Ansatz für Unterrichtszwecke entscheidend mitgeprägt. Rendell erzählte gern die folgende Geschichte, die zeigt, wie die „Osterhasenpädagogik“ (Lehrer versteckt eine Antwort, die er die Schüler dann selbst „entdecken“ lässt) danebengehen kann.

Man hat ja heute diese quer zur Fahrbahn verlaufenden Schwellen, die Autofahrer zum langsamen Fahren zwingen sollen. Sie werden in Schottland „Sleeping Policemen“ (schlafende Polizisten) genannt. Jedes Mal, wenn ich an der Einfahrt zu unserem Dozentenparkplatz über ein solches Hindernis fahre, muss ich an eine Unterrichtsstunde denken, die ich vor vielen Jahren an einer Grundschule gegeben habe. Das Thema war Verkehrsunterricht. Das Lernziel hieß: Die Schüler sollen herausfinden, dass sich Unfälle an Straßenkreuzungen vermeiden lassen, wenn Autofahrer und Fußgänger getrennte Wege benutzen (z.B. Unterführungen oder Brücken für Fußgänger). Ich fragte die Schüler also nach ihren Vorschlägen und sie kamen mit allen möglichen Ideen:

- Ein Polizist soll den Verkehr regeln.
- Es werden Ampeln aufgestellt.
- Man bringt Vorfahrtsschilder an.
- Tempo 30 wird vorgeschrieben.
- Die Radfahrer müssen absteigen usw.

Es waren eigentlich alles geeignete Ideen, aber ich wollte ja, dass die Schüler die dritte Dimension selbst „entdecken“. Stattdessen regten sie an, Zebrastreifen auf die Fahrbahn zu malen oder Schülerlotsen einzusetzen. Ein Mädchen verstieg sich sogar zu der Idee, Löcher in die Fahrbahn zu machen. Es half nichts, ich musste die Schüler auf die Idee mit der Überführung bringen.

Erst Jahre später, als ich zum ersten Mal über einen „Sleeping Policeman“ fuhr, fiel es mir wie Schuppen von den Augen. Löcher in die Straße zu graben, das hätte vielleicht funktioniert! Die kleine Grundschülerin hatte möglicherweise eine wegweisende Erfindung gemacht. Aber ich hatte die einzige kreative Idee in dieser Unterrichtsstunde abgewürgt. Ich hatte die Idee nicht aufgenommen, nicht sorgfältig genug nachgefragt: wie viele Löcher, an welcher Stelle, wie groß, wie tief? Eine flache Rinne quer zur Fahrbahn hätte schließlich denselben Zweck erfüllt wie die heute üblichen Schwellen. Vielleicht hatte das Kind eine Idee gehabt, die Verkehrsplaner erst Jahre später entwickelten. Und ich war achtlos darüber hinweggegangen.

Quelle

Schwänke, Ulf: Die Storyline-Methode. Donauwörth 2005, S. 4.

Stichworte

Ideen, Kreativität, Lernen

Fragen zur Reflexion

- Wie gehen Sie mit ungewöhnlichen Ideen von Mitarbeitern um?
- Wie ungewöhnlich dürfen Ihre eigenen Ideen sein?
- Sind Sie eher Lehrer oder eher Schüler in der Geschichte?
- Wie gelingt es Ihnen und Ihrem Team, Lösungen zu entwickeln?
- Wie kommt bei Ihnen Neues ins Team (in die Organisation, in xy)?
- Was würde das Neue über sich erzählen, wie es ihm/ihr bei Ihnen ergeht?

Der bessere Weg

Ein kleiner Junge fand vor seinem Haus eine kleine Schildkröte und begann gleich, sie zu untersuchen. Aber im gleichen Moment zog sich die Schildkröte in ihren Panzer zurück. Der Junge versuchte vergeblich, sie mit einem Stöckchen herauszuholen. Sein Großvater hatte ihm dabei zugesehen und hinderte ihn daran, das Tier weiter zu quälen. „Das ist falsch", sagte er, „komm, ich zeig dir, wie man das macht."

Der Großvater nahm die Schildkröte mit ins Haus, wo er sie an den warmen Kachelofen setzte. In wenigen Minuten wurde dem Tier warm, es streckte seinen Kopf und seine Füße heraus und kroch auf den Jungen zu. „Menschen sind manchmal wie Schildkröten", sagte der Großvater. „Versuche niemals, jemanden zu zwingen. Wärme ihn mit Güte auf und er wird seinen Panzer verlassen können."

Quelle

Vielfach im Internet verbreitet. Hier nach einer Version auf *www.licht-kreis.at* (Stand 28.10.14).

Stichworte Motivation, Druck, Kontakt zu Mitarbeitern, Kommunikation

Fragen zur Reflexion

- Wie führen Sie?
- Was würden Ihre Mitarbeiter sagen, wie Sie motivieren (kommunizieren)?
- Fühlen sich Ihre Mitarbeiter manchmal wie die Schildkröte?
- Wenn nein, mit welchem Tier würden sie sich vergleichen?

Märchen

Es lebten einmal vier Menschen, die hießen Jedermann, Jemand, Irgendeiner und Keiner. Einmal gab es etwas Wichtiges zu erledigen und Jedermann war gefragt, es zu tun.
Jedermann nahm an, Jemand würde es tun.
Irgendeiner hätte es tun können, aber Keiner tat es. Jemand wurde schließlich ärgerlich, denn es war doch Jedermanns Aufgabe.
Jedermann dachte, Irgendeiner könnte es tun.
Aber Keiner begriff, dass es nicht Jedermann tun würde.

Es endete damit, dass Jedermann Jemand dafür verantwortlich machte, dass Keiner tat, was Jedermann getan haben könnte.

Quelle Nach Dr. Ulf Schwänke, die Ursprünge liegen im englischen Sprachraum.

Stichworte Verantwortung, Zuständigkeit, Teamarbeit

Fragen zur Reflexion

- Wer ist bei Ihnen im Team Jedermann, Jemand, Irgendeiner und Keiner?
- Wie geht man bei Ihnen mit Verantwortung um?
- Wer im Team würde sagen: Ich trage die Verantwortung?
- Wie delegieren Sie?
- Wie leicht fällt es Ihnen zu delegieren?

Eine Geschichte mit Aha-Effekt

Eines Tages bat eine Lehrerin ihre Schüler, die Namen aller anderen Schüler in der Klasse auf ein Blatt Papier zu schreiben und ein wenig Platz neben den Namen zu lassen. Dann bat sie ihre Schüler, zu überlegen, was das Netteste ist, das sie über jeden ihrer Klassenkameraden sagen können, und das sollten sie neben die Namen schreiben. Es dauerte die ganze Stunde, bis jeder fertig war, und bevor sie den Klassenraum verließen, gaben sie ihre Blätter der Lehrerin.

Am Wochenende schrieb die Lehrerin jeden Schülernamen auf ein Blatt Papier und daneben all die netten Bemerkungen, die die Mitschüler über den Einzelnen aufgeschrieben hatten. Am Montag gab sie jedem Schüler seine Liste. Schon nach kurzer Zeit lächelten alle. „Wirklich?“, hörte man flüstern ... „Ich wusste gar nicht, dass ich irgendjemandem was bedeute!“, und: „Ich wusste nicht, dass mich andere so mögen“, waren die Kommentare. Die Listen wurden danach nicht mehr erwähnt. Die Lehrerin wusste nicht, ob die Schüler sie untereinander oder mit ihren Eltern besprochen hatten, aber das machte nichts aus. Die Übung hatte ihren Zweck erfüllt. Die Schüler waren glücklich mit sich und mit den anderen.

Einer von ihnen wurde Jahre später Soldat und fiel dann im Krieg. Die Lehrerin ging zum Begräbnis ihres früheren Schülers. Die Kirche war voll. Einer nach dem anderen, der den jungen Mann geliebt und gekannt hatte, ging am Sarg vorbei, die Lehrerin ging als Letzte. Als sie dort stand, fragte sie einer der Soldaten, die den Sarg trugen: „Waren Sie Marks Mathelehrerin?“ Sie nickte: „Ja.“ Dann sagte er:„Mark hat oft von Ihnen gesprochen.“ Nach dem Begräbnis waren viele von Marks früheren Schulfreunden versammelt. Marks Eltern waren auch da und sie warteten offenbar sehr darauf, mit der Lehrerin zu sprechen.

„Wir wollen Ihnen etwas zeigen“, sagte der Vater und zog eine Geldbörse aus seiner Tasche. „Das wurde gefunden, als Mark gefallen ist. Wir dachten, Sie würden es erkennen.“ Aus der Geldbörse zog er ein stark abgenutztes Blatt, dass offensichtlich zusammengeklebt, viele Male gelesen und wieder zusammengefaltet worden war. Die Lehrerin wusste in dem Moment, dass dies eines der Blätter war, auf denen die netten Dinge standen, die seine Klassenkameraden über Mark geschrieben hatten. „Wir möchten so sehr dafür danken, dass Sie das gemacht haben“, sagte Marks Mutter. „Wie Sie sehen können, hat Mark das viel bedeutet.“

Alle früheren Schüler versammelten sich um die Lehrerin. Einer lächelte ein bisschen und sagte: „Ich habe meine Liste auch noch. Sie ist in der obersten Lade meines Schreibtischs." Eine Frau sagte: „Mein Mann bat mich, die Liste in unser Hochzeitsalbum zu kleben." – „Ich habe meine auch noch", kam von der nächsten. „Sie ist in meinem Tagebuch." Eine andere aus der Gruppe zog ihren Taschenkalender hervor und zeigte ihre abgegriffene und ausgefranste Liste den anderen. „Ich trage sie immer bei mir", und meinte dann: „Ich glaube, wir haben alle die Listen aufbewahrt."

Die Lehrerin war so gerührt, dass sie sich setzen musste und ihr die Tränen liefen. Sie weinte um Mark und für alle seine Freunde, die ihn nie mehr sehen würden.

Quelle Nach der Erzählung von Schwester Helen Mrosla.

Stichworte Lob, Motivation, Wertschätzung

Fragen zur Reflexion

- Welchen Stellenwert haben Lob und Wertschätzung bei Ihnen?
- Was würden Mitarbeiter sagen, wie Sie loben und wann Sie loben?
- Erzählen Sie eine Geschichte darüber, wie Sie sich selbst loben.

Die Story von Sonne und Wind

Der Wind und die Sonne stritten sich, wer es wohl schaffen würde, den einsamen Wanderer dazu zu bringen, seinen Mantel auszuziehen. Der Wind bemühte sich nach Kräften und blies und stürmte, aber der arme Mann zog seinen Mantel daraufhin nur immer fester um seinen Leib. Dann war die Sonne dran. Liebevoll sandte sie ihre Strahlen aus und schon bald öffnete der Mann den obersten Mantelknopf und kurze Zeit später zog er den Mantel aus.

Quelle Berchtold, Marlene, in: Vera Birkenbihl (Hrsg.), Storypower, Gabal 2002, S. 40 f.

Stichworte Lob, Wertschätzung, Motivation

Fragen zur Reflexion

- Wie schaffen Sie es, Mitarbeiter zu motivieren?
- Wie viel loben Sie, wie viel kritisieren Sie?

Der 1-Millionen-Dollar-Fehler

Der Stahl-Magnat Andrew Carnegie zitierte in den 30er-Jahren einen neuen Manager zu sich, der (noch in der Probezeit) eine falsche Entscheidung getroffen hatte, welche die Firma eine Million Dollar kostete. Der Manager setzte sich verlegen auf die vorderste Stuhlkannte und meinte: „Sie werden mich jetzt sicher feuern." Darauf Andrew Carnegie: „Wie kommen Sie denn darauf? Wir haben gerade 1 Million Dollar in Ihre Ausbildung investiert! Wieso sollen wir Sie jetzt fortschicken?"

Quelle

Birkenbihl, Vera F.: Storypower, Gabal 2002, S. 111 f.

Stichworte

Fehler, Entwicklung, Lernen, Ausbildung

Fragen zur Reflexion

- Was erzählen Ihre Mitarbeiter, wie Sie mit ihren Fehlern umgehen?
- Erzählen Sie, wie Sie einen Fehler gemacht haben und wie Sie damit umgegangen sind.

Der launenhafte König

Es war einmal ein sehr mächtiger König, der regierte in einem fernen Land. Er war ein guter König, aber es gab da ein Problem: Er besaß zwei Persönlichkeiten.

Es gab Tage, da erwachte er voller Überschwang, euphorisch und glücklich. Solche Tage waren vom ersten Glockenschlag an wunderbar. Die Gärten seines Palastes waren schön wie nie. Seine Dienerschaft schien wie ausgewechselt, so ausgesucht höflich und tüchtig war sie. Beim Frühstück fand er bestätigt, dass in seinem Königreich das beste Mehl verarbeitet und die besten Früchte geerntet wurden. An solchen Tagen senkte der König die Steuern, teilte den Staatsschatz neu auf, gab Anträgen statt und sorgte für einen friedlichen Lebensabend der Alten. An solchen Tagen gewährte der König seinen Freunden und Untertanen jede Bitte.

Aber es gab auch ganz andere Tage. Das waren schwarze Tage. Schon am Morgen hatte er dann das Gefühl, dass er lieber noch ein bisschen länger im Bett geblieben wäre. Wenn ihm das klar wurde, war es allerdings schon zu spät und die Träume bereits verflogen.

Sosehr er sich auch bemühte, er konnte einfach nicht verstehen, warum seine Bediensteten so übellaunig und unaufmerksam ihm gegenüber waren. Die Sonne störte ihn noch mehr als der Regen. Das Essen war lauwarm und der Kaffee zu kalt. Und schon allein die Vorstellung, Besucher zu empfangen, verschlimmerte seine Kopfschmerzen. An solchen Tagen erinnerte sich der König der Versprechungen, die er zu anderen Zeiten gemacht hatte, und erschrak beim Gedanken daran, wie er sie einlösen sollte. Dies waren die Tage, an denen der König Steuererhöhungen anordnete, Ländereien beschlagnahmte und seine Widersacher verhaften ließ ... Aus Angst vor Gegenwart und Zukunft und heimgesucht von den Irrtümern der Vergangenheit, regierte er an solchen Tagen gegen sein Volk, und das meistgebrauchte Wort an diesen Tagen war „Nein".

Als ihm bewusst wurde, in welch missliche Lage ihn seine Stimmungsschwankungen brachten, rief der König die Weisen, Magier und Zauberer aus dem gesamten Königreich zusammen. „Herrschaften", sagte er, „Sie alle kennen meine Launen. Sie alle haben von meinem Überschwang profitiert und unter meinen Ausfällen gelitten. Derjenige, der am meisten darunter leidet, bin allerdings ich selbst, denn Tag um Tag bin ich damit beschäftigt, den Schaden wettzumachen, den ich angerichtet habe, wenn ich die Dinge mal wieder mit anderen Augen sah. Ich möchte, dass Sie zusammenarbeiten, um eine Kur zu finden, sei es nun ein Heiltrunk oder eine Zauberformel, die verhindert, dass ich einmal so überaus optimistisch bin und jedes Risiko auf mich nehme und dann wieder kleinlich schwarzseherisch werde und beginne, diejenigen zu quälen und zu unterdrücken, die mir lieb sind."

Die Weisen nahmen die Herausforderung an und befassten sich wochenlang intensiv mit dem Problem des Königs. Dennoch, keine Alchemie, keine Zauberkraft und kein Kraut konnte die Lösung für die gestellte Aufgabe erbringen. Also traten die Weisen vor den König und gestanden ein, dass sie gescheitert waren. In dieser Nacht weinte der König bitterlich.

Am nächsten Morgen bat ein fremder Besucher, beim König vorsprechen zu dürfen. Es war ein seltsamer, dunkelhäutiger Mann, gehüllt in eine zerschlissene Tunika, die vielleicht einst weiß gewesen war. „Majestät", sagte der Mann und verbeugte sich. „Dort, wo ich herkomme, spricht man von Eurer Unbill und davon, wie sehr sie Euch quält. Ich bin gekommen, Euch das Gegenmittel zu bringen."

Er neigte den Kopf und reichte dem König ein kleines Lederkästchen. Der König öffnete es überrascht und erwartungsvoll und sah hinein. Darinnen fand er nichts als einen einfachen Silberring. „Danke", sagte der König begeistert. „Ist das ein Zauberring?" – „Gewiss ist er das", antwortete der Reisende, „aber seine Wirkung tritt erst in Kraft, wenn man ihn am Finger trägt. Jeden Morgen, gleich beim Aufstehen, müsst Ihr die Inschrift lesen und Euch jedes Mal, wenn Ihr den Ring anschaut, an sie erinnern."

Der König nahm den Ring aus dem Kästchen und las laut vor: Sei dir bewusst, dass auch dies vergänglich ist.

Quelle

Bucay, Jorge: Komm, ich erzähl dir eine Geschichte, Fischer Taschenbuch 2008, S.25–28.

Stichworte

Umgang mit Führungsverantwortung, Emotionen, Macht, Self-Care

Fragen zur Reflexion

- Woran erkennen Ihre Mitarbeiter, wie Sie gelaunt sind?
- Wie würden Ihre Mitarbeiter beschreiben, wie sich Ihr Verhalten verändert, wenn Sie gut oder schlecht gelaunt sind?
- Wie gehen Sie mit Ihren Gefühlen von guter oder schlechter Laune, Wut, Ärger oder auch Freude und Überschwang in Ihrer Führungsposition um?

Der Dirigent

Wozu braucht ein Ensemble erstklassiger Musiker überhaupt einen Dirigenten? Ein Dirigent beherrscht kein einziges Instrument, sein Instrument ist das Orchester. Er gibt das Tempo vor, er gibt die Einsätze. Er sorgt für den richtigen Gesamtklang. Er gibt den Instrumentalisten zu verstehen, wie bestimmte Stellen klingen sollen, wie laut oder wie leise und mit welchem Ausdruck. Er formt aus den einzelnen Stimmen und den vielen unterschiedlichen Passagen ein Ganzes. Fragen Sie nach dem Konzert den zweiten Trompeter, was er heute Abend gemacht hat, wird er Ihnen nicht antworten: „Ich habe heute Abend Trompete gespielt", sondern: „Wir haben heute Abend Beethovens dritte Symphonie gespielt."

Quelle Nöllke, Matthias: Anekdoten, Geschichten, Metaphern für Führungskräfte, Haufe Verlag 2002, S. 60. Es handelt sich um Haufe-Lexware-Inhalte.

Stichworte Führungsverantwortung, Rollen im Team

Fragen zur Reflexion

- Wie sorgen Sie für einen guten Klang im Team?
- Wer besetzt bei Ihnen welche Position im Teamorchester?
- Erzählen Sie von einem gelungenen Auftritt Ihres Teams.

Die zwei Flügel einer Führungskraft

Kein Lebewesen kann mit nur einem Flügel fliegen. Wirklich gute Führung ist nur möglich, wenn Herz und Kopf – Fühlen und Denken – zusammenspielen. Das sind die zwei Flügel einer erfolgreichen Führungskraft.

Quelle Nöllke, Matthias: Anekdoten, Geschichten, Metaphern für Führungskräfte, Haufe Verlag 2002, S. 61. Es handelt sich um Haufe-Lexware-Inhalte.

Stichworte Führung, Ganzheitlichkeit, Kopf und Herz

Fragen zur Reflexion

- Wie spielen in Ihren Führungsaufgaben Kopf und Herz zusammen?
- Was könnten Sie tun, um beide in eine gute Balance zu bringen?

Gerechter Lohn

Ein junger Mann, der im Geschäft seines Vaters arbeitete, ertappte einen Angestellten beim Stehlen. Er ging zu seinem Vater und fragte: „Was sollen wir mit dem Kerl machen?" Der Vater: „Er bekommt eine Lohnerhöhung." – „Eine Lohnerhöhung? Aber wieso denn das?", fragte der Sohn empört. „Wenn er gestohlen hat, heißt das, dass er nicht genug verdient", antwortete der Vater.

Quelle

Nöllke, Matthias: Anekdoten, Geschichten, Metaphern für Führungskräfte, Haufe Verlag 2002, S. 99. Es handelt sich um Haufe-Lexware-Inhalte.

Stichworte

Motivation, Mitarbeiterführung, Belohnung, Wertschätzung

Fragen zur Reflexion

- Welche Mittel setzen Sie zur Motivation der Mitarbeiter ein?
- Was würden Ihre Mitarbeiter darüber erzählen, wie Sie motivieren?
- Was halten Sie von materiellen Anreizen zur Motivation?

Die Nützlichkeit der Diener

Der Finanzminister legte dem kastilischen König Alfons VI. eine Liste seiner Diener vor. Ihre Namen hatte er in zwei Spalten geordnet. In der einen Spalte hatte er die Diener notiert, die für den König nötig sein sollten, in der anderen diejenigen, die er für „nutzlos" erklärte. Der Minister schlug vor, die Diener der zweiten Gruppe zu entlassen. Darauf erwiderte König Alfons: „Ich werde keinen entlassen. Die von der ersten Gruppe brauche ich. Und die von der zweiten Gruppe, die brauchen mich."

Quelle

Nöllke, Matthias: Anekdoten, Geschichten, Metaphern für Führungskräfte, Haufe Verlag 2002, S. 99. Es handelt sich um Haufe-Lexware-Inhalte.

Stichworte

Soziale Verantwortung, Mitarbeiterführung, Personal abbauen

Fragen zur Reflexion

- Was halten Sie vom Verhalten des Königs?
- Was würden Ihre Mitarbeiter über Ihr Verantwortungsbewusstsein erzählen?

Wie man Rinder in den Stall treibt – erste Methode

David Packard und William Hewlett, die legendären Unternehmensgründer von Hewlett-Packard, betätigten sich in späteren Jahren als Viehzüchter. Packard schreibt später, sie hätten dadurch manches dazugelernt. „Jedes Jahr trieben wir die Rinder vom Weideland in den Stall. Dabei kam es darauf an, sie zum Passieren der Gatter zu bewegen, ohne eine Panik auszulösen. Nach vielen Versuchen erwies es sich als beste Methode, von hinten kontinuierlich sanften Druck auszuüben. Früher oder später entschied sich dann ein Tier, durchs Gatter zu gehen. Die anderen folgten bald nach. Wenn man sie zu stark bedrängte, gerieten sie in Panik und zerstreuten sich in alle Richtungen. Wenn man gar keinen Druck mehr ausübte, wanderten sie einfach zu ihren Weideplätzen zurück. Diese Erkenntnis hat mir in meiner Managementkarriere immer wieder große Dienste erwiesen."

Quelle Nöllke, Matthias: Anekdoten, Geschichten, Metaphern für Führungskräfte, Haufe Verlag 2002, S. 106. Es handelt sich um Haufe-Lexware-Inhalte.

Stichworte Motivation, Mitarbeiterführung, Druck, Freiraum

Fragen zur Reflexion

- Auf einer Skala von 1 bis 10: Wie viel Druck bekommen Ihre Mitarbeiter von Ihnen zu spüren?
- Wann steigt der Wert auf der Skala? Wann sinkt er?
- Wie stark geben Sie die Richtung vor?
- Wie viel Gestaltungsfreiraum geben Sie den Mitarbeitern?

Die Jazzband

Eine Jazzband braucht keinen Dirigenten. Im Zusammenspiel hat jeder seine Aufgabe. Wie er sie im Einzelnen löst, bleibt weitgehend ihm überlassen. Niemand sagt dem Bassisten, wie er seine Basslinien zu spielen hat. Natürlich müssen sie passen und gut klingen. Das erreicht der Bassist, weil er sein Instrument beherrscht, doch vor allem, weil er auf seine Mitspieler hört.

Bei jedem Stück gibt es mehr oder weniger ausgedehnte Improvisationsteile, die niemals gleich klingen und die je nach Situation verlängert oder verkürzt werden können. Das Stück entsteht beim Spielen.
Im Vergleich zum klassischen Orchester ist die Jazzband wesentlich flexibler und weniger anfällig gegenüber Störungen. Wenn bei einem klassischen Konzert dem Solisten eine Saite reißt, kommt dies einer Katastrophe gleich. Eine gut eingespielte Jazzband würde so etwas nicht in Verlegenheit bringen. Wenn dem Saxophonisten bei seinem Solo plötzlich die Puste ausgeht, löst ihn jemand ab, der Trompeter oder der Gitarrist oder der Bassist oder der Schlagzeuger.

Quelle

Nöllke, Matthias: Anekdoten, Geschichten, Metaphern für Führungskräfte, Haufe Verlag 2002, S. 146. Es handelt sich um Haufe-Lexware-Inhalte.

Stichworte

Mitarbeiterführung, Freiraum, Team, Krisen/Störfälle, Flexibilität, Kreativität

Fragen zur Reflexion

- Wie geht man bei Ihnen mit Krisen/Störfällen um?
- Wer spielt bei Ihnen welches Instrument?
- Wer spielt die meisten Soli?
- Wer wünscht sich keinen Dirigenten?
- Wie improvisieren Sie/Ihr Team, wenn es nötig ist?

Das Peter-Prinzip

In den 70er-Jahren des vergangenen Jahrhunderts untersuchte Lawrence J. Peter Organisationen, ihre hierarchische Gliederung und die Prinzipien der Beförderung der Angestellten. Daraufhin formulierte er sein Prinzip: In einer Hierarchie neigt jeder Beschäftigte dazu, bis zu der Stufe seiner Unfähigkeit aufzusteigen.

Quelle

Nöllke, Matthias: Anekdoten, Geschichten, Metaphern für Führungskräfte, Haufe Verlag 2002, S. 151. Es handelt sich um Haufe-Lexware-Inhalte.

Stichworte

Mitarbeiterführung, Entwicklung, Organisation, Hierarchie, Kompetenz

Fragen zur Reflexion

- Auf welcher Ebene stehen Sie zur Zeit?
- Wo möchten Sie noch hin?
- Wie fördern Sie Ihre Mitarbeiter?
- Was würden diese erzählen, wie Sie wen fördern?
- Wie werden die Ebenen bei Ihnen im Unternehmen besetzt?

Geschichten zu Karriere und beruflicher Entwicklung

Dieses Unterkapitel umfasst kurze und längere Geschichten, die gut einsetzbar sind, wenn es im Coaching um Karriere und berufliche Entwicklung geht. Auch diese Geschichten können Sie nutzen, um damit direkt weiterzuarbeiten oder um sie unbesprochen beim Klienten wirken zu lassen.

Eine Frage des richtigen Tempos

Der antike Maler Zeuxis arbeitete sehr langsam. Seine Freunde machten ihm deswegen Vorwürfe. „Ihr habt recht", erwiderte Zeuxis, „ich male langsam, aber ich male für die Ewigkeit."

Quelle

Nöllke, Matthias: Anekdoten, Geschichten, Metaphern für Führungskräfte, Haufe Verlag 2002, S. 89. Es handelt sich um Haufe-Lexware-Inhalte.

Stichworte

Arbeitstempo, Effektivität, Nachhaltigkeit

Fragen zur Reflexion

- Wie würde jemand anderes Ihr Arbeitstempo beschreiben?
- Wie gründlich sind Sie?
- Wie gehen Sie mit Druck um?
- Wie lange wirkt Ihre Arbeit nach?

Verzeihen ist die größte Heilung

(...) wenn ein Stammesmitglied der Babemba aus Südafrika ungerecht gewesen ist oder unverantwortlich gehandelt hat, wird er in die Dorfmitte gebracht, aber nicht daran gehindert wegzulaufen.

Alle im Dorf hören auf zu arbeiten und versammeln sich um den „Angeklagten". Dann erinnert jedes Stammesmitglied, ganz gleich welchen Alters, die Person in der Mitte daran, was sie in ihrem Leben Gutes getan hat. Alles, an das man sich in Bezug auf Menschen erinnern kann, wird in allen Einzelheiten dargelegt. Alle seine positiven Eigenschaften, seine guten Taten, seine Stärken und seine Güte werden dem „Angeklagten" in Erinnerung gerufen. Alle, die den Kreis um ihn herum bilden, schildern dies sehr ausführlich.

Die einzelnen Geschichten über diese Person werden mit absoluter Ehrlichkeit und großer Liebe erzählt. Es ist niemandem erlaubt, das Geschehene zu übertreiben, und alle wissen, dass sie nichts erfinden dürfen. Niemand ist bei dem, was er sagt, unehrlich und sarkastisch. Die Zeremonie wird so lange fortgeführt, bis jeder im Dorf mitgeteilt hat, wie sehr er diese Person als Mitglied der Gemeinde schätzt und respektiert. Der ganze Vorgang kann mehrere Tage dauern. Am Ende wird der Kreis geöffnet, und nachdem der Betreffende wieder in den Stamm aufgenommen worden ist, findet eine fröhliche Feier statt.

Wenn wir durch die Augen der Liebe sehen, wie es in der Zeremonie so schön sichtbar wird, entdecken wir nur Vergebung und den Wunsch nach Integration. Alle Mitglieder des Kreises und die Person, die in der Mitte steht, werden daran erinnert, dass durch Verzeihen die Möglichkeit gegeben wird, die Vergangenheit und die Angst vor der Zukunft loszulassen. Der Mensch in der Mitte wird nicht länger als schlecht bewertet oder aus der Gemeinschaft ausgeschlossen. Stattdessen wird er daran erinnert, wie viel Liebe in ihm steckt, und dann wieder in die Gemeinschaft integriert.

Quelle Carnegie, Dale: Wie man Freunde gewinnt, in: Vera F. Birkenbihl (Hrsg.), Storypower, Gabal 2002.

Stichworte Ideen, Kreativität, aus Fehlern lernen

Fragen zur Reflexion

- Wie schauen Sie auf Stärken und Schwächen: Ist bei Ihnen das Glas halb leer oder halb voll?
- Welche besonderen Stärken würden Ihre Kollegen (Vorgesetzten etc.) bei Ihnen benennen?
- Was haben Sie aus Fehlern gelernt?
- Wie erzählen Sie selbst die Geschichte eines großen Fehlers?
- Wie bestrafen Sie sich selbst, wenn Sie einen Fehler gemacht haben?

Mangelndes Talent

Im letzten Jahrhundert lebte ein Regisseur, der in Ungarn, Israel und Deutschland gearbeitet hat. Er war als Kind einer jüdischen Familie in der Zwischenkriegszeit in Budapest geboren worden. Die meisten seiner Angehörigen kamen in der Shoa um, er selbst überlebte als Jugendlicher das Konzentrationslager nur knapp. Nach Ungarn zurückgekehrt, beendete er die Schulzeit und begann eine Ausbildung zum Schauspieler. Er hatte immer vom Theater geträumt, und jetzt bot sich ihm endlich die Gelegenheit selbst auf der Bühne zu stehen. Doch nach einem Jahr eröffnete ihm die Leitung der Akademie, sein Talent reiche für die Schauspielerei nicht aus – er könne es aber mit einer Ausbildung zum Regisseur versuchen. Der junge Mann wechselte das Fach und lernte das von Stanislawski entwickelte System der Schauspielkunst kennen, das später am berühmten Actors Studio in New York weiterentwickelt wurde.

Noch vor der Abschlussprüfung brach der Ungarn-Aufstand los, der von den sowjetischen Truppen schnell niedergeschlagen wurde. Der angehende Regisseur wanderte nach Israel aus, in der Hoffnung dort seinen Traum vom Theater verwirklichen zu können. Doch zuerst musste er im Kibbuz arbeiten und seine Zeit bei der Armee abdienen. Schließlich fand er Arbeit als Lastwagenfahrer bei einer Schauspieltruppe. Diese bestand aus einem alten Herrn, der Stücke von Shakespeare zur Aufführung brachte. Er selbst spielte die Hauptrolle; alle anderen Rollen waren auf einige Stichworte zusammengestrichen. Daher gab es neben dem Star keine Schauspieler, und das war auch beabsichtigt. Eines Tages wurde dem alternden Star hinterbracht, es gebe unter ihnen ja doch einen Theaterkundigen. Also nutzte der Chef die Gelegenheit, als alle bei einer Überlandfahrt erschöpft von der Hitze auf ihren Sitzen hingen, und fragte den jungen Regisseur „Sag mal, du warst in Budapest auf der Schauspielschule?“ „Ja, ja“, murmelte dieser geistesabwesend, und dann war es zu spät. Er wurde wegen „Spionage" fristlos entlassen.

So ging er nach Tel Aviv und machte sich – mehr aus Verzweiflung – selbstständig. Zusammen mit einigen Schauspielern, die alle wegen völliger Talentlosigkeit von der Schauspielschule geworfen worden waren, gründete er ein Theater. Gemeinsam studierten sie das Stück „Geschlossene Gesellschaft" von Jean-Paul Sartre ein. Es gab kein Geld – weder für Gagen noch für Kostüme oder Kulissen; also wurde das Stück auf den Text und die schauspielerische Leistung reduziert. An Stelle des roten Kleides, auf das im Stück Bezug genommen wird, wurde eine rote Schleife an die Bluse der Darstellerin geheftet.

Mit dem letzten Geld mietete die kleine Truppe für einen Abend eine Turnhalle und spielte darin die Premiere. Das Publikum war so begeistert, dass das Stück immer und immer wieder gespielt werden musste – jahrelang. Jean-Paul Sartre gratulierte in einem Brief und schrieb, Freunde hätten ihm berichtet, diese Aufführung sei diejenige, die dem Stück am besten gerecht würde. Die Truppe bekam ein eigenes Theater und studierte erfolgreich neue Stücke ein. Der Regisseur aber blieb Zeit seines Lebens überzeugt, dass „völlige Talentlosigkeit" eine gute Basis für herausragende Erfolge ist.

Quelle

Nach der Erinnerung von Dr. Ulf Schwänke an die mündliche Überlieferung von Josef Kristof.

Stichworte

Talent, Erfolg

Fragen zur Reflexion

- Wie sehr glauben Sie daran, dass Talente genetisch bedingt sind?
- Wie sehr glauben Sie an Ihre Talente?
- Was tun Sie dafür, um Ihre Talente zu entwickeln?
- Was würden Sie gern tun, glauben aber, dafür absolut kein Talent zu haben?
- Was würden Ihre Lehrer/Ausbilder von früher sagen: Welche Stärken haben Sie? Was haben Sie vernachlässigt?

Schuss von der Kanzel: Ethik oder die 101. Kuh

Vor Jahren habe ich mir zur Eröffnung eines Symposiums zum Thema „Wirtschaftsethik“, für das ich verantwortlich war, zwei Persönlichkeiten eingeladen: einen Mann und eine Frau. Er, einer der Wirtschaftsführer weltweit – erfolgreich, etabliert, eloquent. Sie, eine Frau, die es zu hohen, akademischen Würden gebracht hatte – erfolgreich und etabliert, ja, aber nicht unbedingt eloquent. Der Wirtschaftsführer kam zuerst, er sprach und stand frei und wusste um die Wirkung seines Aussehens und seiner Worte. Ganz anders die Wissenschaftlerin. Körperhaltung, die leise Stimme und eine gewisse Unbeholfenheit signalisierten, dass sie eigentlich gar nicht am Rednerpult stehen wollte (sondern dort eher Zuflucht suchte) und 300 Zuhörern eigentlich gar nichts zu sagen hatte, sich aber verantwortungsbewusst ihrer Aufgabe entledigen wollte. Schwierig für sie, nach ihrem Vorredner aufzutreten, dessen geschliffenes Wirtschaftsvokabular und souveräne Vortragsweise alle beeindruckt hatte.

Nachdem man sich an ihre sparsame Sprache gewöhnt hatte, begann man sich auch für den Inhalt ihrer Ausführungen zu interessieren. Aber plötzlich hörte man ihr gebannt zu, denn sie zog ihr Publikum in eine Geschichte hinein – eine einfache, kurze Geschichte, mit der sie in ein paar Worten erklärte, was Ethik ist:

„In einem Dorf gibt es 100 Bauern, die vereinbart haben, dass jeder täglich eine Kuh auf die Allmend schicken darf. Das funktioniert sehr gut über einen längeren Zeitraum. Eines Tages jedoch sieht ein Bauer, wie sein Nachbar nicht nur eine Kuh, sondern zwei Kühe in die vorbeiziehende Herde schiebt. Er traut seinen Augen nicht, möchte aber ganz sicher gehen. Also steht er am nächsten Morgen um dieselbe Zeit wieder am Fenster und siehe da: Wiederum sind es zwei Kühe, die der Nachbar aus dem Stall lässt. Der Bauer ist empört, aber nicht lange. Sehr bald nämlich kommt ihm eine Idee: ‚Wenn das mit den zwei Kühen bisher bei meinem Nachbarn gutgegangen ist, dann wird es sicher auch nichts ausmachen, wenn ich täglich eine zweite Kuh auf die Allmend schicke.‘ Gedacht getan – und so sind es nun 102 Kühe, die dieselbe Futtermenge beanspruchen. Natürlich bleibt das nicht lange unbemerkt, und jede Woche gibt es mehr Kühe auf der Weide, die für 100 von ihnen reichlich Nahrung spendete, aber für 120, 130 oder gar 150 jedoch nicht mehr brauchbar ist. Und so bricht nach einer gewissen Zeit ein System zusammen, dessen Basis Anständigkeit, Ehrlichkeit und Vertrauen waren.

Ethik, meine Damen und Herren", kam die Rednerin zum Schluss ihrer Ausführungen, „ist also ganz einfach: Es ist nicht die Menge der Kühe, die die Allmend ruiniert, sondern die 101. Kuh. Ein Einzelner, der das System unterwandert, genügt, um es zusammenbrechen zu lassen."

Der Applaus war lang und herzlich, aber das schönste Kompliment hat sie gar nicht mitbekommen. Während der drei Tage des Symposiums sind nicht einmal die geschliffenen Worte des Wirtschaftsführers zitiert worden, aber alle haben dauernd von der 101. Kuh gesprochen.

Quelle Siegel, Monique, in: Vera F. Birkenbihl (Hrsg.), Storypower, Gabal 2002, S. 73 f.

Stichworte Präsentieren, Wirkung von Geschichten

Fragen zur Reflexion

- Welche Geschichten können Sie zum Thema xy erzählen?
- Mit welchen Geschichten bleiben Sie in Erinnerung?

Du bekommst, was du erwartest

Ein Mann lebte von seinem kleinen Würstchenstand am Straßenrand. Er war schwerhörig und sah schlecht, deswegen wusste er wenig von dem, was im Radio zu hören oder in der Zeitung zu lesen war. Aber er verkaufte köstliche, heiße Würstchen.

Es sprach sich herum, dass seine Würstchen köstlich waren und der Verkäufer freundlich und die Nachfrage stieg von Tag zu Tag. Der Mann investierte in einen größeren Verkaufsraum, einen größeren Grill und bezog immer mehr Wurst und Brötchen. Er holte seinen Sohn nach dessen Studium an der Universität zu sich, damit er ihn unterstützte. Da geschah etwas ...

Sein Sohn sagte: „Vater, hast du es denn nicht im Radio gehört oder in der Zeitung gelesen? Eine schwere Rezession kommt auf uns zu. Der Umsatz wird zurückgehen – du solltest dein Geld nicht mehr investieren!" Der Vater dachte: „Nun, mein Sohn hat studiert, er schaut täglich Fernsehen, hört Radio und liest regelmäßig den Wirtschaftsteil der Zeitung. Der muss es schließlich wissen." Also verringerte er seine Wurst- und Brötcheneinkäufe und sparte an der Qualität der eingekauften Waren. Auch reduzierte er seine Kosten, indem er keine Werbung mehr machte. Und das Schlimmste: Aus Angst vor der Zukunft wurde er geradezu missmutig im Umgang mit seinen Kunden.

Was daraufhin passierte? Es ging blitzschnell: Sein Absatz an heißen Würstchen ging drastisch zurück. „Du hast recht mein Sohn", sagte der Vater, „es steht uns tatsächlich eine schwere Rezession bevor."

Quelle

Nach *www.lichtkreis.at*, Stand 28.10.14.

Stichworte

Sich selbst erfüllende Prophezeiungen, Erwartungen, positives und negatives Denken

Fragen zur Reflexion

- Wie stark glauben Sie an Ihren Erfolg, Ihr Weiterkommen?
- Was könnte Sie einschränken, hindern?
- Wann ist das Glas für Sie halb voll, wann halb leer?
- Erzählen Sie eine Geschichte dazu, wie sich Ihr Optimismus bestätigt hat.

Der Junge, dem ein Arm fehlte

Es war einmal ein Junge, der nur einen Arm hatte. Der linke fehlte ihm von Geburt an. Dieser Junge interessierte sich sehr für den Kampfsport. Er bat seine Eltern, Unterricht in Judo nehmen zu können und sie gaben nach einer Weile nach, obwohl sie wenig Sinn daran sahen, dass er mit seiner Behinderung diesen Sport wählte.

Der Meister, bei dem der Junge lernte, brachte ihm einen einzigen Griff bei und den sollte der Junge wieder und wieder trainieren. Nach einigen Wochen fragte der Junge: „Sag, Meister, sollte ich nicht mehrere Griffe lernen?" Sein Lehrer antwortete: „Das ist der einzige Griff, denn du beherrschen musst." Zwar verstand der Junge das nicht, aber er fügte sich und trainierte weiter.

Irgendwann stand das erste Turnier an, an dem der Junge teilnahm. Und zu seiner Verblüffung gewann er die ersten Kämpfe mühelos. Mit den Runden wurden die Gegner immer besser und besser, aber er schaffte es bis zum Finale. Dort stand er einem Jungen gegenüber, der sehr viel größer, älter und kräftiger war als er. Auch hatte der viel mehr Erfahrung. Einige rieten ihm, dem Einarmigen, diesen ungleichen Kampf abzusagen und auch er selber zweifelte daran, dass er eine Chance haben würde. Der Meister aber bestärkte ihn, zu kämpfen. Im Kampf gab es einen Moment, in dem sein Gegner unachtsam war. Dadurch konnte der Junge seinen einzigen Griff anwenden – und mit diesem gewann er zum Erstaunen aller.

Auf dem Heimweg sprachen der Meister und der Junge über den Kampf. Der Junge fragte: „Wie war es möglich, dass ich mit nur einem einzigen Griff das Turnier gewinnen konnte?" – „Das hat zwei Gründe", antwortete sein Meister, „der Griff, den du beherrschst, ist einer der schwierigsten und besten Griffe im Judo. Darüber hinaus kann man sich gegen ihn nur verteidigen, indem man den linken Arm des Gegners zu fassen bekommt." Und da wurde dem Jungen klar, dass seine größte Schwäche auch seine größte Stärke war.

Quelle Nach *www.lichtkreis.at*, Stand 28.10.14.

Stichworte Selbstwert, Stärke, Schwäche

Fragen zur Reflexion

- Was sind Ihre Stärken?
- Was würden Kollegen, Vorgesetzte, xy, sagen, was Sie besonders gut können?
- Woran zweifeln Sie?
- Was könnte Sie einschränken?
- Welche Geschichte erzählen Sie über Ihre „Archillesferse"?

Gegen den Strom

Elliot Eisner stand als Junge mit seinem Vater an einem Fluss und beobachtete die Fische, die in großen Schwärmen stromab zogen. Plötzlich zeigte sein Vater auf einen einzelnen Fisch, der gegen den Strom und die

Masse der Fische stromauf schwamm: *„So solltest du dich verhalten."* Und Elliott nahm es sich zum Vorbild und richtete seinen Lebensstil daran aus.

Quelle

Nach Elliot Eisner, „The Enlightened Eye".

Stichworte

Entscheidungen, Mut zum eigenen Weg

Fragen zur Reflexion

- Wann schwimmen Sie mit dem Strom?
- Wann schwimmen Sie gegen den Strom?
- Wie leicht fällt es Ihnen, zu einer Entscheidung zu stehen?
- Wie gelingt es Ihnen, Entscheidungen zu treffen, mit denen Sie zunächst allein dastehen? Wie sehr gehen Sie Ihren eigenen Weg?

Motivation

Ein Hund jagte einen Hasen. Der Hase schlug einige Haken und steigerte sein Tempo noch, sodass der Hund die Verfolgung schließlich aufgab. Ein Bauer, der die beiden beobachtet hatte, hänselte den Hund: „Na, war wohl zu schnell für dich, was?" – „Ach, weißt du", antwortete der Hund, „es sind zwei verschiedene Sachen, ob man um sein Leben läuft oder nur um das Mittagessen."

Quelle

Die Geschichte kursiert in mehreren Versionen. Diese ist von Dr. Ulf Schwänke.

Stichworte

Motivation, innere und äußere Antriebe

Fragen zur Reflexion

- Was motiviert Sie wirklich?
- Wann können Sie eine Herausforderung/eine Aufgabe ablehnen?

Der Synagogendiener

Ignatz Bubis – der lange Jahre Mitglied im Direktorium des Zentralrates der Juden in Deutschland war – erzählte gerne folgende Geschichte: Ein junger Jude bewirbt sich auf einen Job als Synagogendiener. Seine Bewerbung wird aber abgelehnt, weil er Analphabet ist. Man macht ihm Lernangebote, aber er weigert sich.

Stattdessen wandert er nach Amerika aus und wird durch Fleiß und Geschick zum Millionär. In einem Interview wird er gefragt, was aus ihm wohl geworden wäre, wenn er auch lesen und schreiben gelernt hätte. Seine Antwort: „Synagogendiener!"

Quelle Die Geschichte kursiert in mehreren Versionen, diese ist von Dr. Ulf Schwänke.

Stichworte Lernen, Erfolg

Fragen zur Reflexion

- Was ist Ihnen so wichtig, dass Sie es gegen alle Widerstände durchsetzen möchten?
- Mit was könnten Sie Millionär werden, ohne eine Ausbildung dafür zu haben?

Die 10.000-Stunden-Regel

Erstes Beweisstück in der Talentdiskussion ist eine Untersuchung, die der Psychologe K. Anders Ericsson und seine deutschen Kollegen Ralf Krampe und Clemens Tesch-Römer Anfang der Neunzigerjahre an der Berliner Hochschule der Künste durchführten. Mit Unterstützung der Professoren teilten sie die Violinisten der Hochschule in drei Gruppen ein. In der ersten Gruppe waren die Stars, die das Zeug zu Weltklassesolisten hatten. In der zweiten Gruppe waren die „guten" Violinisten und in der dritten solche, die vermutlich nie als professionelle Konzertmusiker auftreten und stattdessen eher als Musiklehrer an die Schulen gehen wollten. Sämtlichen Studierenden stellten die Wissenschaftler dieselbe Frage: „Wenn Sie Ihre gesamte Laufbahn zusammennehmen, beginnend mit dem Tag, an dem

Sie das erste Mal eine Geige in die Hand genommen haben – wie viele Stunden haben Sie dann insgesamt etwa geübt?"

Die Angehörigen aller drei Gruppen hatten mehr oder weniger im gleichen Alter begonnen, nämlich mit fünf Jahren. Anfangs hatten alle mit rund zwei oder drei Stunden pro Woche etwa gleich viel geübt. Doch im Alter von acht Jahren ergaben sich die ersten erkennbaren Unterschiede. Die Studenten, die heute zur Gruppe der besten gehörten, begannen intensiver zu üben als die anderen: im Alter von neun Jahren etwa sechs Stunden, im Alter von zwölf etwa acht, im Alter von 14 rund 16 Stunden pro Woche und so weiter, bis sie im Alter von 20 Jahren mehr als 30 Stunden pro Woche übten mit dem erklärten Ziel, ihr Spiel zu verbessern. Im Alter von 20 Jahren hatten diese Elitemusiker und -musikerinnen insgesamt rund 10.000 Stunden geübt. Im Gegensatz dazu kamen die „guten" Studierenden nur auf etwa 8.000 Stunden Spielpraxis und die künftigen Musiklehrer auf knapp über 4.000.

Daraufhin verglichen die Psychologen Amateur- und Profipianisten. Es ergab sich dasselbe Muster: Amateure übten in ihrer Kinder nie öfter als dreimal pro Woche und hatten im Alter von 20 Jahren rund 2.000 Stunden Übungspraxis. Die Profis hatten dagegen Jahr für Jahr mehr geübt und kamen, genauso wie die Geiger, im Alter von 20 auf etwa 10.000 Stunden.

Das Erstaunliche an dieser Untersuchung ist, dass Ericsson und seine Kollegen nirgends auf „Naturtalente" stießen, die mühelos und mit einem Bruchteil der Übungsdauer in die Weltspitze vorgestoßen wären. Andererseits fanden sie aber auch keine „Rackerer", die mehr geübt hätten als alle anderen, ohne jemals Weltklasseformat zu erreichen. Die Untersuchung lässt den Schluss zu, dass Musiker, die den Aufnahmeanforderungen eines renommierten Konservatoriums genügen, sich lediglich darin unterscheiden, wie viel sie arbeiten. Das ist alles.

Quelle

Gladwell, Malcolm: Überflieger, Frankfurt/New York: Campus 2009, S. 38–39.

Stichworte

Talente, Stärken, Fähigkeiten, Lernen, Weiterentwicklung

Fragen zur Reflexion

- Was würden Ihre Eltern, Geschwister, Lehrer, Ausbilder, ehemaligen Vorgesetzte, Kollegen etc. über Ihre Talente als Kind/Jugendlicher erzählen?

- Wie haben Sie Ihre Stärken und Fähigkeiten erworben?
- Wie lernen Sie?
- Welche Talente möchten Sie noch entwickeln?

Acht Stunden?

Pete Best, der damalige Schlagzeuger der Beatles, erinnerte sich: „Als bekannt wurde, dass wir einen Auftritt haben, war der Club voll. Wir haben sieben Tage die Woche gespielt. Zuerst fast nonstop bis halb eins, bis der Club zugemacht hat, und dann, als wir besser waren, sind die Leute an den meisten tage bis zwei Uhr morgens geblieben."

Sieben Tage die Woche? Die Beatles kamen zwischen 1960 und 1962 insgesamt fünf Mal nach Hamburg. Beim ersten Mal hatten sie 106 Auftritte und spielten fünf und mehr Stunden pro Nacht. Beim zweiten Mal traten sie 92 Mal auf. Beim dritten Mal spielten sie 48 Mal oder 172 Stunden lang. Während der letzten beiden Reisen im November und Dezember 1962 traten sie noch einmal 90 Stunden lang auf. Alles in allem traten sie in etwas mehr als anderthalb Jahren in insgesamt 270 Nächten auf. Bei ihrem Durchbruch im Jahr 1964 hatten sie insgesamt 1.200 Auftritte hinter sich. Das ist mehr als ungewöhnlich. Heute kommen die meisten Bands in ihrer gesamten Laufbahn nicht auf so viele Bühnenauftritte. Die Feuerprobe in Hamburg ist einer der Gründe, weshalb die Beatles etwas Besonderes wurden. „Vor Hamburg haben sie auf der Bühne nichts getaugt, nach Hamburg waren sie sehr gut", meint Norman. „Sie haben nicht nur Ausdauer gelernt. Sie mussten sich ein riesiges Repertoire aneignen – Coverversionen von allem, nicht nur Rock´n´Roll, sondern auch ein bisschen Jazz. Vorher waren sie auf der Bühne undiszipliniert. Nachher haben sie anders geklungen als alle anderen. Hamburg war der Schlüssel zum Erfolg."

Quelle Gladwell, Malcolm: Überflieger, Frankfurt/New York: Campus 2009, S. 48–49.

Stichworte Stärken, Fähigkeiten, Lernen, Weiterentwicklung, Ausdauer, Erfolg

Fragen zur Reflexion

- Was erzählt Ihre Ausdauer über Sie?
- Was haben Sie wie gelernt? Was möchten Sie noch besser können?

Die Freude an der Arbeit

Ein Kaufmann aus Mexico City war auf dem Weg, Freunde in ihrer Hacienda zu besuchen. Es war eine mühsame Reise, denn die Straße war schlecht. Erschöpft kam unser Kaufmann im Hochland am Rand eines kleinen Dorfes an und wollte Rast machen. Da sah er einen Indio, der vor seiner Hütte saß und einen Korb flocht.

Dem Kaufmann gefiel der Korb, und er fragte nach dem Preis. „50 Pesos, Señor", antwortete der Mann. Das war aus Sicht des Kaufmannes billig, und er rechnete sich aus, dass er mit den Körben bei den Touristen in der Stadt gewaltigen Gewinn erzielen könne. Er fragte den Korbflechter: „Und was würden 20 Körbe kosten?" – „100 Pesos das Stück, Señor", war die Antwort.

„Moment mal", protestierte der Kaufmann, „wenn ich dir so viele Körbe abnehme, dann müssten sie doch billiger sein. Du aber verlangst den doppelten Preis."

Da lächelte der Indio und sprach: „Señor, einen Korb machen, das ist Freude und Vergnügen. Aber 20 Körbe machen, das ist keine Freude, sondern viel, viel, viel Arbeit." Und wenn sie nicht gestorben ist [sic], dann diskutieren sie noch heute über die Freude an der Arbeit.

Quelle

Fuchs, Jürgen: Das Märchenbuch für Manager, Frankfurter Allgemeine Buch 2005, S. 38–39.

Stichworte

Motivation, Bedeutung von Arbeit

Fragen zur Reflexion

- Sind Sie Kaufmann oder Indio?
- Was macht Ihnen Freude und Vergnügen?
- Was bedeutet Ihnen Arbeit?

Auf dem Dreirad zum Erfolg

Der irische Schriftsteller und Dramatiker George Bernard Shaw sollte darüber Auskunft geben, welcher der drei Faktoren jemanden am sichersten zum Erfolg führen würde: Arbeit, Geld oder Intelligenz? Shaw antwortete mit einer Gegenfrage: „Welches Rad bei einem Dreirad ist das wichtigste, wenn Sie sich darauf setzen und vorwärtskommen wollen?"

Quelle Nöllke, Matthias: Anekdoten, Geschichten, Metaphern für Führungskräfte, Haufe Verlag 2002, S. 57. Es handelt sich um Haufe-Lexware-Inhalte.

Stichworte Erfolgsfaktoren, Vorwärtskommen

Fragen zur Reflexion

- Mit welchen drei Rädern bewegen Sie sich vorwärts?
- Was sind Ihre persönlichen Erfolgsfaktoren?
- Was hilft Ihnen, voranzukommen?

Das Kamel und die Ameise

Es war einmal ein Kamel, das weidete in der Steppe und beobachtete im Gras eine winzige Ameise. Die Ameise schleppte ein großes Blatt, zehnmal größer als sie selbst.

Da fragte das Kamel: „Je länger ich dir zuschaue, desto mehr bewundere ich dich. Du schleppst, als wäre es gar nichts, ein Blatt, zehnmal größer als du selbst. Und ich mühe mich mit zwei Säcken ab. Wie kommt das bloß?" Die Ameise hielt eine Weile inne und sagte „Ich arbeite für mich und meinen Stamm. Du aber arbeitest für deinen Herrn!" Und wenn sie nicht gestorben sind, dann sieht sie noch immer den Sinn in ihrer Arbeit.

Quelle Fuchs, Jürgen: Das Märchenbuch für Manager, Frankfurter Allgemeine Buch 2005, S. 44.

Stichworte Motivation, Sinn

Fragen zur Reflexion

- Für wen arbeiten Sie?
- Kamel oder Ameise, was sind Sie lieber?
- Welchen Sinn sehen Sie in Ihrer Arbeit?

Das Märchen vom Fenster

Es waren einmal junge dynamische Zwillinge namens Tore, die etwas unternehmen wollten. Einer, Willi Tore, lebte in Deutschland. Er wollte in seiner Garage eine kleine Software-Schmiede starten. Hier sein Leidensweg.

Seine Garage hatte keine Fenster. Wenn er aber mit seinem Kollegen darin arbeiten wollte, musste sie gemäß der Gewerbeaufsicht Fenster haben. Er stellte einen Bauantrag. Der wurde allerdings abgelehnt, weil Garagen gemäß Bauaufsicht keine Fenster haben dürfen. Als mutiger Unternehmer unternahm er etwas, machte sich strafbar, schlug ein Fenster in die Garage und startete sein Geschäft. Willi war nicht nur mutig, sondern auch gut und sein Kollege ein kluger Kopf. Der Erfolg war groß. Die beiden nächsten Mitarbeiter sollten eingestellt werden. Aber die Gewerbeaufsicht verlangte zuerst eine Toilette. Beides zusammen überstieg seine finanzielle Kraft. Seine Bank finanzierte gern die Toilette, aber nicht die klugen Köpfe. Trotz der Widerstände entwickelte sich sein Geschäft recht gut. Der fünfte Mitarbeiter sollte eine Mitarbeiterin sein. Wieder schritt die Gewerbeaufsicht ein. Es musste eine zweite Toilette her. Die zarten Bächlein der Gewinne flossen in Fenster, behördliche Genehmigungen, Bankzinsen und Toiletten. In Gips statt Grips.

Das war das Ende eines Traums. Die Behörden waren stolz. Sie hatten sechs Arbeitslose mehr geschaffen, die sie jetzt verwalten durften. Die Bank hatte zwei Toiletten in ihrem Besitz. Der junge Mann wurde bestraft wegen des Fensters und galt jetzt als Versager.

Sein Bruder auf der anderen Seite des Atlantiks hatte seinen Namen etwas geändert: von „Tore“ in „Gates“. Bill nahm seinen Bruder zu sich und in Erinnerung an die Erlebnisse in Deutschland nannten sie ihr neues Projekt „Windows“. Und wenn sie nicht gestorben sind, dann öffnen sie noch viele Fenster zur Welt, schaffen Tausende von Arbeitsplätzen und werden Milliardäre.

Quelle Fuchs, Jürgen: Das Märchenbuch für Manager, Frankfurter Allgemeine Buch 2005, S. 162–163.

Stichworte Hindernisse, Hürden überwinden, Verantwortung übernehmen, Selbstständigkeit

Fragen zur Reflexion

- Welche Hürden erwarten Sie?
- Was würden die Hürden über sich erzählen?
- Welches Geheimnis würden die Hürden preisgeben, wie sie leicht zu überwinden sind?
- Wie können Sie verhindern, dass Sie der Mut zu xy verlässt?

Flügel sind zum Fliegen da

Als er allmählich erwachsen wurde, nahm der Vater seinen Sohn beiseite und sagte zu ihm: „Hör mal, mein Junge, nicht jeder von uns ist wie du mit Flügeln auf die Welt gekommen. Natürlich kann dich niemand dazu zwingen zu fliegen, aber es wäre doch jammerschade, wenn du die Flügel, die dir der liebe Gott geschenkt hat, nicht benutzen würdest und dein Leben lang Fußgänger bliebest." – „Aber ich kann doch gar nicht fliegen", antwortete der Sohn. „Das stimmt ...", sagte der Vater und nahm ihn mit auf einen Berg, von dessen Gipfel sie in die Tiefe schauten. „Siehst du, mein Sohn, das ist die Leere. Wenn du fliegen willst, kommst du hierher, holst tief Luft, springst in den Abgrund, breitest deine Flügel aus, und du wirst fliegen." Der Sohn hatte Zweifel. „Und wenn ich abstürze?" – „Selbst wenn du abstürzt, wirst du nicht sterben. Du wirst höchstens ein paar Schrammen abbekommen und für den nächsten Versuch gestärkt sein", antwortete der Vater.

Der Sohn ging ins Dorf zurück, um seine Freunde zu treffen, die Kameraden, mit denen er sein ganzes Leben lang zu Fuß umhergezogen war. Die Kleingeistigen unter ihnen sagten zu ihm: „Bist du verrückt? Wozu das Ganze? Dein Vater hat sie doch nicht mehr alle. ... Warum willst du fliegen? Lass doch den Blödsinn! Wer will schon fliegen?" Die besten Freunde rieten ihm: „Vielleicht hat er ja recht? Aber ist das nicht gefährlich? Warum gehst du die Sache nicht langsam an? Versuch doch erst mal von einem Treppenabsatz zu springen oder von einer Baumkrone. Aber gleich von einem Berg?"

Der junge Mann nahm sich die Ratschläge der Menschen zu Herzen, denen er etwas bedeutete. Er kletterte auf einen Baum, fasste allen Mut zusammen und sprang. Er breitete die Flügel aus, schlug sie mit aller Kraft auf und ab, sauste aber viel zu schnell zu Boden. Mit einer riesigen Beule auf der Stirn begegnete er seinem Vater. „Du hast mich angelogen! Ich kann gar nicht fliegen. Ich habe es ausprobiert, und schau, was passiert ist! Ich bin nicht wie du. Meine Flügel sind nur zur Verzierung da."

„Hör mal, mein Sohn", sagte der Vater. „Um fliegen zu können, muss man erst den nötigen Freiraum schaffen, damit sich die Flügel ausbreiten können. Es ist wie beim Fallschirmspringen: Vor dem Absprung brauchst du eine bestimmte Höhe. Um fliegen zu können, muss man ein paar Risiken auf sich nehmen. Wenn du das nicht willst, lässt du es am besten sein und bleibst dein Leben lang Fußgänger."

Quelle

Bucay, Jorge: Komm, ich erzähl dir eine Geschichte, Fischer Taschenbuch 2010, S. 99–101.

Stichworte

Risiko, Preis von Veränderung, Lernen

Fragen zur Reflexion

- Welche Geschichte können Sie zum Thema: „Als ich mutig war" erzählen?
- Was macht Sie mutig?
- Was hindert Sie zu fliegen?
- Was verleiht Ihnen Flügel?

Linsen

Eines Tages saß Diogenes auf der Schwelle irgendeines Hauses und aß einen Teller Linsen. In ganz Athen gab es kein billigeres Essen als dieses Linsengericht. Anders gesagt, einen Teller Linsen zu essen bedeutete, dass man sich in einer äußerst prekären Situation befand.

Ein Minister des Kaisers sagte zu ihm: „Wie bedauerlich für dich, Diogenes! Wenn du lernen würdest, etwas unterwürfiger zu sein und dem Kaiser ein bisschen mehr zu schmeicheln, müsstest du nicht so viele Linsen essen."

Diogenes hörte auf zu essen, hob den Blick, sah den wohlhabenden Gesprächspartner fest an und antwortete: „Bedauerlich für dich Bruder. Wenn du lernen würdest, ein paar Linsen zu essen, müsstest du nicht so unterwürfig sein und dem Kaiser ständig schmeicheln."

Quelle Bucay, Jorge: Komm, ich erzähl dir eine Geschichte, Fischer Taschenbuch 2010, S. 191–192.

Stichworte Anpassung, Regeln, Kompromisse, Sich unterordnen

Fragen zur Reflexion

- Sind Sie eher ein Minister oder ein Diogenes?
- Wie schwer/leicht fällt es Ihnen, sich unterzuordnen?
- Welche Geschichte können Sie zum Thema „Kompromisse" erzählen?
- Was sind Sie bereit, für Ihre Karriere zu investieren?

Vom Wert der Arbeit

Drei Maurer klopfen Steine und werden gefragt, was sie tun. Der erste antwortet missmutig: „Ich mache aus großen Steine kleine Steine." Der zweite erklärt knapp: „Ich ernähre meine Familie." Der dritte schaut auf und lächelt: „Ich baue eine Kathedrale."

Quelle Die Geschichte kursiert in vielen Versionen.

Stichworte Sinn der Arbeit, Wert der Arbeit

Fragen zur Reflexion

- Welcher der drei Steineklopfer sind Sie zurzeit?
- Welcher wären Sie lieber?
- Was könnten Sie verändern, um die Geschichte in Ihrem Sinne anders zu erzählen?

Hundert Prozent für Lego

Mitte der Fünfzigerjahre beginnt langsam der Durchbruch der Firma Lego. Das kleine dänische Unternehmen exportiert seine Spielzeugsteine nach Norwegen und Schweden. Das größte Interesse gilt jetzt Deutschland. Der Juniorchef Godtfred Christiansen reist 1955 nach Nürnberg zur Spielwarenmesse und präsentiert sein Lego-System. Die einhellige Meinung der Experten: Für unseren Markt ist dieses Spielzeug vollkommen ungeeignet.

Kurze Zeit später will Christiansen noch einmal den Markt sondieren und reist nach Hamburg. Auf der Rückfahrt macht er eher zufällig Station bei einem Fabrikanten von Puppenmöbeln, den er flüchtig kennt, Axel Thomsen. Christiansen stellt sein Lego-System vor, Thomsen ist begeistert, er bittet seinen Gast um eine Anstellung als deutschen Generalvertreter. Doch Christiansen lehnt ab: „Du hast deine eigene Firma. Wir können nur einen Mann gebrauchen, der sich hundertprozentig für uns einsetzt."

Einige Tage später reist Thomsen nach Dänemark zu Lego. Er ist bereit, die eigene Fabrik seinem Sohn zu übertragen, wenn er dafür Lego auf dem deutschen Markt einführen darf. Thomsen wird der erste Geschäftsführer für Lego Deutschland.

Quelle

Nöllke, Matthias: Anekdoten, Geschichten, Metaphern für Führungskräfte, Haufe Verlag 2002, S. 81–82. Es handelt sich um Haufe-Lexware-Inhalte.

Stichworte

Einsatz, Kompromiss, Risikobereitschaft, Durchhaltevermögen

Fragen zur Reflexion

- Welchen Einsatz sind Sie bereit zu bringen?
- Wie risikobereit sind Sie?
- Wie lang ist Ihr Atem, wenn Sie etwas erreichen wollen?

Ideen reifen lassen

William Coyne, der ehemalige Chef der Entwicklungsabteilung von 3M, warnt davor, bei kreativen Tätigkeiten zu schnell erste Ergebnisse zu erwarten: „Wer einen Samen einpflanzt, gräbt ihn auch nicht jeden Tag aus, um zu sehen, wie er sich entwickelt."

Quelle Nöllke, Matthias: Anekdoten, Geschichten, Metaphern für Führungskräfte, Haufe Verlag 2002, S. 184. Es handelt sich um Haufe-Lexware-Inhalte.

Stichworte Kreativität, Entwicklung, Geduld

Fragen zur Reflexion

- Wann soll was in Ihrer beruflichen Entwicklung passieren?
- Wie geduldig sind Sie?
- Wie viel Geduld müssen Sie haben, um xy zu erreichen?

Flugzeug-Rückspiegel-Metapher

Ein Flugzeug muss sich mit hoher Geschwindigkeit fortbewegen. Deshalb kommt es darauf an, keine Fehler zu machen. Flugzeuge brauchen keinen Rückspiegel. Wissen Sie warum? Die Startbahn hinter der Maschine ist unwichtig.

Quelle Nöllke, Matthias: Anekdoten, Geschichten, Metaphern für Führungskräfte, Haufe Verlag 2002, S. 256. Es handelt sich um Haufe-Lexware-Inhalte.

Stichworte Fehler, Zukunft, Geschichten der Vergangenheit

Fragen zur Reflexion

- Wie lösungsorientiert gehen Sie vor?
- Welche Rolle spielen die Geschichten der Vergangenheit für Sie?
- Wie erzählen Sie Geschichten von Fehlern und vom Scheitern in Ihrer Vergangenheit?

Das Märchen vom Unternehmensberater

Die folgende Geschichte stammt von einem Mitarbeiter einer großen Unternehmensberatung.

Es war einmal ein Schäfer, der in einer einsamen Gegend seine Schafe hütete. Plötzlich tauchte in einer großen Staubwolke ein nagelneuer Cherokee Jeep auf und hielt direkt neben ihm. Der Fahrer des Jeeps, ein junger Mann in Brioni-Anzug und Cerutti-Schuhen, mit Ray-Ban-Sonnenbrille und einer YSL-Krawatte, steigt aus und fragt ihn: „Wenn ich errate, wie viele Schafe Sie haben, bekomme ich dann eins?" Der Schäfer schaut den jungen Mann an, dann seine friedlich grasenden Schafe und sagt ruhig: „Einverstanden." Der junge Mann parkt den Jeep, verbindet sein Notebook mit dem Handy, geht im Internet auf eine NASA-Seite, scannt die Gegend mithilfe seines GPS-Handgeräts, öffnet eine Datenbank und 60 Excel-Tabellen mit einer Unmenge Formeln. Schließlich druckt er einen 150-seitigen Bericht auf seinem High-Tech-Minidrucker aus, dreht sich zu dem Schäfer um und sagt: „Sie haben hier exakt 1.586 Schafe." Der Schäfer sagt: „Das stimmt. Suchen Sie sich ein Schaf aus." Der junge Mann nimmt ein Schaf und lädt es in den Jeep ein. Der Schäfer schaut ihm zu und fragt: „Wenn ich Ihren Beruf errate, geben Sie mir das Schaf dann zurück?" Der junge Mann antwortet: „Klar, warum nicht?" Der Schäfer sagt: „Sie sind ein Unternehmensberater." – „Das ist richtig. Woher wissen Sie das?", will der junge Mann wissen. „Ganz einfach", sagt der Schäfer, „erstens kommen Sie hierher, obwohl Sie niemand hergerufen hat. Zweitens wollen Sie eine Belohnung haben dafür, dass Sie mir etwas sagen, was ich ohnehin schon weiß. Und drittens haben Sie keine Ahnung von dem, was ich mache, denn Sie haben sich meinen Hund ausgesucht."

Quelle

Nöllke, Matthias: Anekdoten, Geschichten, Metaphern für Führungskräfte, Haufe Verlag 2002, S. 316–317. Es handelt sich um Haufe-Lexware-Inhalte.

Stichworte

Kompetenz, Bluff, Fassade, Ehrlichkeit

Fragen zur Reflexion

- Welche Geschichten kann man Ihnen erzählen?
- Wie sehr lassen Sie sich von anderen blenden?
- Wie gut können Sie bluffen?
- Welche Mittel setzen Sie dazu ein?

Geschichten zu Kommunikation, Kooperation und Konflikt

Die Themen Kommunikation, Kooperation oder Konflikt werden in den kurzen oder langen Geschichten in diesem Unterkapitel auf ganz unterschiedliche Weise aufgegriffen.

Wut

Ich war 28 Jahre alt und hatte einen Termin für meine Lehranalyse. Mein Weg dorthin führte durch ein Altstadtquartier, dessen Straßenbreite es zwar zuließ, dass zwei Autos aneinander vorbeifahren konnten, da jedoch eine Spur meist von den Anwohnenden zugeparkt war, hatte man es in diesem Viertel der Stadt de facto mit einspurigen Straßen zu tun. Ich bog um eine Ecke und sah mich folgender Situation gegenüber: Von vorne näherte sich ein Müllauto mit drei Mann Besatzung, ein Fahrer, zwei Männer bei den Tonnen. Die Spur auf meiner Seite war frei, die Spur auf der mir das Müllauto entgegenkam, war zugeparkt (...). Nach allen Regeln des Verkehrsrechts war es nun das Müllauto, das warten musste (...). Ich gab Gas und schickte mich an, den Schlauch zu durchfahren. Das Müllauto tat dasselbe.

In der Mitte des einspurigen Schlauches trafen wir aufeinander. Hier stand ich, eine junge Frau in einem kleinen blauen Honda, dessen Motorhaube ihre Wohngemeinschaft mit selbst klebenden Prilblumen verziert hatte. Dort stand das Müllauto mit drei Männern, die mich neugierig von ihrem voluminösen Gefährt herunter betrachteten. Eine klare und deutlich wahrnehmbare Emotion stieg in mir auf: Ärger. Mein Kopf wurde heiß, der Puls erhöhte sich. Ich machte eine Handbewegung, die andeuten sollte, dass das Müllauto zurücksetzen solle. Die Männer amüsierten sich köstlich. Die Intensität meiner Ärgeremotion steigerte sich. Ich war im Recht! Dass mir gleichzeitig die Hoffnungslosigkeit meiner Lage als weiblicher

David gegen drei Goliaths klar wurde, änderte nichts an dieser Emotion, die sich mit jedem Atemzug steigerte. Ich schaltete den Motor aus und verschränkte die Arme vor meiner Brust, um meinen Gegnern anzuzeigen, dass ich viel Zeit hatte (...). Als Reaktion auf meinen Schachzug wurden im Müllauto die Frühstückspakete ausgepackt und die Thermoskannen aufgeschraubt. ... Mit dem verbleibenden Rest Verstandeskraft konnte ich hinter mir (...) mehrere Autofahrer erkennen, die darauf warteten, dass die Straße frei würde. Für alle war klar, dass es das kleinere Auto sein müsse, das den Weg nach rückwärts anzutreten hätte. ... Die Ersten begannen zu hupen und mir Zeichen zu geben. Das Müllauto feixte breit und zufrieden. Ich legte den Rückwärtsgang ein. (...)

Heute würde ich mit meiner Wut anders umgehen. Ich würde (...) eine Stimmung gelassener Heiterkeit (...) erzeugen (...) den Brustkorb gaaa-anz weit werden lassen und den aufgeregten Atem in regelmäßige tiefe Atemzüge ... überführen. Der Kopf müsste sich leicht heben und der Blick müsste ein schweifender Weitwinkelblick werden. Die Arme müssten sich ausstrecken, der Körper müsste beweglich werden, ein bisschen wie beim Salsa-Tanzen, und die Beine würden sich strecken wollen, so wie man das nach einer Jogging-Runde normalerweise tut. Durch solche Maßnahmen würde mein Körper nach und nach die Wut entlassen können.

Quelle

Storch, Maja: Embodiment, Verlag Hans Huber 2010, S. 63 f.

Stichworte

David gegen Goliath, Umgang mit unerwünschten Emotionen, der Klügere gibt nach, Umgang mit Niederlagen

Fragen zur Reflexion

- Wie gehen Sie mit Konflikten um?
- Welche Rolle würden Sie eher übernehmen: Müllmann oder Frau?
- Wie gehen Sie mit Wut und Ärger um?
- Wie setzen Sie sich durch?
- Wie gehen Sie mit Niederlagen um?

Missverständnis

Der Guru eines Aschrams wurde bei seiner abendlichen Meditation jedes Mal von der Katze des Aschrams gestört, die im Raum umherstreifte. Eines Tages ordnete er an, die Katze während der abendlichen Andacht anzubinden. Von nun an wurde die Katze jeden Abend angebunden.

Nachdem der Guru gestorben war, band man die Katze bei der abendlichen Meditation weiterhin an. Und nachdem die Katze starb, holte man eine neue Katze in den Aschram, damit sie während der Meditation entsprechend angebunden werden konnte. Jahrhunderte später verfassten die Schüler des Aschrams gelehrte Abhandlungen über die liturgische Bedeutung des Festbindens einer Katze während der Zeit des Andachtsrituals.

Quelle

Die Geschichte kursiert in vielen Versionen. Diese ist nach Jack Kornfield und Christina Feldmann in: Sandra Masemann, Barbara Messer (Hrsg.), Improvisation und Storytelling in Training und Unterricht, Beltz Weiterbildung 2009, S. 94.

Stichworte

Regeln, Verstehen, Missverstehen, Rituale

Fragen zur Reflexion

- Wie entstehen bei Ihnen (etwa im Team) Regeln?
- Welche geschriebenen und ungeschriebenen Regeln gibt es bei Ihnen?
- Was würde eine Regel erzählen, die immer wieder übersehen wird?
- Welche Rituale gibt es bei Ihnen?
- Wo folgen Sie Regeln und Ritualen, ohne zu wissen, weshalb?
- Wer stellt sie infrage? Was passiert dann?

Flugzeughavarie

Caviedes: Die Landebahn. Wo ist die Landebahn? Ich sehe sie nicht. Ich sehe sie nicht.

Sie fahren das Fahrwerk aus. Der Kapitän fordert Klotz auf, um eine andere Anflugroute zu bitten. Es vergehen zehn Sekunden.

Caviedes (scheinbar im Selbstgespräch): Wir haben keinen Treibstoff ...

Siebzehn Sekunden vergehen, in denen sich die Piloten technische Anweisungen geben.

Caviedes: Ich weiß nicht, was mit der Landebahn passiert ist. Ich habe sie nicht gesehen.
Klotz: Ich habe sie nicht gesehen.

Die Flugsicherung im Tower meldet sich und weist die Piloten an, eine Linkskurve zu fliegen.

Caviedes: Sag Ihnen, dass wir in einer Notlage sind.
Klotz (zum Tower): Korrekt, eins-acht-null zum Kurs, und, äh, wir versuchen es noch einmal. Wir haben kaum noch Treibstoff.

Stellen Sie sich die Situation im Cockpit vor. Die Tanks sind so gut wie leer. Sie haben gerade den ersten Landeversuch abgebrochen. Sie haben keine Ahnung, wie lange das Flugzeug noch in der Luft bleiben kann. Der Kapitän ist verzweifelt: „Sag Ihnen, dass wir in einer Notlage sind!" Und was sagt Klotz? Korrekt, eins-acht-null zum Kurs, und, äh, wir versuchen es noch einmal. Wir haben kaum noch Treibstoff.

Zunächst hat die Aussage „Wir haben kaum noch Treibstoff" in der Sprache des Towers keinerlei Bedeutung. Alle Flugzeuge haben im Anflug auf ihr Ziel definitionsgemäß kaum noch Treibstoff. Wollte Klotz damit sagen, dass der Treibstoff nicht ausreichte, um einen anderen Flughafen anzufliegen? Oder dass er sich Sorgen um die verbleibende Treibstoffmenge machte? Und sehen Sie sich dann die Struktur des Satzes an. Klotz beginnt mit der routinemäßigen Bestätigung der Toweranweisungen und erwähnt den Treibstoffmangel erst in der zweiten Hälfte der Aussage. Das ist so, als sagten Sie zu einem Kellner im Restaurant: „Könnte ich bitte noch eine Tasse Kaffee haben? Ach, und übrigens, ich ersticke gerade an einer Fischgräte." Wie ernst würde der Kellner diese Aussage nehmen? Der Fluglotse, mit dem Klotz kommunizierte, gab später an, er habe die Aussage als „dahingesagten Kommentar" aufgefasst. In stürmischen Nächten sagen die Piloten den Fluglotsen andauernd, dass ihr Treibstoff knapp wird. Das eingeschobene „äh" untergräbt die Bedeutung der Aussage noch zusätzlich. Ein weiterer Fluglotse, der an diesem Abend mit Avianca Flug 52 kommunizierte, gab an, der Erste Offizier habe „gelassen" und „in keiner Weise dringlich" geklungen.

Quelle
Gladwell, Malcolm: Überflieger, Frankfurt/New York: Campus 2009, S. 172–173

Stichworte
Kommunikation, Verstehen, Klartext sprechen, deutliche Botschaften

Fragen zur Reflexion
- Wie deutlich äußern Sie Ihre Gedanken/Bedenken?
- Was führt bei Ihnen dazu, dass Sie indirekt kommunizieren?
- In welchen Situationen machen Sie das?
- Wie würden Kollegen, Vorgesetzte etc. Ihren Kommunikationsstil beschreiben?

Die Geschichte vom Hammer

Eines Tages entschließt sich ein Mann ein Bild aufzuhängen. Leider hat er nur Nägel, aber keinen Hammer. Was tun? Er überlegt. Sein Nachbar hat einen Hammer. Der Mann sagt sich: Problem gelöst, ich gehe zu ihm hin und leihe mir den Hammer.

Doch was mache ich, denkt sich der Mann, wenn der Nachbar mir den Hammer nicht geben will? Gestern sah er schon so griesgrämig aus. Ich habe ihm freundlich „Guten Tag" gesagt und er hat nur genickt. Wenn überhaupt. Vielleicht hat er es gar nicht richtig gehört, dass ich ihn gegrüßt habe. Vielleicht hat er aber auch was gegen mich. Aber was? Ich habe ihm doch nichts getan. Ich bin immer nett zu ihm. Wenn er von mir ein Werkzeug leihen wollte, würde ich es ihm sofort geben. Warum er nicht? Wieso schlägt man seinem Mitmenschen einfach so einen Gefallen ab? Wahrscheinlich fühlt er sich gut dabei. Wahrscheinlich ist das seine Art, seine Macht zu genießen. Jetzt bildet der sich ein, bloß weil er einen Hammer hat, müsste ich vor ihm auf den Knien rumrutschen, oder was? Solche Leute sind doch einfach ekelhaft.

Mit diesen Gedanken erreicht der Mann die Tür von seinem Nachbarn. Er presst den Finger auf die Klingel und wartet, bis die Tür aufgeht. Bevor sein verdutzter Nachbar auch nur „Guten Tag" sagen kann, schreit ihn der Mann an: „Wissen Sie was? Ihren blöden Hammer können Sie behalten!"

Quelle

Nöllke, Matthias: Anekdoten, Geschichten, Metaphern für Führungskräfte, Haufe Verlag 2002, S. 325. Es handelt sich um Haufe-Lexware-Inhalte.

Stichworte

Kommunikation, Verstehen, „Erwartungs-Erwartungen", Vorannahmen, Wahrnehmung

Fragen zur Reflexion

- Wie gehen Sie mit den Erwartungen anderer um?
- Wie sehr gestatten Sie sich, erst einmal wahrzunehmen ohne gleich zu werten?

Der blinde Bettler und der Marketingspezialist

Ein blinder Bettler sitzt in der Fußgängerzone. Vor sich hat er einen Hut stehen mit einem Schild, auf dem zu lesen ist: „Bitte eine milde Gabe für einen Blinden." Die Leute gehen an dem Bettler achtlos vorbei, in seinem Hut liegen kaum Münzen. Da kommt ein Marketingspezialist des Weges daher, sieht den Bettler und fragt ihn: „Na, wie läuft das Geschäft?" Der Bettler nimmt seinen Hut, greift hinein und sagt: „Ach, es geht schlecht, die Konkurrenz ist so groß und die Leute sind ja heute so hartherzig." Da sagt der Marketingspezialist: „Ach was, so wie Sie betteln, wundert mich das gar nicht." Der Bettler meint: „Sie können schlau daherreden. Sie sind kein Bettler und wissen überhaupt nicht, wie schlecht es der ganzen Branche geht." Der Marketingspezialist denkt kurz nach und sagt: „Ich mache Ihnen einen Vorschlag: Sie setzen sich hier hin und überlassen alles mir. Dann werden wir ja sehen, wie das Geschäft läuft." Der Bettler ist einverstanden. Der Marketingspezialist ändert eine Kleinigkeit und sagt anschließend zu dem Bettler: „Ich komme morgen wieder vorbei."

Am nächsten Tag ist der Hut randvoll mit Münzen und Scheinen. „Wie haben Sie das nur fertiggebracht?", fragt der Bettler. „Ganz einfach", erwidert der Marketingspezialist, „ich habe Ihnen bloß ein neues Schild gemalt. Vorher stand auf Ihrem Schild: ‚Bitte eine milde Gabe für einen Blinden.' Jetzt steht darauf: ‚Es ist Mai – und ich bin blind.'"

Quelle Nöllke, Matthias: Anekdoten, Geschichten, Metaphern für Führungskräfte, Haufe Verlag 2002, S. 332–333. Es handelt sich um Haufe-Lexware-Inhalte.

Stichworte Geschichten, Selbstmarketing, Empathie

Fragen zur Reflexion

- Wie erreichen Sie das Herz anderer Menschen?
- Was würden andere erzählen, wie gut Sie sich in sie hineinversetzen können?
- Was tun Sie für Ihr Selbstmarketing?

Der Bumerangziegel

Es war einmal ein Mann, der ging mit einem Ziegelstein in der Hand durch die Welt. Er hatte beschlossen, jedem, der ihm querkam und ihn zur Weißglut brachte, einen Schlag mit dem Ziegelstein zu verpassen. Etwas barbarisch, diese Methode, aber wirkungsvoll, nicht wahr?

Eines Tages lief ihm ein ziemlich arroganter Freund über den Weg, der ihm etwas unmanierlich daherkam. Seiner Maßregel getreu, griff der Mann nach seinem Ziegel und warf ihn. Ich weiß nicht, ob er getroffen hat, Tatsache ist, dass er anschließend den Ziegelstein wieder holen gehen musste, und das war ihm lästig. Also setzte er alles daran, das „System zur Wiedererlangung des Ziegelsteins", wie er es nannte, zu verbessern. Er band den Ziegelstein an eine Schnur von einem Meter Länge und trat damit auf die Straße. Das System hatte den Vorteil, dass sich der Ziegelstein nie allzu weit entfernte, aber bald stellte sich heraus, dass die neue Methode auch ihre Mängel hatte: Einerseits durfte sich die feindliche Zielperson nicht weiter als einen Meter von ihm entfernt aufhalten, andererseits musste er, nachdem er den Ziegelstein geworfen hatte, die Schnur wieder aufwickeln, weil sie sich oft verwirrte und verknotete, was noch zusätzliche Mühen mit sich brachte.

Also machte sich der Mann an die Entwicklung des „Systems Ziegel III". Im Mittelpunkt stand weiterhin besagter Ziegelstein, aber dieses System war, statt mit einer Schnur, mit einer Sprungfeder ausgestattet. Der Ziegelstein konnte also unendlich oft geworfen werden und kam jedes Mal von selbst zurück. So war es zumindest geplant. Als der Mann mit dem neuen Modell auf die Straße trat und sich der ersten Anfechtung ausgesetzt sah, warf er den Ziegel. Er hatte sich verkalkuliert, der Stein verfehlte sein Ziel, und nachdem sich die Feder ausgelöst hatte, kam der Ziegel zurück und traf unseren Mann genau am Kopf. Er versuchte es noch einmal und verpasste sich einen zweiten Ziegelschlag – er hatte die Entfernung falsch berechnet. Einen dritten, weil er den Stein zu zeitig losgeschleudert hatte. Ein vierter Versuch war von besonderer Natur, denn nachdem der Mann sich einmal für ein Opfer entschieden hatte, wollte er es zugleich vor seinem eigenen Angriff schützen, und so traf der Stein wiederum ihn selbst am Kopf. Wo er eine riesige Beule verursachte.

Er fand nie heraus, warum es ihm nicht gelingen wollte, jemanden einen Ziegelstein an den Kopf zu werfen: Lag es an den vielen Schlägen, die er selbst hatte einstecken müssen, oder an irgendeiner seelischen Deformation? Alle ausgeteilten Schläge trafen stets ihn selbst.

Quelle

Bucay, Jorge: Komm, ich erzähl dir eine Geschichte, Fischer Taschenbuch 2008, S. 17–19.

Stichworte

Konflikte, Emotionen, Rache

Fragen zur Reflexion

- Wie gehen Sie mit Emotionen in Konflikten um?
- Was würde XY erzählen, wie Sie in Konflikten reagieren?

Unzulässiger Vergleich

Victor Hugo gilt als einer der bedeutendsten und populärsten Dichter Frankreichs, ein veritabler Klassiker. Über seinen Rang war sich niemand so sehr im Klaren wie Hugo selbst. So urteilte er über den Dichter Alfred de Musset, der zu seiner Zeit gleichfalls zu den führenden Dichtern gezählt wurde: „Ein guter Kopf, sicher, aber er ist schrecklich eingebildet. Stellen Sie sich nur vor – er vergleicht sich mit mir!“

Quelle Nöllke, Matthias: Anekdoten, Geschichten, Metaphern für Führungskräfte, Haufe Verlag 2002, S. 46–47. Es handelt sich um Haufe-Lexware-Inhalte.

Stichworte Konkurrenz, Vergleich, Selbstbewusstsein, Selbstbild

Fragen zur Reflexion

- Mit wem vergleichen Sie sich?
- Wer vergleicht sich mit Ihnen?
- Wie erleben Sie Kooperation in Ihrem Team?
- Wer erzählt im Team welche Geschichte zum Thema Konkurrenz/Kooperation?
- Wie gehen Sie mit Konkurrenz um?

Drei Finger einer Hand

Wenn wir mit dem Finger auf jemanden zeigen, so weisen drei Finger auf uns zurück. Unsere Kritik sagt dreimal mehr über uns selbst aus als über den, den wir angreifen.

Quelle Nöllke, Matthias: Anekdoten, Geschichten, Metaphern für Führungskräfte, Haufe Verlag 2002, S. 113. Es handelt sich um Haufe-Lexware-Inhalte.

Stichworte Kritik, blinde Flecke, Selbstkritik, Mitarbeiterbeurteilung

Fragen zur Reflexion

- Wie üben Sie Kritik?
- Wie gut kennen Sie Ihre blinden Flecke?
- Was würden Ihre blinden Flecke über Sie erzählen?
- Wie beschreiben Ihre Kollegen Ihre Art zu kritisieren?

Geschichten zur Persönlichkeitsentwicklung

Persönlichkeitsentwicklung ist der gemeinsame Nenner der ungewöhnlichen Geschichten dieses Unterkapitels. Alle Geschichten sind gut für den Einsatz im Coaching geeignet.

Du bist wertvoll

Ein bekannter Sprecher startete sein Seminar, indem er einen Schein von 20 Euro hochhielt. Dazu fragte er „Wer möchte diesen Schein haben?" Alle Hände gingen hoch. Es waren 100 Leute, die dort saßen. Er sagte: „Ich werde diesen 20-Euro-Schein einem von euch geben, aber zuerst lasst mich eins tun." Dann zerknüllte er den Schein, bis er ganz zerknittert war: „Möchte ihn immer noch einer haben?" Die Hände waren immer noch alle oben. Also erwiderte er: „Was ist, wenn ich das tue?" Er ließ den Schein auf den Boden fallen und trat und rieb mit seinen Schuhen drauf. Der Schein, den er jetzt aufhob, war zerknittert, angerissen und dreckig. „Nun, wer möchte ihn jetzt noch haben?" Es stiegen wieder alle Arme in die Luft. Dann sagte er: „Was auch immer mit dem Geld geschah: Ihr wolltet es haben, weil es nie an seinem Wert verloren hat. Es war immer noch und ist stets 20 Euro wert. Liebe Freunde, wir haben soeben eine sehr wertvolle Lektion gelernt.

Es passiert uns in unserem Leben, dass wir gestoßen werden, dass wir fallen oder dass wir in den Dreck getrieben werden. Das sind Tatsachen aus dem alltäglichen Leben.

Dann fühlen wir uns, als ob wir wertlos wären. Aber egal, was passiert ist, oder was passieren wird, DU wirst niemals an Wert verlieren. Schmutzig oder sauber, zerknittert oder fein gebügelt, DU bist immer noch unbezahlbar für all jene, die dich über alles lieben. Der Wert unseres Lebens wird nicht durch das bewertet, was wir tun oder wen wir kennen, oder wie wir aussehen ... sondern dadurch wer du bist. Du bist was Besonderes und wertvoll – Vergiss das niemals!"

Quelle Nach *www.lichtkreis.at*, Stand 28.10.14.

Stichworte Selbstwert, Krisen, Scheitern

Fragen zur Reflexion

- Wie gehen Sie mit Krisen um?
- Was haben Sie aus Krisen mitgenommen?
- Was kann Ihren Selbstwert beeinträchtigen? Erzählen Sie eine Geschichte dazu.
- Was macht Sie wertvoll?

Vielleicht

Vor langer Zeit lebte in einem armen Dorf ein Bauer. Die Leute im Dorf hielten ihn für reich, denn er besaß ein Pferd. Es half ihm, sein Feld zu pflügen und schwere Lasten zu transportieren. Eines Tages lief sein Pferd auf und davon. Die Nachbarn des Bauern bedauerten ihn: „Wie groß ist dein Verlust!" Doch der Bauer meinte nur: „Vielleicht." Wenige Tage später kam das Pferd zurück, in seinem Gefolge trabten zwei Wildpferde. Alle Nachbarn liefen zusammen, freuten sich und priesen den Bauern glücklich, aber der Bauer sagte nur: „Vielleicht." Am Tag darauf versuchte sein Sohn, eines der wilden Pferde zuzureiten. Das Pferd warf ihn in hohem Bogen ab und er brach sich ein Bein. Erneut liefen alle Nachbarn zusammen und bedauerten sein Missgeschick, aber der Bauer sagte nur: „Vielleicht." Eine Woche später kamen Offiziere ins Dorf, um alle jungen Männer für den Krieg im Norden einzuziehen. Des Bauern Sohn nahmen sie nicht mit, weil sein Bein gebrochen war. Alle Nachbarn sagten dem Bauern, welches Glück er gehabt habe, doch er antwortete nur: „Vielleicht."

Quelle Diese Geschichte kursiert in vielen Versionen.

Stichworte

Wahrnehmen statt beurteilen, unterschiedliche Bedeutung von Dingen, zwei Seiten einer Medaille

Fragen zur Reflexion

- Wann sagen Sie „Vielleicht" ohne direkt zu urteilen?
- Wie könnte man xy in Ihrem Leben auch anders sehen?
- In welchem Rahmen hätte xy in Ihrem Leben eine gute Funktion?
- Wer in Ihrem Umfeld würde xy anders sehen?

Der Blumengarten

Mulla Nasruddin entschloss sich, einen Blumengarten anzulegen. Dazu grub er den Boden um und pflanzte Samen von vielen schönen Blumen ein. Bald wuchsen Pflänzchen, doch statt der ausgewählten Blumen war es nur Löwenzahn, der überall wucherte. Nasruddin suchte Rat bei vielen anderen Gärtnern und probierte alle Methoden aus, die sie kannten, um den Löwenzahn loszuwerden, aber ohne Erfolg. Schließlich ging er den ganzen Weg zur Hauptstadt, um beim Hofgärtner am Palast vorzusprechen. Der Hofgärtner war ein weiser alter Mann, der in seinem Leben bereits viele Gärtner beraten hatte. Er schlug Nasruddin eine Vielzahl von Mitteln vor, um den Löwenzahn auszurotten, aber der Mulla hatte sie alle schon ausprobiert. Eine Weile saßen sie schweigend zusammen, bis am Ende der Gärtner Nasruddin anschaute und sagte. „Nun, dann schlage ich vor, du lernst, den Löwenzahn zu lieben."

Quelle

Die Geschichten um den weisen Narr Mulla Nasruddin stammen aus dem mittleren Osten und Zentralasien.

Stichworte

Sich selbst akzeptieren, mit Schwächen leben

Fragen zur Reflexion

- Was ist Ihr persönlicher Löwenzahn?
- Wie können Sie lernen, Ihren Löwenzahn zu lieben?
- Was würde der Löwenzahn über sich erzählen?

Der vergrabene Schatz

In Krakau lebte einmal ein frommer, alleinstehender alter Mann namens Izy. Ein paar Nächte hintereinander träumte Izy, er reise nach Prag und gelange dort an eine Brücke über einen Fluss. Er träumte, an einem Ufer des Flusses unter der Brücke stehe ein üppiger Baum. Er träumte, dass er gleich neben dem Baum zu graben anfing und auf einen Schatz stieß, der ihm Wohlstand und Sorglosigkeit bis an sein Lebensende sicherte. Anfangs maß Izy diesem Traum keine Bedeutung bei. Aber nachdem sich dieser wochenlang wiederholt hatte, deutete er ihn als Botschaft und beschloss jene Nachricht, die ihm womöglich von Gott oder von sonst wem geschickt worden war, nicht weiter unbeachtet zu lassen.

Er folgte also seiner Eingebung, belud sein Maultier mit Gepäck für eine lange Reise und machte sich auf den Weg nach Prag. Sechs Tage später traf der Alte in Prag ein und begab sich gleich auf die Suche nach der Brücke über den Fluss am Rande der Stadt. Es gab nicht viele Flüsse und auch nicht viele Brücken, sodass er den gesuchten Ort schnell fand. Alles war genau wie in seinem Traum: der Fluss, die Brücke, das Flussufer, der Baum, unter dem er graben musste.

Nur eins war in seinem Traum nicht vorgekommen: Die Brücke wurde Tag und Nacht von einem Soldaten der kaiserlichen Garde bewacht. Izy wagte es nicht, zu graben, solange der Soldat dort oben Wache schob, also schlug er in der Nähe der Brücke sein Lager auf und wartete erst einmal ab. In der zweiten Nacht begann der Soldat Verdacht zu schöpfen, und er fragte den Alten, der da am Fluss kampierte, nach seinem Vorhaben. Der hatte keinen Grund, ihm eine Lüge aufzutischen, und so erzählte er dem Wachmann, er habe diese weite Reise unternommen, weil er geträumt habe, dass hier in Prag unter einer gewissen Brücke ein Schatz vergraben liege. Der Wachmann brach in schallendes Gelächter aus. „Eine so lange Reise wegen nichts und wieder nichts“, sagte er. „Ich träume seit drei Jahren jede Nacht, dass in Krakau unter der Küche eines verrückten Alten namens Izy ein Schatz vergraben liegt. Ha, ha, ha, ha, ha. Denkst du, ich sollte nach Krakau reisen, um diesen Izy aufzusuchen und unter seiner Küche zu graben anfangen? Ha, ha, ha.“

Izy bedankte sich freundlich beim Gardisten und trat die Heimreise an. Zu Hause angekommen, grub er unter seiner Küche ein Loch und fand den Schatz, der schon ewig dort verborgen lag.

Quelle

Bucay, Jorge: Komm, ich erzähl dir eine Geschichte, Fischer Taschenbuch 2008, S. 71–73.

Stichworte

Ressourcen finden, Fähigkeiten ausgraben

Fragen zur Reflexion

- Wovon träumen Sie?
- Was haben Sie vergraben, das sich lohnen würde auszugraben?

Geschichten zu Selbstmanagement/Gesundheit

Die folgenden kurzen und langen Geschichten greifen auf die ein oder andere Weise die im Coaching häufigen Anliegen Selbstmanagement und Gesundheit auf. Mit diesem Unterkapitel können Sie Ihren Geschichtenfundus passgenau ergänzen.

Das Geheimnis der Zufriedenheit

Zu einem alten Zenmeister kamen eine Gruppe Suchender. „Meister", fragten sie „was tust du, um glücklich und zufrieden zu sein? Wir wären auch gerne so glücklich wie du." Der Alte antwortete mit freundlichem Lächeln: „Wenn ich liege, dann liege ich. Wenn ich aufstehe, dann stehe ich auf. Wenn ich gehe, dann gehe ich und wenn ich esse, dann esse ich." Die Fragenden schauten etwas betreten in die Runde. Einer platzte heraus: „Bitte, mach dich nicht über uns lustig. Was du sagst, das tun wir doch auch. Wir schlafen, essen und gehen. Aber glücklich sind wir nicht. Was ist also dein Geheimnis?" Es kam die gleiche Antwort: „Wenn ich liege, dann liege ich. Wenn ich aufstehe, dann stehe ich auf. Wenn ich gehe, dann gehe ist und wenn ich esse, dann esse ich."

Die Unruhe und den Unmut seiner Besucher spürend, fügte der Meister nach einer Weile hinzu: „Sicher liegt auch ihr und ihr geht auch und ihr esst. Aber während ihr liegt, denkt ihr schon ans Aufstehen. Während ihr aufsteht, überlegt ihr wohin ihr geht und während ihr geht, fragt ihr euch, was ihr essen werdet. So sind eure Gedanken ständig woanders und nicht da, wo ihr gerade seid. In dem Schnittpunkt zwischen Vergangenheit und Zukunft findet das eigentliche Leben statt. Lasst euch auf diesen nicht messbaren Moment ganz ein und ihr habt die Chance, wirklich glücklich und zufrieden zu sein."

Quelle

Nach *www.lichtkreis.at*, Stand 28.10.14.

Stichworte

Zufriedenheit, das Glück suchen, Work-Life-Balance, Achtsamkeit

Fragen zur Reflexion

- Was tun Sie, um Ihr Glück zu finden?
- Erzählen Sie von einem Glücksmoment.
- Wie sehr leben Sie im Moment?
- Was gehört zu Ihrer guten Work-Life-Balance?

Die wirklich wichtigen Dinge

In einem Seminar steht ein Experte für Zeitmanagement vor einer Gruppe von Wirtschaftsstudenten. „Okay, Zeit für ein Rätsel", beginnt er und stellt einen leeren Fünf-Liter-Wasserkrug mit einer großen Öffnung auf den Tisch vor sich. Vorsichtig legt er dann ca. zwölf faustgroße Steine einzeln hinein. Nachdem er den Wasserkrug mit den Steinen bis oben gefüllt hat und kein Platz mehr für einen weiteren Stein ist, blickt er die Studenten an: „Ist der Krug voll?" Alle sagen: „Ja." Er fragt: „Wirklich?" Er greift unter den Tisch und holt einen Eimer mit Kieselsteinen hervor. Er kippt die kleinen Kieselsteine in den Wasserkrug und schüttelt diesen, sodass sich die Kieselsteine in die Lücken zwischen den großen Steinen setzen.

Er fragt die Gruppe erneut: „Ist der Krug nun voll?" Jetzt zögert die Gruppe und einer antwortet: „Wahrscheinlich nicht!" – „Gut!" antwortet er. Er greift wieder unter den Tisch und holt einen Eimer voller Sand hervor. Auch den Sand schüttet er in den Krug und auch der Sand sucht sich den Weg in die Lücken zwischen den Steinen. Anschließend fragt er: „Ist der Krug jetzt voll?" – „Nein!", rufen alle Studenten. Er nickt. Nun gießt er Wasser in den Krug und füllt ihn bis zum Rand.

Nun schaut er die Seminarteilnehmer an und fragt sie: „Was ist der Sinn meiner Vorstellung?" Ein sehr selbstbewusster Student hebt seine Hand und sagt: „Es bedeutet, dass, egal wie voll auch dein Terminkalender ist, wenn du es wirklich versuchst, kannst du noch einen Termin dazwischenschieben". „Nein", antwortet der Dozent, „das ist nicht der Punkt. Die Lehre dieser Vorstellung ist: Wenn du den Krug nicht zuerst mit den großen Steinen füllst, dann kannst du sie später gar nicht mehr hineinsetzen. Was sind die großen Steine in eurem Leben? Eure Eltern, Partner, Kinder und andere Personen, die ihr liebt, eure Ausbildung, eure Träume, würdige Anlässe, Lehren und Führen von anderen, Dinge zu tun, die ihr liebt, Zeit für euch selbst, eure Gesundheit? Denkt immer daran, die großen Steine zuerst in euer Leben zu bringen, sonst bekommt ihr sie nicht alle unter. Wenn ihr erst mit den unwichtigen Dingen beginnt und damit euer Leben ausfüllt, dann beschäftigt ihr euch vorrangig mit Sachen, die keinen Wert haben und werdet nie die wertvolle Zeit für große und wichtige Dinge übrig haben."

Quelle Nach *www.lichtkreis.at*, Stand 28.10.14.

Stichworte Work-Life-Balance, Prioritäten, Zufriedenheit

Fragen zur Reflexion

- Was sind die größten Steine in Ihrem Leben?
- Haben sie genug Platz?
- Auf welche Weise setzen Sie Prioritäten?

Der Jongleur

Es war einmal ein Jongleur, der konnte fünf Bälle gleichzeitig in der Luft halten. Wie jeder von uns?! Weil Zeit Geld ist, wollen wir vieles gleichzeitig tun. Multitasking nennt man das. Zeitgleiches Erledigen verschiedener Dinge: den Bericht lesen und auch noch die Mail, die gerade reinkommt. Sofort am PC beantworten, dann ist es „vom Tisch". Telefonat annehmen. Das Angebotskonzept entwerfen und das Kundengespräch vorbereiten. Zwischendurch noch schnell zwei Telefonate erledigen und auch den Kollegen, der gerade reinkommt. „Seine Frage war auch zu dumm!" Jetzt noch schnell der Sekretärin die Stellungnahme zum Bericht diktieren. Das Handy wird natürlich auch bedient. Seine Musik ist so schön, dass sie eigentlich gar nicht stört. Und wer was auf sich hält, der hat zwei Telefone auf dem Schreibtisch: ein festes und ein mobiles. Schließlich hat der Mensch ja zwei Ohren (falls mal beide Telefone klingeln).

Das ist Multitasking live. Der Computer kann das. Der ist darauf programmiert. Er kann mehrere Tasks (Aufgaben) gleichzeitig erledigen: Daten suchen, Texte empfangen, Daten auf den Drucker geben, eine Mail abschicken und noch eine Fehlermeldung geben. Damit er nicht durcheinanderkommt, gibt es eine sehr komplexe Software, z B. Windows, die für Ordnung sorgt. Und die dem Computer hilft, alles in der richtigen Reihenfolge zu tun. Denn der Computer kann zu einem Zeitpunkt immer nur eine Operation ausführen. Da er sehr schnell ist, haben wir den Eindruck, er kann alles zeitgleich. „Intel Inside" macht's möglich.

Und wie ist das bei uns? Mit etwas Übung kann man abends vor dem Fernseher bügeln, mit der linken Schulter den Telefonhörer ans Ohr pressen, dem Partner die Einkaufsliste diktieren und dem Kind eine seiner vielen Fragen beantworten. Die Gehirnforscher haben festgestellt, dass wir zwar vieles gleichzeitig erledigen können, aber nicht bewusst erleben. Dieses Durcheinander überfordert unser Gehirn. Alle drei Sekunden prüft es zwar, was es Neues gibt. Es erfasst dabei aber nur einen Sachverhalt, der dann in unser Bewusstsein geht. Alles andere bleibt Grundrauschen. Wir können uns nicht daran erinnern. All dies belastet aber unser Unterbewusstsein, bringt es in Dauerspannung und Überforderung.

Ein chinesischer Meister wurde von seinen Schülern gefragt: „Was ist das Geheimnis deiner Weisheit und deiner Gelassenheit?" Er antwortete: „Wenn ich gehe, dann gehe ich. Wenn ich stehe, dann stehe ich. Wenn ich sitze, dann sitze ich. Wenn ich esse, dann esse ich." Die Schüler sagten: „Aber Meister, das tun wir doch auch!" Darauf erwiderte der Mann: „Wenn ihr geht, dann steht ihr schon. Wenn ihr steht, dann sitzt ihr schon. Wenn ihr sitzt, dann esst ihr schon. Und wenn ihr esst, dann geht ihr schon."

Zeit ist Leben. Und wer keine Zeit hat, der hat kein Leben.

Quelle

Fuchs, Jürgen: Das Märchenbuch für Manager, Frankfurter Allgemeine Buch 2005, S. 22–23.

Stichworte

Multitasking, Work-Life-Balance, Stress, Belastung, Überforderung

Fragen zur Reflexion

- Welche Aufgaben jonglieren Sie gleichzeitig?
- Was würde Ihre Work-Life-Balance über sich erzählen?
- Wieviel Prozent ist Work, wieviel Life?
- Wie stehen Sie zur Aussage: Wer keine Zeit hat, der hat kein Leben?

Der beharrliche Holzfäller

Es war einmal ein Holzfäller, der bei einer Holzgesellschaft um Arbeit vorsprach. Das Gehalt war in Ordnung, die Arbeitsbedingungen verlockend, also wollte der Holzfäller einen guten Eindruck hinterlassen. Am ersten Tag meldete er sich beim Vorarbeiter, der ihm eine Axt gab und ihm einen bestimmten Bereich im Wald zuwies. Begeistert machte sich der Holzfäller an die Arbeit. An einem einzigen Tag fällte er achtzehn Bäume. „Herzlichen Glückwunsch", sagte der Vorarbeiter. „Weiter so."

Angestachelt von den Worten des Vorarbeiters, beschloss der Holzfäller, am nächsten Tag das Ergebnis seiner Arbeit noch zu übertreffen. Also legte er sich in dieser Nacht früh ins Bett. Am nächsten Morgen stand er vor allen anderen auf und ging in den Wald. Trotz aller Anstrengung gelang es ihm aber nicht, mehr als fünfzehn Bäume zu fällen. „Ich muss müde sein", dachte er. Und beschloss, an diesem Tag gleich nach Sonnenuntergang schlafen zu gehen. Im Morgengrauen erwachte er mit dem festen Entschluss, heute seine Marke von achtzehn Bäumen zu übertreffen. Er schaffte noch nicht einmal die Hälfte. Am nächsten Tag waren es nur sieben Bäume, und am übernächsten nur fünf, seinen letzten Tag verbrachte er fast vollständig damit, einen zweiten Baum zu fällen.

In Sorge darüber, was wohl der Vorarbeiter dazu sagen würde, trat der Holzfäller vor ihn hin, erzählte, was passiert war, und schwor Stein und Bein, dass er geschuftet hatte bis zum Umfallen. Der Vorarbeiter fragte ihn: „Wann hast du denn deine Axt das letzte Mal geschärft?" – „Die Axt schärfen? Dazu hatte ich keine Zeit, ich war zu sehr damit beschäftigt, Bäume zu fällen."

Quelle Bucay, Jorge: Komm, ich erzähl dir eine Geschichte, Fischer Taschenbuch 2008, S. 126–127.

Stichworte Work-Life-Balance, Entspannung, auf Ressourcen achten

Fragen zur Reflexion

- Wie oft schärfen Sie die Axt?
- Was würde die Axt erzählen, wann und wie sie geschärft werden will?

Die Zehn Gebote

Vor dem Himmelstor hatten sich ein paar Hundert Seelen der Männer und Frauen versammelt, die an diesem Tag verstorben waren. Der heilige Petrus regelte am Eingang zum Paradies den Verkehr.

„Auf Anweisung des Chefs teilen wir die Gäste gemäß Befolgung der Zehn Gebote in drei große Gruppen ein. Die erste Gruppe ist für alle, die jedes Gebot mindestens einmal missachtet haben. Die zweite Gruppe ist für die bestimmt, die zumindest eins der Gebote übertreten haben. Und in der letzten Gruppe, von der wir annehmen, dass es die größte sein wird, sollen all diejenigen sich einfinden, die ihr ganzes Leben lang nie auch nur eins der Zehn Gebote verletzt haben. Fangen wir also an", fuhr Petrus fort. „Diejenigen, die alle Zehn Gebote übertreten haben, gehen bitte nach rechts." Mehr als die Hälfte der Seelen bewegte sich auf die rechte Seite. „Von den Verbleibenden", rief er aus, „treten all die, die eins der Gebote verletzt haben, einen Schritt nach links." All die verbleibenden Seelen bewegten sich nach links. Fast alle ... Alle bis auf eine.

In der Mitte blieb eine Seele zurück, die ein guter Mensch gewesen war. Nicht ein einziges Mal in ihrem ganzen Leben hatte sie etwas anderes getan als recht gedacht, recht gehandelt und recht gefühlt. Der heilige Petrus war überrascht. Sofort unterrichtete er Gott darüber. „Hör mal, die Sache ist die: Wenn wir bei unserer Ursprungsidee bleiben, wird dieser arme Mensch, der da jetzt noch in der Mitte steht, nicht für seine Frömmigkeit belohnt werden, sondern sich vor lauter Einsamkeit zu Tode langweilen. Ich glaube, das sollten wir verhindern."

Gott erhob sich vor der Gruppe und sagte: „Diejenigen unter euch, die bereuen, denen wird vergeben werden, und ihre Verfehlungen seien vergessen. Die Reumütigen können sich wieder zu den reinen und unbefleckten Seelen in der Mitte gesellen." Nach und nach begannen alle, sich in Richtung Mitte zu bewegen. „Halt! Das ist gemein! Verrat!" rief eine Stimme. Es war die Stimme desjenigen, der nicht gesündigt hatte. „Das gilt nicht! Das ist unfair. Wenn ich gewusst hätte, dass mir verziehen wird, hätte ich mein Leben nicht so vergeudet."

Quelle

Bucay, Jorge: Komm, ich erzähl dir eine Geschichte, Fischer Taschenbuch 2008, S. 200–202.

Stichworte Work-Life-Balance, Zeitmanagement, Selbstmanagement, Glaubenssätze, Verbote, Regeln

Fragen zur Reflexion

- Welche Geschichte können Sie darüber erzählen, wie Sie Ihre eigenen Regeln einhalten/verletzen?
- Welche Regeln/Glaubenssätze/innere Aufträge könnte ich als Mäuschen bei Ihnen beobachten?
- Wer hat sie aufgestellt?
- Welche davon würden Sie gern übertreten?
- Welche könnten ein Teil Ihrer Geschichte zum Thema Gesundheit sein?
- Wofür vergeuden Sie Zeit?

Den Teich leer fischen

Es ist nicht so, dass man keinen guten Fang macht, wenn man einen Fischteich leer fischt. Nur gibt es dann im nächsten Jahr dort keine Fische mehr. Es ist nicht so, dass man keine reiche Beute macht, wenn man das Buschwerk niederbrennt, um besser zu jagen. Nur gibt es dann im nächsten Jahr kein Wild mehr. Ein heimtückischer und betrügerischer Plan mag zwar für den Augenblick Erfolg bringen. Nur lässt er sich eben nicht wiederholen. Deshalb eignet er sich nicht als Plan für längere Zeit.

Quelle Nöllke, Matthias: Anekdoten, Geschichten, Metaphern für Führungskräfte, Haufe Verlag 2002, S. 46–47. Es handelt sich um Haufe-Lexware-Inhalte.

Stichworte Selbstfürsorge, Ressourcen, Nachhaltigkeit

Fragen zur Reflexion

- Wie leer gefischt ist Ihr Teich gerade?
- Was könnte ihn auffüllen?
- Was könnten Sie langfristig für Ihre Gesundheit und gute Laune tun?

Geschichten zu Veränderung/Neuorientierung

Mit diesem letzten Unterkapitel zu dem Coaching-Schwerpunkt Veränderung und Neuorientierung können Sie Ihren Geschichtenfundus abrunden.

Über die Tradition

Eine Frau beschloss eines Tages, eine Lammkeule zu schmoren. Bevor sie die Keule in den Ofen schob, schnitt sie von ihr das untere Stück ab und legte dann die zwei Teile nebeneinander in den Schmortopf. Ihr Mann schaute ihr über die Schulter und fragte sie: „Warum machst du das?" – „Meine Mutter machte das immer so", war die Antwort. Neugierig geworden, fragte der Mann seine Schwiegermutter, warum sie zum Schmoren das untere Stück der Keule abschnitt. „Ich weiß nicht, aber meine Mutter machte das immer genau so", antwortete die Schwiegermutter. So ging der Mann zu der Großmutter und fragte auch sie, warum sie den unteren Teil der Lammkeule vor dem Schmoren abschnitt. Und sie antwortete: „Ach, das hat einen ganz einfachen Grund: Mein Schmortopf war damals so klein, dass der ganze Braten einfach nicht hineinpasste."

Quelle

Nach *www.lichtkreis.at*, Stand 28.10.14.

Stichworte

Tradition, Gewohnheiten, Neues wagen

Fragen zur Reflexion

- Wie gehen Sie mit Gewohnheiten um?
- Welche Traditionen/Routinen gibt es in Ihrem Leben?
- Wie wichtig sind Ihnen Traditionen?

- Was hätte Ihre Mutter/Großmutter über die Traditionen in Ihrer Familie erzählt?
- Wo und wie könnten eingefahrene Muster Sie behindern?
- Was könnten Sie stattdessen tun?

Ein Nachmittag im Park

Es war einmal ein kleiner Junge, der Gott kennenlernen wollte. Er ahnte, dass es ein weiter Weg werden würde, deswegen packte er Schokoriegel und einen Sechserpack Limonade in sein Köfferchen. Dann brach er auf.

Nachdem er drei Häuserblocks weit gelaufen war, traf er auf eine alte Frau. Sie saß auf einer Parkbank und sah den Tauben zu. Der Junge setzte sich neben sie. Gerade wollte er einen Schluck Limonade trinken, als ihm auffiel, wie hungrig die Frau aussah, und so bot er ihr einen Schokoriegel an. Sie nahm ihn erfreut entgegen und lächelte ihn an. Ihr Lächeln war so entzückend, dass der Junge es noch mal sehen wollte, und so bot er ihr auch eine Limonade an. Wieder lächelte sie ihn an. Wie sehr sich der Junge freute! Sie saßen den ganzen Tag nebeneinander und aßen und lächelten, ohne dass einer von ihnen auch nur ein Wort sprach. Als es dunkel wurde, fühlte der Junge, wie müde er war und er stand auf, um zu gehen. Doch nach ein paar Schritten kehrte er wieder um, rannte zu der alten Frau zurück und umarmte sie. Da schenkte sie ihm ihr allerschönstes Lächeln.

Als der Junge nach Hause kam, wunderte sich seine Mutter, warum er so glücklich aussah und sie fragte: „Was hast du heute gemacht, dass du so glücklich aussiehst?“ Er antwortete: „Ich habe mit Gott zu Mittag gegessen.“ Und fuhr fort: „Weißt du was? Sie hat das schönste Lächeln, das ich je gesehen habe.“ Mittlerweile war auch die alte Frau nach Hause gekommen. Auch sie war überglücklich. Ihr Sohn wunderte sich über ihren zufriedenen Gesichtsausdruck und wollte wissen: „Mutter, was hast du heute gemacht, dass du so froh bist?“ Sie antwortete: „Ich saß im Park und habe mit Gott Schokoriegel gegessen.“ Und bevor ihr Sohn etwas erwidern konnte, ergänzte sie: „Weißt du was? Er ist viel jünger, als ich dachte.“

Quelle Nach Manhan, Juli A.: An Afternoon in the Park auf *www.kigem.com* (Stand 9.2.2015).

Stichworte

Mit unerwarteten Ergebnissen von Veränderung konfrontiert sein, Vor-Einstellungen, Erwartungen

Fragen zur Reflexion

- Welche Vor-Einstellung haben Sie zur evtl. anstehenden Veränderung?
- Was könnte die Veränderung für ein Gesicht zeigen, dass Sie nicht erwartet haben?
- Wann ist Ihnen einmal etwas begegnet, mit dem Sie nicht gerechnet haben?

Die Suche

Mulla Nasruddin befand sich abends vor seinem Haus und kroch auf allen vieren unter einer Straßenlaterne umher. Ein Freund entdeckte ihn dabei und fragte: „Was machst du da, Mulla?" – „Ich suche nach meinem Schlüssel, den ich verloren habe." Also begab sich sein Freund ebenfalls auf alle viere. Beide suchten eine ganze Weile im Schmutz unter dem Schein der Laterne herum, fanden aber nichts. Da wandte sich sein Freund schließlich an Nasruddin mit der Frage: „Wo genau hast du ihn verloren?" Nasruddin antwortete: „Verloren habe ich ihn im Vorgarten, aber hier an der Straße ist mehr Licht."

Quelle

Die Geschichten um den weisen Narren Mulla Nasruddin stammen aus dem mittleren Osten und Zentralasien.

Stichworte

Suche nach Lösungen

Fragen zur Reflexion

- Wie gehen Sie vor, wenn Sie Lösungen suchen?
- Wo folgen Sie neuen Wegen, ohne zu wissen, wohin sie führen?
- Wann halten Sie am Alten fest, ohne dass es sinnvoll ist?

Zusammenwachsen oder zusammen wachsen

Im Park herrschte die friedliche Stille eines sonnigen Sonntags. Plötzlich wurden die Spaziergänger von einem fürchterlichen Jaulen aufgeschreckt. In einer Staubwolke rannten zwei Katzen im Kreis hintereinander her. Jede biss immer wieder in den Schwanz der anderen hinein. Das Blut floss und das Geschrei der Katzen war unerträglich. Als die Kräfte der Tiere nachließen, kam das ganze Ausmaß der Zerstörung ans Tageslicht. Es war ein wirklicher Katzenjammer.

Zwei Männer begannen plötzlich interessiert zu diskutieren: „Das ist ja genau wie bei der Fusion unserer Firma! Dort nennt man das aber ‚die Suche nach den Synergien'. Jeder Partner versucht möglichst viel beim anderen abzuschneiden. Kosten müssen runter, koste es, was es wolle. Überall fließt Blut. Das Geschrei ist groß und die Schmerzen lähmen beide Partner. Alle Kräfte werden nach innen gerichtet. Der Kunde stört nur, und die Konkurrenz freut sich."

Vertieft in diese negativen Gedanken bemerkten die Spaziergänger erst sehr spät eine andere Szene. Aus einem Busch kamen zwei Katzen. Sie hatten auch fusioniert. Das Ergebnis war nicht zu übersehen und hatte Hand und Fuß. Sechs kleine Jungen tapsten hinter ihren Eltern her. Da lachten die beiden: „Eine Fusion kann auch funktionieren." – „Vorausgesetzt, jeder Partner hat etwas, was der andere nicht hat." – „Und beide zusammen schaffen etwas, was vorher keiner alleine konnte." – „Dann geht es aber um das zusammen Wachsen und nicht um das Zusammenwachsen." – „Dann ist aber auch Liebe im Spiel und Lust, statt Kampf und Frust."

Am nächsten Morgen erzählten sie ihre Erlebnisse im Fusions-Projektteam. Die Stimmung hellte sich auf. Denn Humor ist, wenn man trotzdem lacht.

Quelle

Fuchs, Jürgen: Das Märchenbuch für Manager, Frankfurter Allgemeine Buch 2005, S. 67–68.

Stichworte

Veränderungsprozesse, Nutzen, Voreinstellung, Widerstand

Fragen zur Reflexion

- Was erwarten Sie (Ihre Kollegen, Mitarbeiter, Vorgesetzten ...) von der Veränderung?
- Wer profitiert am meisten?

- Wer erzählt am Ende, dass er ein Verlierer ist?
- Wie erzählen Sie die Geschichte später einmal so, dass alle die Notwendigkeit der Veränderung verstanden haben?

Bill Gates beim Psychologen

Als Bill Gates in der sechsten Klasse war, hatte er große Probleme in der Schule. Außerdem war das Verhältnis zu seiner Mutter nicht ungetrübt – wie auch das Verhältnis zum Leben im Allgemeinen. Seine Eltern hielten es für das Beste, Bill zu einem Psychologen zu schicken. Überraschenderweise fand Gates den Psychologen „echt cool", denn nach jeder Sitzung gab der ihm Bücher mit. „Alles über Freud", wie sich Gates später erinnert. „Ich beschäftigte mich intensiv mit psychologischer Theorie." Nach einem Jahr stellte der Psychologe die Diagnose. Er erklärte, es wäre völlig nutzlos, Bill zu Gehorsam oder anständigem Benehmen zu bewegen. Er gab den Eltern den guten Rat: „Finden Sie sich damit ab, ihm ist einfach nicht beizukommen."

Quelle

Nöllke, Matthias: Anekdoten, Geschichten, Metaphern für Führungskräfte, Haufe Verlag 2002, S. 52. Es handelt sich um Haufe-Lexware-Inhalte.

Stichworte

Veränderungsbereitschaft, Persönlichkeit, Willensstärke, Regeln

Fragen zur Reflexion

- Wo haben Sie sich schon einmal resistent gegenüber Veränderung gezeigt?
- Was könnte der Widerstand (von Ihnen, Ihren Mitarbeitern etc.) zeigen?
- Wo und wann sind Sie bereit, sich zu verändern?

Die Topfpflanze

Eine Pflanze wächst niemals nur in eine Richtung. Je mehr sie in die Höhe wächst, umso tiefer müssen ihre Wurzeln reichen. Wie hoch eine gesunde Pflanze wachsen kann, entscheidet sich daher durch die Größe des Topfs. Soll die Pflanze weiterwachsen, braucht man einen größeren Topf. Allerdings vertragen es viele Pflanzen nicht, wenn man sie aus ihrer vertrauten Erde reißt und woanders wieder einpflanzt. Außerdem sind große, neue Töpfe teuer. Was also tun? Manche gießen die Pflanze einfach nicht mehr, damit sie nicht mehr so schnell wächst. Dadurch sparen sie sogar noch eine Menge Wasser. Doch verwundert stellen sie dann fest, dass die ganze Pflanze eingeht. Andere schneiden aus der Pflanze ein paar Triebe heraus und pflanzen sie in einen Nachbartopf. Keine schlechte Idee, doch dadurch wird ihre Pflanze niemals groß. Die dritten wollen mehr Platz für die Wurzeln schaffen und bohren daher viele kleine Löcher in den Topf. Doch dabei rieselt nur die Blumenerde raus. Es bleibt dabei: Wer eine gut wachsende Pflanze in seinem Blumenfenster hat, muss sie ab und zu umtopfen.

Quelle Nöllke, Matthias: Anekdoten, Geschichten, Metaphern für Führungskräfte, Haufe Verlag 2002, S. 141. Es handelt sich um Haufe-Lexware-Inhalte.

Stichworte Wachsen, Veränderung

Fragen zur Reflexion

- Wie wachsen zurzeit bei Ihnen die Pflanzen?
- Welche Pflanzen wachsen, welche verkümmern?
- Was müsste umgetopft werden und wie topfen Sie um?

Die Kutsche im Schlamm

Eine einspännige Kutsche bleibt im Schlamm stecken. Der Kutscher schwingt die Peitsche, aber das Pferd kommt nicht vom Fleck. Was tun? Die traditionelle Methode: Es wird ein zweites Pferd eingespannt, um die Kutsche aus dem Schlamm zu ziehen. Die Management-Methode: Es wird ein zweiter Kutscher auf den Kutschbock gesetzt. Die Shareholder-Value-

Methode: Der Kutscher wird abgeschafft, das Pferd wird abgeschafft. An der Kutsche wird ein Schild befestigt: „Kutsche zu verkaufen."

Quelle

Nöllke, Matthias: Anekdoten, Geschichten, Metaphern für Führungskräfte, Haufe Verlag 2002, S. 151. Es handelt sich um Haufe-Lexware-Inhalte.

Stichworte

Veränderungen, Konzepte, Strategie

Fragen zur Reflexion

- Was sind Ihre Konzepte für anstehende Veränderungen?
- Welche Erfolgsgeschichten erzählen Sie dazu?
- Welche Geschichten vom Scheitern erzählen Sie?

Literatur

- Andersen, Tom (Hrsg.): Das Reflektierende Team. Systemische Studien Bd. 5, Dortmund: Modernes Lernen 1990.
- Anderson, Harlene: Kollaborative Praxis – Eine Antwort auf unsere sich schnell ändernde Welt, Systhema 3/2008, S. 198–215.
- Berg, Insoo Kim; de Jong, Peter: Lösungen (er-)finden: Das Werkstattbuch der lösungsorientierten Kurztherapie, Dortmund: Modernes Lernen 2003.
- Birkenbihl, Vera F.: Storypower, Heidesheim: Gabal 2002.
- Bleckwedel, Jan: Systemische Therapie in Aktion. Kreative Methoden in der Arbeit mit Familien und Paaren, Göttingen: Vandenhoeck & Ruprecht 2011.
- brand eins 4/2003, Hamburg: brand eins Verlag.
- brand eins 11/2013, Hamburg: brand eins Verlag.
- Bruner, Jerome: Actual minds, possible worlds, Cambridge, Mass: Havard University Press 1986.
- Bucay, Jorge: Komm, ich erzähl dir eine Geschichte (4. Aufl.), Frankfurt a. M.: Fischer Taschenbuch 2008.
- Bucay, Jorge: Komm, ich erzähl dir eine Geschichte (5. Aufl.), Frankfurt a. M.: Fischer Taschenbuch Verlag 2010.
- Campbell, Joseph: Der Heros in tausend Gestalten, Frankfurt a. M.: Insel 1999.
- Canfield, Jack; Hansen, Mark Victor: Hühnersuppe für die Seele (31. Aufl.), München: Goldmann 1996.
- Charvet, Shelle Rose: Wort sei Dank (4. Aufl.), Paderborn: Junfermann 2007.
- De Shazer, Steve: Worte waren ursprünglich Zauber. Von der Problemsprache zur Lösungssprache, Heidelberg: Carl-Auer 2012.
- Ditko, Peter H.: In Bildern reden, Düsseldorf: Econ 1996.
- Efran, Jay S.: Sprache, Struktur und Wandel, Dortmund: Modernes Lernen 1992.

- Foerster, Heinz von; Pörksen, Bernhard: Wahrheit ist die Erfindung eines Lügners. Gespräche für Skeptiker (Neuaufl.), Heidelberg: Carl-Auer 2006.
- Fritzsche, Kai: Praxis der Ego-State-Therapie, Heidelberg: Carl-Auer 2013.
- Fuchs, Jürgen: Das Märchenbuch für Manager (5. Aufl.), Frankfurt a. M.: Frankfurter Allgemeine Buch 2005.
- Fuchs, Werner T.: Warum das Gehirn Geschichten liebt, Freiburg im Breisgau: Haufe Lexware 2009.
- Furman, Ben: Es ist nie zu spät, eine glückliche Kindheit zu haben (6. Aufl.), Dortmund: Borgmann KG 2013.
- Gadamer, Hans G.: Wahrheit und Methode – Grundzüge einer philosophischen Hermeneutik, (3. erw. Aufl.), Tübingen: J. C. B. Mohr (Paul Siebeck) 1990.
- GEO Wissen: Was gibt dem Leben Sinn? 2014/53.
- Gladwell, Malcolm: Überflieger, Frankfurt/New York: Campus 2009.
- Hammann, J.: Die Heldenreise im Film, Frankfurt a. M.: zweitausendeins 2007.
- Hammel, Stefan: Handbuch des therapeutischen Erzählens, Stuttgart: Klett-Cotta 2009.
- Haußmann, Renate; Rechenberg-Winter, Petra: Alles, was in mir steckt. Kreatives Schreiben im systemischen Kontext, Göttingen: Vandenhoeck & Ruprecht 2013.
- Herbst, Dieter: Storytelling (2. Aufl.), Konstanz: UVK 2011.
- Hofert, Svenja: Meine 100 besten Tools für Coaching und Beratung, Offenbach: Gabal 2013.
- Holmes, Tom: Reisen in die Innenwelt. Systemische Arbeit mit Persönlichkeitsanteilen, München: Kösel 2013.
- Hücker, Franz-Josef: Metaphern, Die Zauberkraft des NLP, Berlin: Akazien-Verlag 2009.
- Hüther, Gerald: Die Macht der inneren Bilder, Göttingen: Vandenhoeck & Ruprecht 2010.
- Kast, Verena: Imagination als Raum der Freiheit. Dialog zwischen Ich und Unbewußtem, München: dtv 1995.
- Königswieser, Roswitha; Egner, Alexander: Systemische Interventionen, Stuttgart: Klett-Cotta 2002.
- Kornfield, Jack; Feldman, Christa: Geschichten, die der Seele gut tun (7. Aufl.), Freiburg im Breisgau: Herder Spectrum 1998.
- Lakoff, George; Johnson, Mark: Leben in Metaphern. Konstruktion und Gebrauch von Sprachbildern (7. Aufl.), Heidelberg: Carl-Auer 2011.

- Lauterbach, Matthias: Gesundheitscoaching, Heidelberg: Carl-Auer 2005.
- Lindemann, Holger; Rosenbohm, Christiane: Die Metaphern-Schatzkiste. Systemisch arbeiten mit Sprachbildern, Göttingen: Vandenhoeck & Ruprecht 2012.
- Lindemann, Holger: Die große Metaphern-Schatzkiste. Systemisch arbeiten mit Sprachbildern, Göttingen: Vandenhoeck & Ruprecht 2014.
- Ludewig, Kurt: Einführung in die theoretischen Grundlagen der Systemischen Therapie, Heidelberg: Carl-Auer 2009.
- Mahlmann, Regina: Sprachbilder, Metaphern & Co, Weinheim und Basel: Beltz 2010.
- Masemann, Sandra: Improvisation und Storytelling in Training und Unterricht, Weinheim und Basel: Beltz Weiterbildung 2009.
- Migge, Björn: Handbuch Coaching und Beratung (2. Aufl.), Weinheim und Basel: Beltz 2007.
- Milling, Hanna: Der narrative Ansatz in der Konfliktarbeit – Die Arbeit an und mit Geschichten, in: Konfliktdynamik 4/13.
- Milling, Hanna: Es war einmal ... Storytelling in Mediation & Beratung, in: Spektrum der Mediation 42/11, S. 33–36.
- Molter, Haja; Nöcker, Karin (2011). Systemisches Denken und Handeln – (k)ein Spaziergang, in: H. Schindler, W. Loth, J. v. Schlippe (Hrsg.), Systemische Horizonte, Göttingen: Vandenhoeck & Ruprecht 2011, S. 69–80.
- Molter, Haja; Nöcker, Karin: Das Raummodell als Landkarte für Coaching-Prozesse, in: CoachingMagazin 12/02, S. 38–41.
- Müller, Michael: Erzählend zum Sinn. Beratungsansatz Core Story, in: Training aktuell 2/14, S. 20–22.
- Münchhausen, Marco von: Die NLP-Kartei. Practitioner-Set. Paderborn: Junfermann Verlag GmbH 2005.
- Murschetz, Luis: Maulwurf Grabowski, Zürich: Diogenes Verlag 1972.
- Nöllke, Matthias: Anekdoten, Geschichten, Metaphern für Führungskräfte, Planegg bei München: Haufe Verlag 2002.
- Peichl, Jochen: Hypno-analytische Teilearbeit. Ego-State-Therapie mit inneren Selbstanteilen, Stuttgart: Klett-Cotta 2012.
- Peseschkian, Nossrat: Der Kaufmann und der Papagei, Frankfurt a. M.: Fischer TB 1979.
- Pestalozzi-Bridel, Annette: Worte sind Silber – was ist Gold?: Heilsame Geschichten entwickeln in Körper, Bild und Sprache, Stuttgart: Klett-Cotta 2011.
- Raddatz, Sonja: Beratung ohne Ratschlag (3. Aufl.), Wien: Verlag Systemisches Management 2003.

- Rosen, Sydney: Die Lehrgeschichten von Milton H. Erickson, Salzhausen: Iskopress 2011.
- Schaffer-Suchomel, Joachim; Krebs, Klaus: Du bist, was du sagst, Heidelberg: mvg-Verlag 2007.
- Schmidt, Martin: Systemische Familienrekonstruktion, Göttingen: Hogrefe 2003.
- Spitzer, Manfred: Nervensachen. Perspektiven zu Geist, Gehirn und Gesellschaft, Stuttgart: Schattauer 2004.
- Storch, Maja: Embodiment, Bern: Hans Huber 2010.
- Schlippe, Arist von; Schweitzer, Jochen: Lehrbuch der systemischen Therapie und Beratung 1, Göttingen: Vandenhoeck & Ruprecht 2013.
- Schlippe, Arist von; Schweitzer, Jochen: Systemische Interventionen (2. Aufl.), Göttingen: Vandenhoeck & Ruprecht 2010.
- Schlippe, Arist von: Zwischen Ökonomie und Psychologie. Konflikte in Familienunternehmen, in: ZKM – Zeitschrift für Konfliktmanagement 1/2009, S. 17–21.
- Schulz von Thun, Friedemann: Miteinander reden. Bd. 3: Das „Innere Team" und situationsgerechte Kommunikation, Reinbek: Rowohlt 1998.
- Seliger, Ruth: Erste Begegnung in der Beratung, in: N. Tomaschek (Hrsg.), Systemische Organisationsentwicklung und Beratung bei Veränderungsprozessen. Ein Handbuch, Heidelberg: Carl-Auer 2006, S. 83–98.
- Simon, Fritz: Einführung in die systemische Organisationstheorie, Heidelberg: Carl-Auer 2007.
- Simon, Fritz: Zirkuläres Fragen. Systemische Therapie in Fallbeispielen. Ein Lernbuch, Heidelberg: Carl-Auer 2014.
- Vogler, Christopher; Kuhnke, Frank: Die Odyssee des Drehbuchschreibers, Frankfurt a. M.: zweitausendeins 1998.
- Watzke, Ed: Wahrscheinlich hat diese Geschichte gar nichts mit Ihnen zu tun ... Geschichten, Metaphern, Sprüche und Aphorismen in der Mediation, Mönchengladbach: Forum Verlag Godesberg 2008.
- Watzlawick, Paul: Anleitung zum Unglücklichsein (15. Aufl.), München: Pieper 2009.
- Werder, Lutz von: Erfolg im Beruf durch kreatives Schreiben, Milow: Schibri-Verlag 1995.
- Wehrle, Martin: Die 500 besten Coaching-Fragen (2. Aufl.), Bonn: managerSeminare 2013.
- White, Michael: Landkarten der narrativen Therapie, Carl-Auer 2010.

- Winnewisser, Sylvia: Einfach die Seele frei schreiben, Hannover: humboldt 2010.
- White, Michael; Epston, David: Die Zähmung der Monster (5. Aufl.), Heidelberg: Carl-Auer 2006.
- Winslade, John; Gerald Monk: Narrative Mediation. A new approach to conflict resolution, Jossey-Bass Publishers 2001.
- Wolters, Ursula: Lösungsorientierte Kurzberatung, Leonberg: Rosenberger Fachverlag 2006.

Weitere Quellen

- *www.aerzteblatt.de,* Stand 18.07.2014
- *www.gutegeschichten.com,* Stand 01.12.2014
- *www.journalisten-werkstatt.de,* 04.04.2014
- *www.molter-noecker-networking.de,* Stand 01.12.2014
- *www.lichtkreis.at,* Stand 28.10.14
- *www.sinnige-geschichten.de,* Stand 04.04.2014
- *www.spiegel online.de,* Zwiebelfisch 06.11.14
- *www.susannealbers.de/03philosophie-literatur-brecht1.html#1,* 04.04.2014
- *www.systemische-professionalität,* Stand 04.04.2014
- *www.zeitzuleben.de,* Stand 04.04.2014

- IF Weinheim: Ausbildung systemische Beratung. Arbeitsunterlagen 2012–2014.
- WDR, Quarks und Co vom 25.02.14

- Bildimpulse kompakt. Basis. Über 50 Fotokarten für Motivation und Coaching, Berlin: Heragon 2010.
- Gut, Jimmy; Kühne-Eisendle, Margit: Bildbar – Das KartenSet, Bonn: managerSeminare Verlags GmbH 2014.
- trustBilder. 64 inspirierende Bildmotive für Psychotherapie und Beratung, Berlin: Deutscher Psychologen Verlag.

Gastautorinnen und -autoren

Ganz herzlich bedanke ich mich bei den Expertinnen und Experten, die dieses Buch mit ihren eigenen Erfahrungen rund um das Storytelling bereichert haben.

Kristina Ehret

Dipl.-Pädagogin, Geschäftsführerin von Systemformen und von der Akademie für Entwicklung Köln, Sytemische Beraterin/Therapeutin (SG), Systemische Supervisorin/Institutionsberaterin (SG), Autorin „Systemische Beratung in fünf Gängen", Fortbildung in systemischen Strukturaufstellungen nach M. Varga von Kibéd, Entwicklungspsychologische Beraterin, langjährige Trainerin für Fortbildung in Systemischer Beratung und Systemisch Führen.
Schwerpunkte: Organisationsberatung und -entwicklung, Teamentwicklung, Coaching und Supervision, systemische Führungskräfteentwicklung.
Und außerdem: Lebt mit ihren zwei Kindern in Köln.

Systemformen/
Akademie für Entwicklung
Kristina Ehret
Neusser Str. 27–29
50670 Köln

Tel: 0221 1300825
ehret@systemformen.de
www.systemformen.de
www.akademie-entwicklung.de

Cornelia Hennecke

Dipl.-Psych., Psychologische Psychotherapeutin, Systemische Lehrtherapeutin, Lehrende Supervisorin und Lehrende Coach (alles SG). Tätig am IF Weinheim – Institut für systemische Ausbildung und Entwicklung und in eigener Praxis in Berlin.
Schwerpunkte: Professionelle Präsenz und Führung, Integration der Achtsamkeitspraxis in Coaching- und Psychotherapieprozesse, Coaching im Kontext von Familienunternehmen.
Und außerdem: Lesen, Reisen und für Freunde mit einer Prise Leidenschaft kochen.

Cornelia Hennecke
Gethsemanestr. 41
10437 Berlin

Tel: 030 4479949
mail@cornelia-hennecke.de
www.cornelia-hennecke.de

Dr. Christiane Jendrich

Studium der Pädagogik, Germanistik und Philosophie, Systemische Therapeutin/Familientherapeutin (DGSF), Systemische Kinder- und Jugendtherapeutin (DGSF), Lehrtherapeutin am Kölner Institut für Systemische Beratung und Therapie (KIS), Hypnotherapeutin (IEK Berlin)
Schwerpunkte: Systemische Paar-, Einzel- und Familientherapie; Therapieprophylaxe.

Praxis für systemische Therapie und Therapieprophylaxe
Dr. Christiane Jendrich
Gocher Str. 25
50733 Köln

Tel: 0221 2707185
kontakt@christiane-jendrich.de
www.Christiane-Jendrich.de

Dr. Matthias Lauterbach

Jg. 1949, Facharzt für psychotherapeutische Medizin und Psychiatrie. Seit 1975 tätig in Behandlung und Rehabilitation. Seit 1990 freiberuflich tätig als Psychotherapeut, Coach, Gesundheitscoach und Seminarleiter. Lehrender Therapeut und Coach (SG).
Schwerpunkte: Systemisches Coaching, Gesundheitscoaching, Seminararbeit, Vorträge, Weiterbildungen (Systemische Therapie, Coaching, Gesundheitscoaching, Führungskompetenz). Autor zahlreicher Bücher und Fachartikel, u.a. zum Systemischen Gesundheitscoaching und zu Aktionsmethoden.
Und außerdem: ein Sohn, eine Enkelin, Musik, Meer und Gebirge, Bewegung.

Dr. Matthias Lauterbach
Coaching-Comsulting-Gesundheitscoaching
Leisewitzstr. 26
30175 Hannover

Tel: 0151 27055565
webmail@dr-lauterbach-coaching.de
www.dr-lauterbach-coaching.de

Dr. Holger Lindemann

Jg. 1970, Diplom-Pädagoge, Systemischer Supervisor (SG) und Organisationsberater, Doktor der Philosophie, Habilitation mit der Venia Legendi für Bildungsmanagement und Sonderpädagogik. Langjährige Erfahrung als Führungskraft und Einrichtungsleitung in der offenen Jugend- und Behindertenhilfe. Privatdozent und Lehrkraft der sonder- und rehabilitationspädagogischen Psychologie an der Universität Oldenburg. Freiberufliche Tätigkeit als Fortbildner, Supervisor und Organisationsberater. Zahlreiche Veröffentlichungen zu den Themen: Konstruktivismus, systemische Beratung und Bildungsmanagement.
Schwerpunkte: Supervision, Coaching, Fortbildungen und Trainings für Pädagogen, Lehrkräfte, Psychologen, Berater und Führungskräfte. Projektmanagement und Organisationsentwicklung in Betrieben, Behörden und kommunalen Entwicklungsprozessen.

Lindemann & Loske
PD Dr. Holger Lindemann
Donnerschweer Straße 44
26123 Oldenburg

Tel: 0441 64633
0152 21616583
holger.lindemann@lindelo.de
www.lindelo.de

Janna Loske

Jg. 1971, Diplom-Sozialpädagogin, Systemische Beraterin (SG), Supervisorin und Coach. Weiterbildungen in körperorientierten Verfahren. Beratung von Abhängigkeitserkrankten und ihren Angehörigen. Unterstützung arbeitsloser Jugendlicher bei der Entwicklung beruflicher Perspektiven. Langjährige Tätigkeit in der Beratung und Begleitung psychisch erkrankter Menschen in ambulanten und stationären Einrichtungen.
Schwerpunkte:
Psychologische Beratung, berufliches Coaching und Supervision im Nonprofit-Bereich.

Lindemann & Loske
Janna Loske
Donnerschweer Straße 44
26123 Oldenburg

Tel: 0441 64633
0160 7714930
janna.loske@lindelo.de
www.lindelo.de

Dr. Hanna Milling

Dipl. Kulturwirtin, Mediatorin und Ausbilderin BM®, freie Trainerin und Hochschul-Dozentin, Coach. Mediationsausbilderin an der ASH Berlin und für die dt-frz Mediationsausbildung des REGC. Lehrbeauftragte und wiss. Mitarbeiterin in internat. Forschungsprojekten zu den Themen Mediation & interkulturelle Kommunikation.

Schwerpunkte: Konfliktmanagement & Mediation in Organisationen und Unternehmen, in Gruppen und Teams und in interkulturellen Kontexten, Kreativmethoden, Storytelling, Kommunikation & Gesprächsführung, interkulturelle Kommunikation.

Und außerdem: Playbacktheater, Tango, Wandern, Entdecken neuer Länder und Welten.

Hanna Milling – mediation. training. coaching
Dr. Hanna Milling
Käthe-Niederkirchner Straße 25
10407 Berlin

Tel: 030 22685732
kontakt@hannamilling.de
www.hannamilling.de

Haja (Johann Jakob) Molter

Diplom-Psychologe, Psychologischer Psychotherapeut, geb. 1945. Mehrjährige Tätigkeit im Heimbereich, fünf Jahre Dozent für klinische Psychologie an der Universität Bonn. (1980–1985). Seit 1983 Lehrtherapeut am Institut für Familientherapie Weinheim, Ausbildung und Entwicklung e. V. Freiberufliche Tätigkeit in Ausbildung, Therapie, Supervision, Coaching und Organisationsberatung (molter nöcker networking).

molter nöcker networking
Systemisches Design und Management
Neanderstraße 8
40233 Düsseldorf

Tel: 0221 761147
info@molter-noecker-networking.de
www.molter-noecker-networking.de

Karin Nöcker

Diplom-Psychologin, Psychologische Psychotherapeutin. Seit 1998 Dozentin am IF Weinheim: Institut für Systemische Ausbildung und Entwicklung in den Bereichen Beratung, Therapie, Coaching und Supervision. Seit 1994 eigene Praxis Mitglied der Lehrpraxis molter nöcker networking-systemisches Design und Management

Karin Nöcker
Vorgebirgsweg 7
50226 Frechen

Tel: 0172 4004985
02234 64902
karin.noecker@if-weinheim.de
www.molter-noecker-networking.de

Tom Pinkall

Dipl.-Theol., Systemischer Therapeut und Supervisor. Systemischer Lehrtherapeut (SG). Tätig am IF Weinheim – Institut für systemische Ausbildung und Entwicklung und in eigener Praxis.
Schwerpunkte: Verbindung von Systemischer Haltung und der Praxis der Achtsamkeit in Beratung, Coaching und Therapie.
Und außerdem: Musik in all ihren Klängen und gern sehr reduzierte Poesie.

systems change
Tom Pinkall
Rheinhäuser Str. 87
68165 Mannheim

Tel: 0172 3144414
info@systems-change.de
www.systems-change.de

Detlef Sauthoff

Jg. 1959, Systemisch-lösungsorientierter Supervisior (SG), Coach und Ausbilder für Mediation BM. Er ist als Dozent für die Fern-Uni Hagen im Bereich Mediation tätig und ist langjähriger Trainer an der Konstanzer Schule für Mediation.

Schwerpunkte: Wirtschaftsmediation, System- und Organisationsaufstellung, lösungsorientiertes Coaching von Führungskräften.

Detlef Sauthoff
Elisabethstraße 2
26135 Oldenburg

Tel: 0441 7770339
0172 5264322
info@detlef-sauthoff.de
www.detlef-sauthoff.de

Dr. Stephan Theiling

Dipl.-Psych., Systemischer Lehrtherapeut sowie Systemischer Therapeut und Supervisor (sämtlichst SG-zertifiziert), Ausbilder in Gesprächspsychotherapie, kassenzugelassener Psychologischer Psychotherapeut sowie Kinder- und Jugendlichentherapeut; tätig in eigener Praxis in Osnabrück sowie als Lehrtrainer am IF Weinheim.

Schwerpunkte: Systemische Therapie in der niedergelassenen Versorgung mit Erwachsenen sowie mit Kinder- und Jugendlichen, Supervision und Coaching, Weiterbildungen.

Und außerdem: Meine Frau und meine große Tochter, zweckfreie Zeit auch bei gutem Essen und nettem Wein, Bewegung, Hobbywinzersein.

Praxis für Systemische Psychotherapie & Beratung sowie Supervision & Coaching und Systemische Weiterbildungen
Dr. Stephan Theiling
Paradiesweg 9
49082 Osnabrück

Tel: 0541 9580056
Fax: 0541 9580056
info@stephan-theiling.de
www.stephan-theiling.de

Stichwortverzeichnis

J

K

L

M

N

V

W

Z